Warum ein Apfel, Eva?

Margarethe Schmidt

WARUM EIN APFEL, EVA?

Die Bildsprache von Baum, Frucht und Blume

Unter Mitarbeit von Monika Heffels

SCHNELL + STEINER

Titelillustration:
Adam und Eva, Gemälde von Lukas Cranach (Ausschnitt), um 1513/15; Mainfränkisches Museum Würzburg.
Eva, Fragment vom Türsturz des ehemaligen Portals am Nordquerhaus der Kathedrale Saint-Lazare, um 1130; Autun, Musée Rolin.

Die Deutsche Bibliothek – CIP-Einheitsaufnahme

Schmidt, Margarethe:
Warum ein Apfel, Eva? : die Bildsprache von Baum, Frucht und Blume / Margarethe Schmidt. Unter Mitarb. von Monika Heffels. – 1. Aufl. – Regensburg : Schnell und Steiner, 2000
ISBN 3-7954-1304-4

1. Auflage 2000

Umschlaggestaltung: Felix Kunkler, Düsseldorf
Gesamtherstellung: Friedrich Pustet, Regensburg
ISBN 3-7954-1304-4

Inhalt

EINFÜHRUNG

Die grüne Kraft der Erde

Warum nur hält Eva auf unzähligen Darstellungen der christlichen Kunst einen Apfel in der Hand? Die Frucht wird in der Sündenfallgeschichte nirgends erwähnt. Was verbindet Rosen und Lilien so eng mit der Jungfrau Maria und warum legten die Künstler dem Jesuskind bevorzugt eine Traube oder eine Nelke in die Hand? Diese und ähnliche Fragen stellen sich dem aufmerksamen Beobachter mittelalterlicher Bildwerke.

Es ist die Aufgabe der Ikonographie, diesem Zweig der Kunstwissenschaft, der sich vor allem im letzten Jahrhundert etablierte, den Inhalten der Kunstwerke und ihrer Deutung nachzugehen und sie für den heutigen Betrachter aufzuschließen. Es gilt dabei die frühen Kulturen zu berücksichtigen, die Theologie und ihren Wandel durch die Zeiten samt den religiösen Bewegungen wahrzunehmen. Ebenso sind die Forschungsergebnisse der Gegenwart einzubeziehen und auch die Gelehrten des Altertums sowie die Kirchenväter zu befragen. Deren Gedanken sind oft mit einer für die heutige Generation nur mühsam nachvollziehbaren Typologie befrachtet, die hier vermittelt und durchschaubar gemacht werden soll.

Zu allen Zeiten waren die Pflanzen im Wissen und Empfinden der Völker Träger und Symbole des Lebens und der Erneuerung. Im Wachsen, Blühen, Fruchtbringen, aber auch im winterlichen Absterben finden die Menschen ihr eigenes Leben widergespiegelt. Der Kreislauf der Natur wird ebenso im Schicksal vieler Vegetationsgötter sichtbar, besonders im Mittelmeerraum, so in dem von Attis, Adonis, Tamuz und Osiris. Im Kult wird ihr Tod betrauert und ihr Wiedererstehen gefeiert[1] (Abb. 1). Die Freude an dem jährlichen Neuerwachen der Natur findet immer wieder sichtbaren Ausdruck. Beides, Absterben und Wiederaufleben, zieht sich thematisch durch die Jahrhunderte und zeigt sich zunächst primär im kultischen Bereich, später auch im säkularen, z.B. in den Mailiedern der Minnesänger, in den Volksliedern und im allgemeinen Brauchtum.

Pflanzen – im weitesten Sinn verstanden – ermöglichen tierisches und menschliches Leben. Unser Dasein ist abhängig von ihnen. Pflanzen dienen zur Nahrung und zu deren Zubereitung; sie werden zum Bau von Gebäuden, von Fahrzeugen, von Schiffen verwendet. In verarbeiteter Form gehören sie zu den Gegenständen

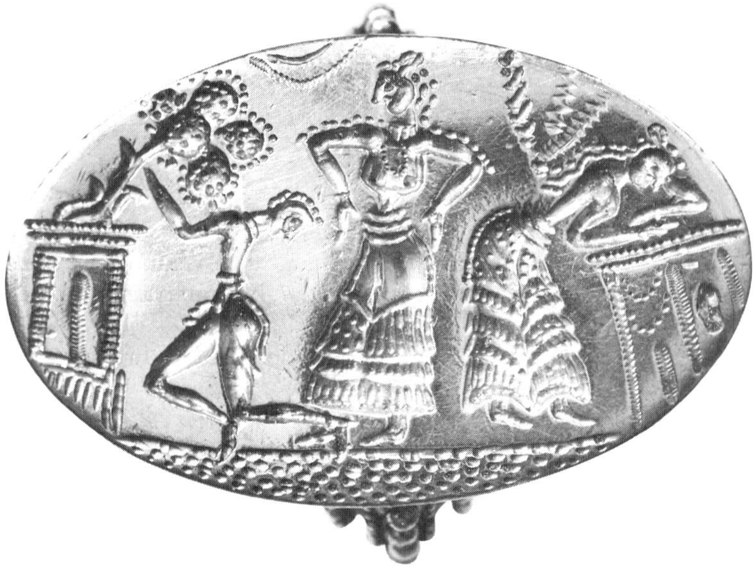

Abb. 1: *In den Umfriedungen minoischer Heiligtümer wuchsen Bäume. Ihre sakrale Entwurzelung symbolisiert das Sterben der Vegetation in der Sommerhitze. Der Jüngling, der die Entwurzelung vornimmt, wendet das Gesicht ab. Die Priesterin schlägt sich mit nach unten gekehrten Händen die beiden Schenkel – ein Trauergestus, von dem bereits in der Odyssee berichtet wird.* Entwurzelung eines Baumes. Goldener Siegelring, Kammergrab 91, Mykene, Unterstadt, um 1500 v. Chr.; Athen, Nationalmuseum.

und Gerätschaften des Alltags, ohne die Leben nicht möglich ist. Pflanzen dienen aber auch zur Erhaltung der Gesundheit und zu deren Wiederherstellung, ja der Sage nach sollen einige sogar aus dem Tod erretten.

Pflanzen, Blumen und Bäume waren immer Motive künstlerischen Schaffens; früh vor allem in der religiösen Kunst, später auch im weltlichen Bereich. Sie sind dadurch im Lauf der Jahrhunderte zu vielfältigen Symbolträgern geworden und haben unterschiedliche Sinnbedeutung erlangt.

Beim Betrachten von Kunstwerken erregt natürlich der »Vordergrund« die größte Aufmerksamkeit, das dargestellte Ereignis, die handelnden Personen, die künstlerische Form der Darstellung. Gerade bei mittelalterlichen Bildern aber sind Pflanzen und Bäume nicht nur Beiwerk. Sie haben in den meisten Fällen eigene Bedeutung und leisten ihren selbständigen Beitrag zur Gesamtaussage des Werkes, das erst dadurch voll verstehbar wird. Dabei darf vor allem nicht außer acht gelassen werden, daß die Einstellung der

Menschen des Mittelalters zur Natur vor allem religiös bestimmt war. Der Makrokosmos der Schöpfung wurde mit einem Menschen verglichen[2], denn ihn sah man als Mikrokosmos nach der gleichen Ordnung erschaffen. Diesem Verständnis von der »Einheit und Schönheit der Welt als Schöpfung Gottes«[3] ist auch die Pflanzensymbolik verpflichtet. Die Künstler der Spätgotik wurden zudem entscheidend beeinflußt von der zunehmenden Bedeutung, die der Natur zugemessen wurde und der Naturbeobachtung, den Gedanken und Visionen der Mystiker und dem veränderten Stellenwert der Marienverehrung durch die Neuinterpretation des Hohenliedes Salomos.

Dieses Buch will einführen in die Welt der Bäume, Früchte und Blumen. Es soll helfen, ihren Symbolgehalt zu entschlüsseln, und damit zum besseren Verständnis der verborgenen künstlerischen, kulturellen und religiösen Aussagen beitragen.

Der nord- und mitteleuropäische Raum ist stark von der griechisch-römischen Kultur geprägt. Viele Beispiele aus diesem Bereich werden deshalb einbezogen und machen das Aufzeigen von Entwicklungen möglich. Die Bildbeispiele, die hier ausgewählt wurden, sind überwiegend in Museen und Kirchen zugänglich.

Wir Menschen an der Schwelle ins dritte Jahrtausend haben das Staunen und die Freude über die »grüne Kraft der Natur« weitgehend verloren, jene Kraft, von der Hildegard von Bingen sagt: »Die grünende Erde ist das Bild der Heimat und die blühende Zier Gottes ... Korn und Wein wachsen durch diese Grünkraft, die der Mensch nicht sehen kann. Aus dem Mysterium des Heiligen Geistes träufelt das Grün herunter in die Keimkräfte des Kosmos ... Kein Baum grünt ohne diese Grünkraft, kein Geschöpf kann ohne diese eigenartige grüne Lebenskraft existieren.«[4]

Ausdrucks- und Bedeutungsformen von Bäumen

Die höchste, dichteste und ausdrucksstärkste Gestalt findet die Pflanze im Baum. Seine Größe, sein Alter, das Geheimnis seiner Wurzeln, die Fülle seiner Krone, der Reichtum seiner Blätter geben ihm in den Mythen sämtlicher Kulturkreise eine überragende Bedeutung.

Die unterschiedlichen Bereiche und Motive, in denen Bäume eine wesentliche Rolle spielen, sind nicht exakt voneinander zu trennen. Sie sind vielmehr vielfach miteinander verschlungen und erfahren im Laufe der Zeit zum Teil wesentliche Veränderungen.

Um den Zugang zu erleichtern und eine erste Übersicht zu ermöglichen, wird hier der Versuch unternommen, eine inhaltliche

Ordnung dieser Bedeutungs- und Symbolbereiche herzustellen. Dadurch läßt sich eine klarere Gliederung erreichen, die jedoch keinen Anspruch auf Vollständigkeit erhebt.
In der nordischen Mythologie spielt der Weltenbaum eine zentrale Rolle. Für die mythologischen Vorstellungen, speziell des Altertums, ist die Beziehung von Baum und Gottheit wichtig. Die Bäume können zum Ort der Gottesbegegnung werden, z.B. als Kultplatz. Einzelne Bäume werden bestimmten Göttern zugeschrieben, andere gelten als von naturgöttlichen Wesen bewohnt.
Zu einem anderen Vorstellungsbereich gehört der Lebensbaum, einerseits als Symbol der Fruchtbarkeit, andererseits als Sinnbild des menschlichen Lebens und Schicksals. Nicht nur mit Gottheiten werden die Bäume in Verbindung gebracht, zahlreiche Werke beleuchten auch Menschen in ihrer Beziehung zu ihnen. Eine besondere Rolle spielen Bäume im Denken der Christenheit. Unmittelbar vom biblischen Text geprägt sind Darstellungen und Verständnis des Baumes als Baum des Lebens und der Erkenntnis und als Kennzeichen des Paradieses, ebenso als Gleichnis für Gut und Böse. Eigenständig steht daneben das Kreuz Jesu Christi als Lebensbaum, das in verschiedenen Formen dargestellt wird, nämlich als Ast-, als Gabel- oder als Baumkreuz.
Im weiteren Sinn zum biblischen Bereich gehört der Baum als Erscheinungsort Gottes, wie er uns z.B. als brennender Dornbusch begegnet. Allerdings sind dabei die Unterschiede zu den nichtchristlichen Vorstellungen deutlich.
Mehr einem formalen Bereich zuzurechnen ist der Baum als Erkennungs- und Ordnungssystem. Hier erscheint der grünende, fruchtbare bzw. der dürre, unfruchtbare Baum. Hinzu kommt die Darstellung des Stamm-Baumes Jesu (Wurzel Jesse), des Baumes als Tugend- und Lasterbaum, als Darstellung von säkularen oder geistlichen Gemeinschaften und als Symbol für Werden und Vergehen von weltlichen Reichen und Dynastien.

Baumdarstellungen aus dem Bereich der Mythologie

1. Der Weltenbaum

In unserem nördlichen Kulturkreis wurde der Baum zum Symbol des Weltalls. Das bekannteste Beispiel dafür ist der Bericht der Edda über die Weltesche Yggdrasil, dem hohen immergrünen Baum am Urdbrunnen. »Die Esche ist der größte und beste aller Bäume, ihre Zweige erstrecken sich über alle Welt und ragen über den Himmel empor. Drei Wurzeln halten den Baum aufrecht und verbreiten sich sehr weit. Die eine ist bei den Asen, die zweite bei den Eisriesen ... die dritte über Nifelheim.«[1] Die Esche leidet trotz aller Lebenskraft Not durch die Fäulnis, durch Drachen und Hirsche, die ihre Blätter und Wurzeln fressen.
Mit diesem Weltenbaum ist der hohe Gott Odin eng verbunden. Er hängt sich selbst an ihn, um aus der Kraft des Baumes geheimer Weisheit mächtig zu werden. »Ich weiß, daß ich hing am windbewegten Baum, neun Nächte hindurch; verwundet vom Speer, geweiht dem Odin, ich selbst mir selbst (an dem mächtigen Baum, von dem Menschen nicht wissen, aus welcher Wurzel er wuchs). Man bot mir kein Horn noch Brot zur Labung; nach unten spähte mein Aug', ächzend hob ich, hob aufwärts die Runen, zu Boden fiel ich alsbald ... Zu gedeihen begann ich und bedacht zu werden; ich wuchs und fühlte mich wohl; ein Wort fand mir das andre Wort, ein Werk das andre Werk.«[2] So erdenkt sich Odin die Buchstaben. Buchstabe bezeichnet wohl einen Stab mit Runenzeichen und wurde dann erst auf den Baum namens Buche bezogen und als »Stab aus Buchenholz« verstanden.[3]
In gleicher Symbolkraft, aber aus anderer Zeit und in anderem kulturellen Zusammenhang, findet sich die Welt im Fußbodenmosaik der Kathedrale von Otranto in Apulien dargestellt.
Gewiß hatte der Künstler Pantalion noch nie etwas von der Weltenesche gehört. Um so erstaunlicher ist es, wie sicher er den Baum als Ur- und Hintergrund für die kosmischen, menschlichen, geschichtlichen und religiösen Erfahrungen gebraucht hat. Hier drängen sich in den Zweigen eines riesigen Baumes, der durch zwei andere ergänzt wird, seltsame Mischwesen, die einander bekämpfen. Böse und gute Tiere tummeln sich darin, man trifft Gestalten

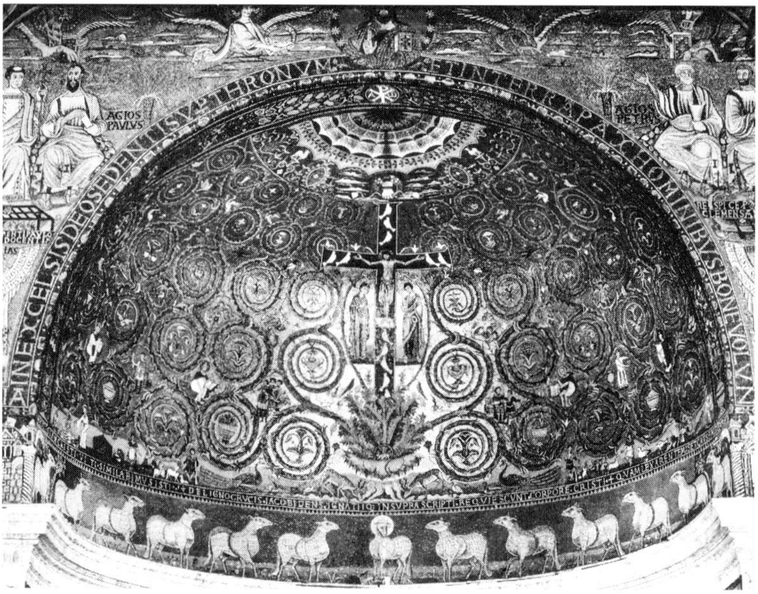

Abb. 2: *Das Kreuz als Mitte des Weltenbaumes.* Apsismosaik, 12. Jh.; Rom, San Clemente.

und Begebenheiten der biblischen und profanen Geschichte, wie auch der Mythologie. Die Sonne und die zwölf Tierkreiszeichen haben darin ihren Platz als kosmische Ereignisse. Auch Hölle und Paradies fehlen nicht.[4]

Das Apsismosaik in San Clemente, Rom, steht in Beziehung zum Welten-(Lebens)baum, allerdings ist er ins Christliche abgewandelt. Sein Zentrum ist das Kruzifix. Die zwölf Tauben sind Symbol der zwölf Apostel. Vom Kreuzesfuß aus rankt sich ein Akanthus nach allen Seiten und erfüllt den Weltenraum. Unter ihm entspringen die vier Paradiesesflüsse, an denen sich Hirsche laben. In seinem üppigen Grün blühen Blumen, reifen Früchte, leben und weben Tiere, wilde und zahme, in Freiheit und Gefangenschaft. Menschen gehen ihrem vielfältigen Tagwerk nach. Ja, sogar die vier Kirchenlehrer Ambrosius, Gregor, Augustinus und Hieronymus haben darin Platz gefunden. Die Inschrift deutet darauf hin, daß der Baum christlich-allegorisch gemeint ist: »Die Kirche gleicht einem Weinstock, der im Gesetz vertrocknet, im Kreuz zu neuem Wachstum ersprießt« (Abb. 2).

2. Der Baum und die Gottheit

Seit uralten Zeiten sind Bäume und Gottheiten eng verbunden, ja sie können sogar miteinander identifiziert werden. Auf ägyptischen Darstellungen speist die Himmelsgöttin Nut aus einem Baum heraus den Grabherrn und seine Frau. Der Baum selbst symbolisiert das Himmelsgewölbe, und die Göttin ist mit ihm verwachsen (Abb. 3).

Ein goldener Nadelkopf aus Mykene zeigt eine Göttin, die mit ihrem Körper gleichsam den Stamm eines Baumes bildet; mit ihren ausgestreckten Armen formt sie die Krone.[5]

Haine und auch einzelne Bäume sind Orte, an denen man die Gottheit verehrt oder von ihr Weisung erhält, so etwa das Heiligtum des Zeus und der Dione von Dodona. Im Rauschen der heiligen Eichen hörte man göttliche Weisungen, die dann gedeutet wurden.

Ein Baum kann einer bestimmten Gottheit heilig sein, besonders im antiken Griechenland. Die Eiche ist dem Göttervater Zeus, der Ölbaum Athene, die Seekiefer dem Poseidon, der Lorbeer dem

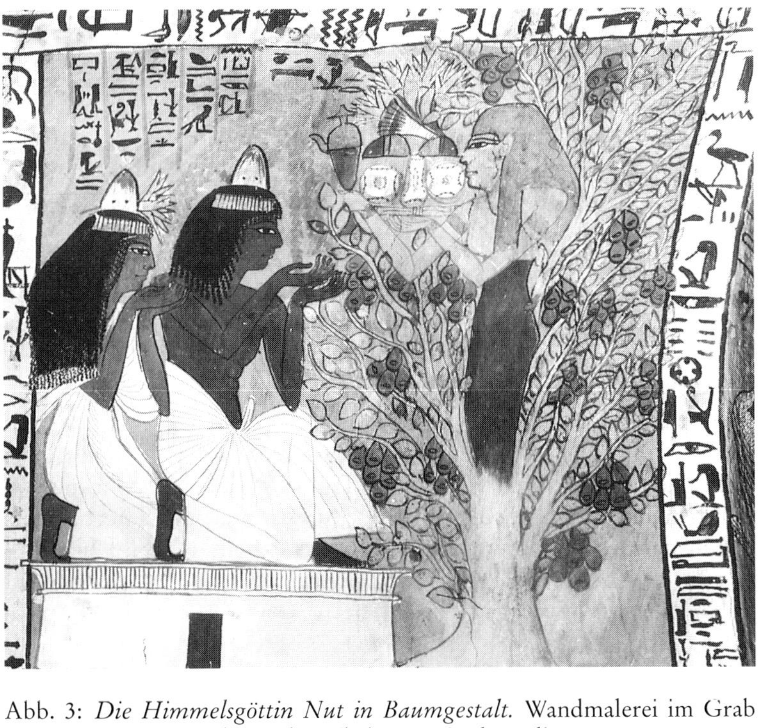

Abb. 3: *Die Himmelsgöttin Nut in Baumgestalt.* Wandmalerei im Grab des Sen-nedjem, 13. Jh. v. Chr., Theben; Deir el-Medine.

Apollo zugehörig. Bei den religiösen Wettspielen erhält der Sieger einen Kranz aus den Zweigen des entsprechenden Gottesbaumes. Ebenso verehrten die Römer heilige Bäume.[6]
Die Völker des Nordens, denen der Tempelbau unbekannt war, betrachteten die Bäume als den wahren Ort der Gottesbegegnung. Daß der Baum auch als Opfergabe der Gottheit dargebracht wurde, läßt sich für den keltischen Bereich erschließen. Auf dem Relief des Silberkessels von Gundestrup tragen sieben Männer einen Baum zu einem Druiden, der eben ein Menschenopfer vollzieht.[7]
Es findet sich auch ein weniger konkret-kultischer Bereich. Hier werden Bäume als von Wesenheiten belebt und mit ihnen verbunden vorgestellt. Wo immer in Wald und Flur Leben ist, wohnen und wirken Nymphen. In jedem Baum wohnt ein Geistwesen, dessen Existenz im lebendigen Wachsen und Sein sichtbar wird. In Griechenland sind es die Dryaden, die mit ihrem Baum entstehen, leben und sterben. Solche mythologischen Vorstellungsweisen machen den Kampf der israelitischen Propheten als Vertreter einer monotheistischen Religion gegen die konkurrierenden Naturreligionen verständlich. Vor allem kämpften sie gegen die unter Bäumen vollzogenen Fruchtbarkeitskulte. »Zerstört alle heiligen Stätten, wo die Heiden ... ihren Göttern gedient haben, es sei auf hohen Bergen, auf Hügeln oder unter grünen Bäumen ...« (5 Mose 12,2). »Auf allen hohen Hügeln und unter allen grünen Bäumen triebst du (= Israel) Hurerei (= Abgötterei)« (Jer 2,20; vgl. Jes 57,5; Hes 6,13).
Dieser Kampf setzte sich sehr viel später, ab dem 6. Jahrhundert n. Chr., in ähnlicher Weise fort. Die Missionare gingen bei der Christianisierung der mitteleuropäischen Völker vehement gegen »heilige Bäume« vor. Bonifatius (um 672/75, † 754), der von Papst Gregor den Missionsauftrag für die germanischen Länder erhalten hatte, fällte die Donareiche bei Fritzlar. Auf einem Kapitell in Vézelay ist der hl. Martin dargestellt, wie er einen Kultbaum umhauen läßt (Abb. 4). Auch vom hl. Nikolaus wird berichtet[8], daß er einen der Diana geweihten Baum schlagen ließ.
Die Vorstellung von belebten Bäumen scheint jedoch im Norden weniger ausgeprägt zu sein. Sie ist hier sicher von der Kirche stark zurückgedrängt und verändert worden. Trotzdem hat sich in der Bevölkerung der Brauch erhalten, im Baum ein personenhaftes, ansprechbares Gegenüber zu sehen. Man denke an alte Bräuche, die sich mancherorts noch bis ins letzte Jahrhundert erhalten haben; so z. B. der, daß ein Bauer seinen Bäumen in aller Form ein gutes neues Jahr wünscht, sie zum Weihnachtsessen einlädt oder den Baum, ehe er gefällt wird, um Verzeihung bittet.[9]

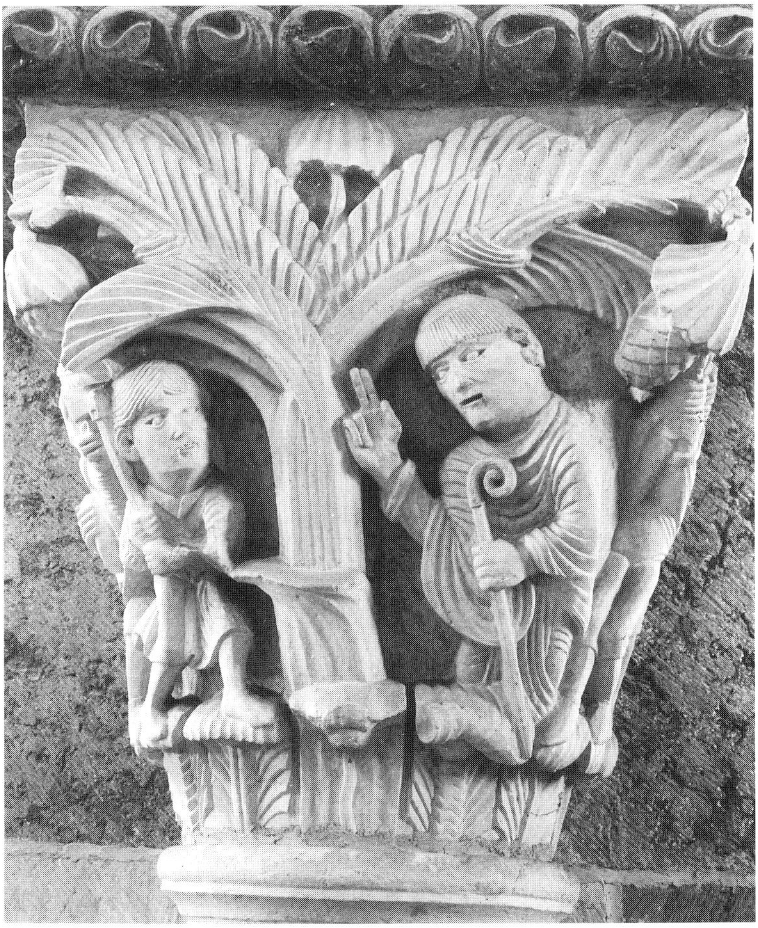

Abb. 4: *Der heilige Martin läßt einen heidnischen Kultbaum fällen.* Kapitell, 1130; Vézelay, Sainte-Madeleine.

Bäume und Sträucher werden in alten Volksliedern und Geschichten als »Frau« angesprochen. Das ist von Wacholder, Holunder, Erle, Fichte und Haselstrauch überliefert. So heißt es in dem Volkslied »Es wollt ein Mädchen tanzen gehn«: »Nun grüß dich Gott, Frau Haselin, von wann bist du so grüne? Ei grüß dich Gott, feins Mägdelein, von wann bist du so schöne?«

3. Bäume und Menschen

Der Mensch der frühen Zeit sieht sich im Denken und Erleben untrennbar verbunden mit der ihn umgebenden Natur, man könnte geradezu von einer »mystischen Teilhabe« an ihr sprechen. So werden Bäume nicht nur mit Gottheiten und vegetabilen Wesen verknüpft, sondern auch mit Menschen. Diese können aus Bäumen entstehen, oder aber sie werden zu ihrem eigenen Schutz in solche verwandelt.
Die Edda[10] berichtet, daß drei Asen die Bäume Ask (= Esche) und Embla (= wahrscheinlich Ulme) kraftlos auf dem Felde liegend finden. Sie geben ihnen Atemhauch, Seele, Wärme, leuchtende Farben und machen sie somit zu lebenden Menschen.
Die griechische Sage erzählt, daß sich Menschen in Bäume verwandeln: zum Schutz, zur Strafe, zur Belohnung, auf ihre Bitte hin. Die mädchengleiche Nymphe Daphne wird – um Apollos Nachstellung zu entgehen – zum Lorbeer. Myrrha, die Königstochter, büßt ihre Schuld als Myrrhenstrauch ab. Philemon und Baucis, das glückliche alte Paar, erhält zum Dank für gewährte Gastfreundschaft von Zeus und Hermes nach seinem Tod neue Gestalt als Eiche und Linde.[11]
Im »Aschenputtel« der Gebrüder Grimm wird der Baum auf dem Grab der Mutter zur hilfreichen, mütterlichen Spenderin. Im Märchen »Die Alte im Walde« umfangen die Zweige eines Baumes das Mädchen und verwandeln sich dabei in die Arme des Prinzen, der damit seine menschliche Gestalt wiedererlangt.

4. Der Baum: Symbol des Lebens und Lebensbaum

In Texten und Bildern wird der Baum zum Symbol des Lebens schlechthin. Nur das Lebenswasser kommt ihm gleich. Beide werden immer wieder zusammen genannt, so die Weltesche Yggdrasil mit dem Urdbrunnen, die Bäume im Paradies und die dortigen Flüsse (1 Mose 2,19), der Strom des Lebens und die Lebensbäume an seinem Ufer (Offb 22, 1f; vgl. Hes 47,12; weiteres s. Bäume des Paradieses).
Der Baum als Lebenssymbol erscheint schon in der Kunst des Zweistromlandes. Eine Plastik aus den Königsgräbern von Ur (Abb. 5) zeigt einen Baum, an dem ein Ziegenbock – ein Tier, das

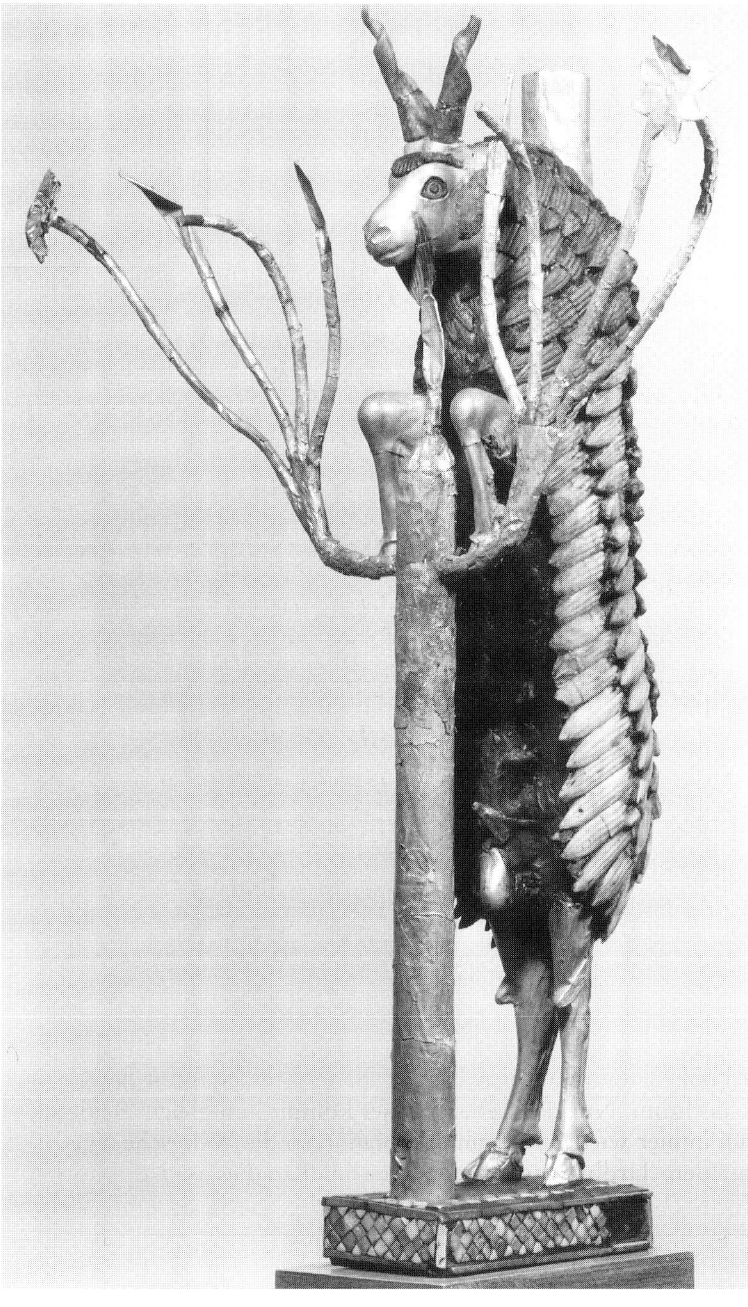

Abb. 5: *Ziegenbock am Lebensbaum.* Farbig gefaßte Holzskulptur, um 2000 v. Chr.; Ur in Chaldäa; London, British Museum.

als besonders zeugungskräftig bekannt ist – emporspringt. Auf einem Rollsiegel sieht man einen König oder Heros, der Tiere mit Lebenslaub füttert.[12]

Die Blätter und Früchte dieses wunderbaren Baumes spenden Leben, ja sie erwecken Tote und verleihen ewiges Leben. Im Gilgamesch-Epos wird erzählt, wie der König von Uruk ein Kraut findet, das ihn vor dem Tod bewahrt. Doch die Schlange stiehlt es ihm, er muß sterben, sie aber häutet sich alle Jahre und verjüngt sich dadurch fortwährend.

Apollodoros von Athen (2. Jh. v. Chr.) berichtet, daß der Seher Polydeikon zusammen mit dem toten Königssohn Glaukos bestattet wird. In der Grabkammer beobachtet er, wie eine Schlange ihre tote Gefährtin mit Hilfe von Lebensblättern wiederbelebt. Auf die gleiche Weise holt dann auch Polydeikon den Königssohn ins Leben zurück. Interessanterweise findet sich das gleiche Motiv sehr viel später im Grimmschen Märchen »Die drei Schlangenblätter« wieder.

In anderer Weise erscheint der Baum als Lebenssymbol, wenn er zum Sinnbild von Werden und Vergehen eines einzelnen Menschen, eines Geschlechtes, eines Reiches wird.

In einem Traum sieht der König Nebukadnezar einen prächtigen, himmelhohen Baum. Dieser hängt voller Früchte, nährt alle Lebewesen und bietet ihnen Platz und Schutz unter seinen Zweigen. Dann aber kommt ein Wächter vom Himmel, läßt den hochmütig Gewordenen abhauen und nur den Wurzelstock stehen: Nach einer Zeit der Buße kann aus ihm ein neuer Baum wachsen. Das Traumgeschehen läßt Nebukadnezar sein eigenes Schicksal vorhersehen (Dan 4).

Ähnlich vorausdeutend träumt Astyages, der König der Meder: Aus dem Schoß seiner Tochter wächst ein Weinstock, der ganz Asien bedeckt. Hier kündigt sich das neue Perserreich an, das sein Enkel Kyros (559–529 v. Chr.) begründen wird.[13]

Diese Geschichte ist in den Heilsspiegel, ein »Lehr- und Andachtsbuch«, aufgenommen worden.[14] Sie ist Antitypus zu der Verkündigung der Geburt Mariens an ihren Vater Joachim. Ein anderes Beispiel dafür findet sich im Kreuzgang von Brixen.[14 u. 15]

Bäume in der Bibel und im christlich-theologischen Denken

Selbstverständlich prägt das Symbol des Baumes auch sehr stark die christlichen Glaubens- und Lebensäußerungen in Wort und Bild.
Ausgangspunkte sind dabei besonders die Geschichten vom Paradies und vom Sündenfall (1 Mose 3). Hier werden der Baum der Erkenntnis und der Baum des Lebens genannt. Ein weiteres zentrales Motiv stellt die Identifizierung des Kreuzes mit dem Baum des Lebens dar.

1. Der Baum des Lebens und der Baum der Erkenntnis

Die Früchte vom Baum der Erkenntnis und vom Baum des Lebens (1 Mose 2,9) – beide stehen im Paradies – sind »verlockend anzusehen und gut zu essen«. Ihr Genuß wird den Menschen von Gott verwehrt. Aber Adam und Eva übertreten das Verbot und kosten diese Früchte, verführt von der Schlange. Sie lockt die beiden mit dem Versprechen, daß sie dadurch »sein werden wie Gott«. Zur Strafe werden die beiden ersten Menschen aus dem Paradies verbannt (vgl. 1 Mose 3,1ff).
Merkwürdigerweise spielt der Baum des Lebens in der Bibel nur eine geringe Rolle. Von Bäumen des Lebens, die unablässig Frucht tragen – wie sie der Prophet verheißen hat (Hes 47,12) – ist bei der Schilderung des himmlischen Jerusalem die Rede (Offb 22,1f). Aber erst als das Kreuz mit dem Baum des Lebens identifiziert wird, bekommt dieser seine überragende Bedeutung in der Kunst. Der Baum der Erkenntnis dagegen beeinflußt Denken und bildliches Darstellen sehr, vor allem in Verbindung mit der Schlange.
Auf die Frage, um welche spezielle Art es sich beim Paradiesbaum wohl handelte, werden drei Antworten gegeben: In einem Teil des jüdischen religiösen Bereiches wird der Weinstock genannt[1], in einem anderen der Feigenbaum[2]; letzterer in Anlehnung an den biblischen Text, der berichtet, daß Adam und Eva ihre Blöße mit Feigenblättern bedecken (1 Mose 3,7). Die frühe Kirche schließt sich dieser Deutung an[3], kennt jedoch auch schon den Apfelbaum.

In der mittelalterlichen Ikonographie setzt sich schließlich der Apfelbaum als Paradiesbaum durch. Er ist auf fast allen Kunstwerken des Mittelalters zu diesem Thema zu sehen.

2. Bäume als Kennzeichen des Paradieses

Nicht nur der Baum der Erkenntnis und der Baum des Lebens, sondern auch einzelne Bäume oder aber Baumgruppen können das Paradies versinnbildlichen.
Aus der Fülle der Motive seien hier zwei Beispiele aufgegriffen: Der sogenannte Sarkophag Konstantins III. (Abb. 6) im Mausoleum der Galla Placidia in Ravenna, hat in seinen Reliefs das Paradies zum Thema. Erkennbar ist es zum einen an den vier Paradiesflüssen, die zu Füßen des erhöhten Christuslammes entspringen, zum anderen an den beiden Palmbäumen, die die Szene einfassen. Auf einem Mosaik in San Apollinare Nuovo in Ravenna[4] wandeln Jungfrauen und Männer in der jenseitigen Paradiesesherrlichkeit. Auch sie gehen unter Bäumen. Ein ähnliches Motiv findet sich im Baptisterium der Arianer, Ravenna.[5] Zwischen Bäumen hindurch zieht die Apostelprozession zum bereiteten Thron Christi.

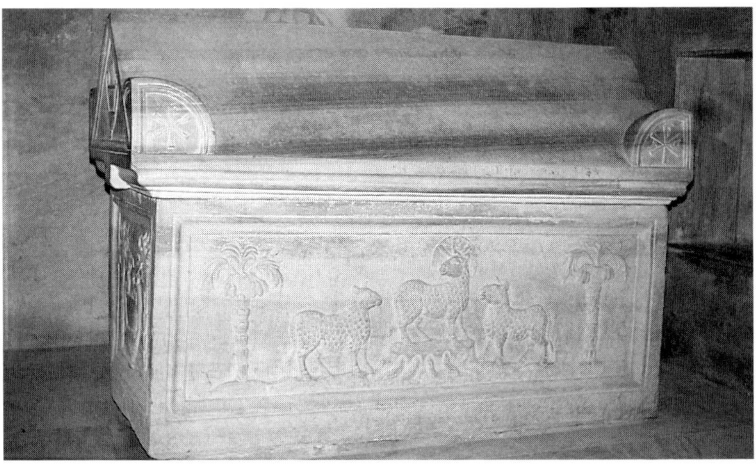

Abb. 6: *Fruchttragende Palmbäume fassen den Paradiesberg mit dem erhöhten Christuslamm ein.* Marmorrelief, sog. Sarkophag Konstantins III. 5. Jh.; Ravenna, sog. Mausoleum der Galla Placidia.

Oft handelt es sich bei diesen Bäumen des Paradieses um Palmen, Zeichen des Sieges, oder um Weinstöcke, die zusätzlich auf Christus bzw. die Eucharistie hinweisen.

3. Bäume als Gleichnis des Guten und des Bösen

Von der Paradiesgeschichte abgeleitet, erhält der Baum des Lebens den Charakter des guten Baumes, während der Baum der Erkenntnis, dessen Früchte zum Sündenfall führten, als böser Baum betrachtet wird.
Ganz allgemein werden Fruchtbarkeit und Unfruchtbarkeit, das frische Grün und die Dürre zum Gleichnis des Guten und des Bösen; dementsprechend kennt man auch gute und böse Früchte (vgl. Mt 7, 17ff: »So bringt jeder gute Baum gute Früchte; aber ein fauler Baum bringt schlechte Früchte«). Biblische Texte arbeiten mit den positiven und negativen Aspekten der Paradiesbäume. Jesaja gebraucht den Weinberg (Weinstock) als Metapher für das Volk Israel (5,1ff). Johannes der Täufer vergleicht den Unbußfertigen mit einem unfruchtbaren Baum: »Es ist schon die Axt den Bäumen an die Wurzel gelegt. Darum: Jeder Baum, der nicht gute Früchte bringt, wird abgehauen und ins Feuer geworfen« (Mt 3,10). Jesus bezieht den unfruchtbaren Feigenbaum verschlüsselt auf sein Volk Israel (Mt 21,18f), den fruchtbaren Weinstock aber und seine Reben positiv auf sich und seine Jünger: »Ich bin der Weinstock, ihr seid die Reben ...« (Joh 15,1ff). Der Judasbrief bezeichnet Christen, die beim Liebesmahl prassen, als »Schandflecken« und als »kahle, unfruchtbare Bäume, zweimal abgestorben und entwurzelt« (Jud 12).
Kunstwerke greifen häufig die kräftigen Bibelworte auf. In der Ostkirche wird der Bußruf Johannes' des Täufers durch eine Axt symbolisiert, die drohend quer zu einem Baum liegt. Gelegentlich wird dieses Gleichnis auch im Westen übernommen. Beispiel dafür ist eine Steinskulptur Johannes' des Täufers in der Kathedrale von Reims (Abb. 7).
Der gute Baum kann als belaubter, grüner, der böse dagegen als dürrer blattloser Baum dargestellt werden. Er kann auch, in der Mitte stehend, die Bildszene teilen und über den positiven Geschehnissen die belaubten und über die negativen die dürren Äste seiner Krone ausstrecken (Abb. 8).
Am Weltgerichtstympanon der Kathedrale von Amiens wenden sich die belaubten Zweige eines Baumes, der die Mitte bildet, den

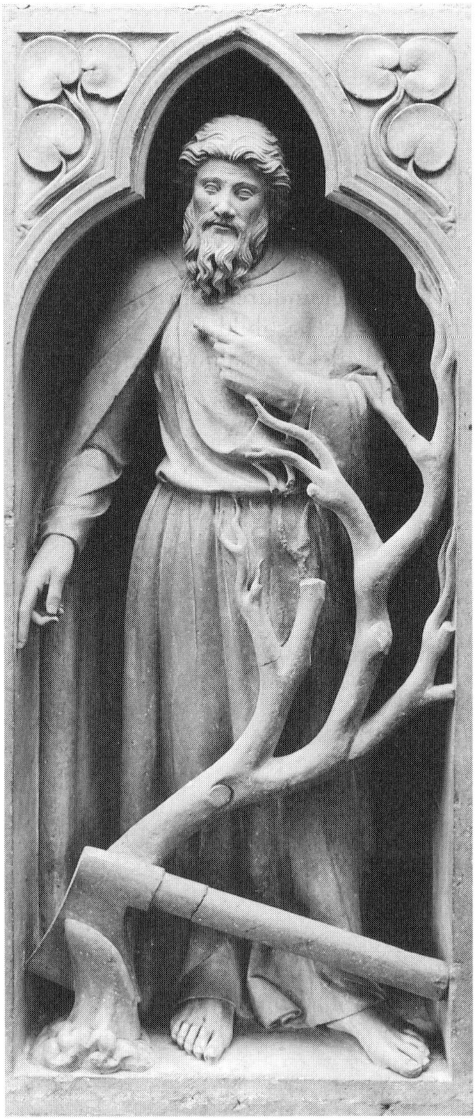

Abb. 7: *Johannes deutet auf die Axt, die in einen dürren Baum eingeschlagen ist. Damit unterstreicht er seine Warnung an diejenigen, die nicht bußfertig sind: »... Jeder Baum, der nicht gute Frucht bringt, wird umgehauen und ins Feuer geworfen« (Mt 3,10).* Johannes d. T., Steinskulptur, 14. Jh.; Reims, Kathedrale, Innenseite der Westfassade.

Seligen zu, die dürren Äste den Verdammten.[6] Das Salzburger Missale zeigt einen Baum, auf dessen Zweigen auf der einen Seite das Kruzifix zu sehen ist. Maria pflückt Hostien, die an diesem Baum wachsen, und reicht sie den Gläubigen. Aus den Ästen der anderen Seite schaut ein Totenschädel hervor. Hier reicht Eva den Todverfallenen Äpfel, die sie aus dem Schlangenmaul entgegennimmt (Farbbild 2).

4. Das Kreuz als Lebensbaum

Eine besondere und weitreichende Bedeutung kommt dem Baum des Lebens schon in der frühen Christenheit zu. Das Holz des Kreuzes, an dem Jesus Christus stirbt, wird im typologischen Denken mit dem Holz vom Baum des Lebens gleichgesetzt. Am Kreuz hat Christus die Erlösung der durch den Sündenfall verderbten Menschheit bewirkt. Dieses für den christlichen Glauben grundlegende Mysterium wird Jahrhunderte hindurch gepredigt, meditiert und auf vielfältige Weise verbildlicht (Farbbild 1).
Wie ausführlich und tiefgreifend die Vorstellung vom Kreuz als Baum des Lebens die Gedanken beherrscht, sei an einigen Beispielen aufgezeigt: Der Kirchenschriftsteller Hippolyt von Rom sieht das Kreuz als kosmischen Baum: »Dieser himmelgeweihte Baum ist von der Erde empor zum Himmel gewachsen. Unsterbliches

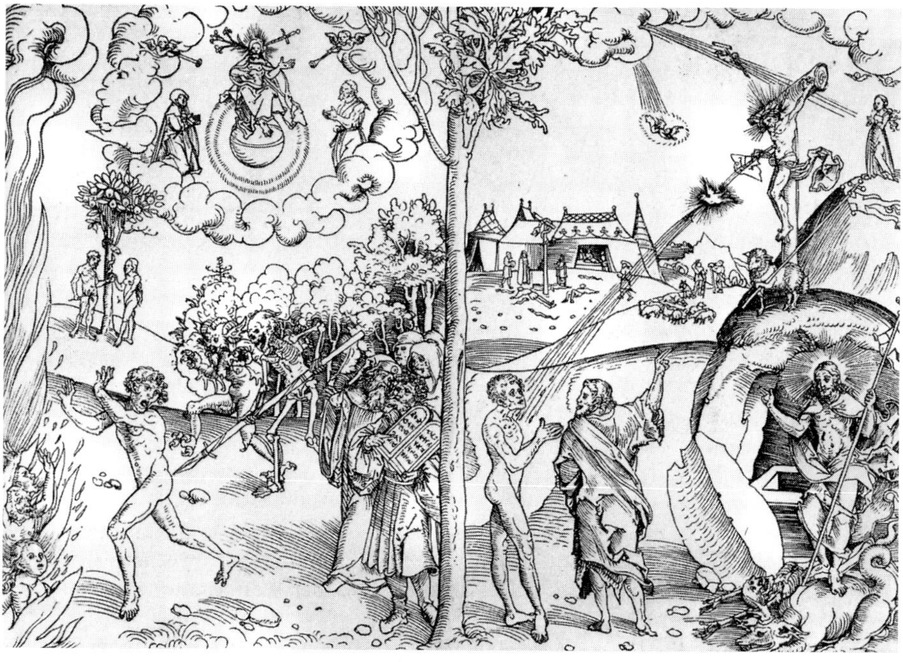

Abb. 8: *Ein Baum, der zur einen Hälfte begrünt ist und zur anderen dürre Zweige ausstreckt, scheidet zwei Szenen, in denen theologische Inhalte bildhaft gegenübergestellt sind: Sünde, Gericht, Gesetz und Verdammnis auf der einen Seite, Vergebung, Gnade und Errettung auf der anderen Seite.* Sündenverhängnis und Erlösung, Lehrbild. Holzschnitt, Lukas Cranach d. Ä., um 1530; London, British Museum.

Gewächs reckt sich zwischen Himmel und Erde. Er ist der feste Stützpunkt des Alls, der Ruhepunkt aller Dinge, der kosmische Angelpunkt. Er faßt in sich zur Einheit zusammen die ganze Vielgestaltigkeit der menschlichen Natur ... Er rührt an die höchsten Spitzen des Himmels und festigt mit seinen Füßen die Erde, und die mittlere Atmosphäre dazwischen umfaßt er mit seinen unermeßlichen Armen.«[7] Venantius Fortunatus dichtet im 6. Jahrhundert: »O Baum, du glänzest hochbeglückt, da dich des Königs Purpur schmückt. Zu tragen so hochheil'ge Last, schien wert dein auserwählter Ast.«[8] Noch heute wird in gottesdienstlichen Feiern in den Kirchenliedern vom Kreuzesstamm gesungen: »Ehre sei dir Christe, der du littest Not, an dem Stamm des Kreuzes ...«[9]
Auch in der Kunst wird schon sehr früh das Kreuz als Lebensbaum dargestellt. Dabei entwickeln sich verschiedene Formen:
Das *Astkreuz* erscheint in unterschiedlicher Gestalt. Es zeigt seinen Baumcharakter durch Aststümpfe an[10], oder der Kreuzesstamm und die Kreuzesarme sind den Ästen eines Baumes nachgebildet.[11] Der Querbalken kann kurvig gebogen oder doppelt geschwungen sein. Das glatte Lateinische Kreuz mit seinem verlängerten Längsarm, wie es ursprünglich dargestellt wurde, verwandelt sich auf diese Weise in ein lebendiges Gewächs.[12]
Das *Grüne Kreuz* findet sich häufig in der Buch- und Glasmalerei. Es weist sich durch seine Farbe als dem Lebensbereich zugehörig aus.[13]
Beim *Gabelkreuz*, dessen Form im 12. Jahrhundert entstand, werden die Seitenarme schräg nach oben geführt. Es hat seine hohe Zeit in der Mystik des 13. und 14. Jahrhunderts. Aus dem Christkönig am Triumphkreuz der Romanik wird der Dulder am Marterholz. Der zerdehnte, geschundene Leib Christi, am rohen Holz des Gabelkreuzes hängend, fordert die Gläubigen zum Mitempfinden seines Leidens, zum Versenken in sein Sterben auf. Der Gedanke an den Lebensbaum tritt dahinter zurück.[14]
Als *Baumkreuz* wird das Kreuz Christi – im 12. Jahrhundert vereinzelt, im 13./14. Jahrhundert häufiger – in Form von Stamm und Ast eines lebendigen Baumes gezeigt, der Blätter, Blüten oder Früchte trägt. Die alte Symbolik des Kreuzes als Lebensbaum wird sichtbar gemacht. Er kann als Weinstock[15], als Eiche oder Rosenstrauch gestaltet sein. Immer mehr wird er zum naturnah dargestellten üppigen Baum (Abb. 9).
Auch in der Literatur ist diese Sicht wieder neu beseelt worden. Bonaventura (1221–1274), Ordensgeneral der Franziskaner, hat sich in seiner Beschreibung an die Apokalypse angelehnt.[16] Den Mystikern ist das Bild vom »Baum der Gottheit« (Meister Eckhart, 1260–1328), vom »blühenden, minniglichen Baum himmlischen

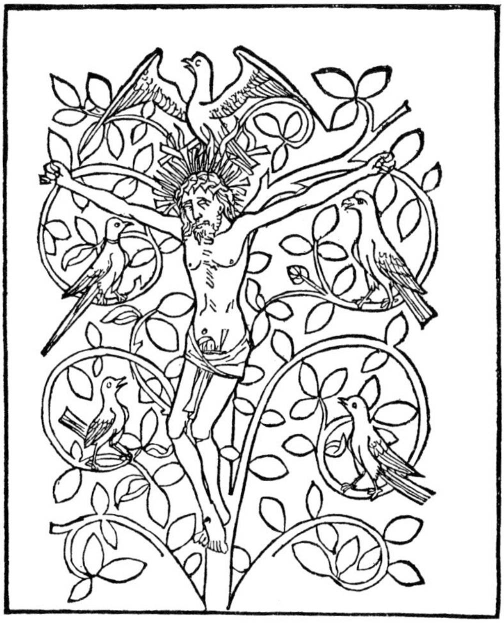

Abb. 9: *»Der Mai der christgläubigen Kirche.« Ein Rosenstock mit jubilierenden Vögeln in den Zweigen wird zum Kreuz Christi. Über dem Haupt des Gottessohnes erhebt sich der Wundervogel Phönix, der sich selbst verbrennt und aus der Asche neu ersteht. Damit werden gleichzeitig Tod und Auferstehung, Leiden und Freude symbolisiert.* Geistliche Auslegung des Lebens Christi. Eine Holzschnittfolge aus dem 15. Jh.

Lebens« (Tauler, ca. 1300–1361) geläufig. Als »köstlichen Rosenbaum zeitlichen Leidens« beschreibt ihn Suso (1325).
Pacina di Buonagida knüpft um 1320 mit seinem Bild an den *arbor vitae*, welchen das Bonaventuratraktat beschreibt, an.[17] Vom Lebensbaum gehen zwölf Zweige aus, von denen ein jeder Früchte trägt. Sie sind als Medaillons gestaltet und zeigen das Leben, Leiden und Sterben Jesu, seine Auferstehung, das Weltgericht und Christus in der Glorie. Auch Propheten, Apostel, Evangelisten und Heilige haben Platz im Baum. Am Erdboden, unter den untersten Zweigen, spielen sich die Erschaffung Adams und Evas im Paradies und der Sündenfall ab.
Des Bildes vom Kreuz als dem Lebensbaum hat sich auch die Legende auf ihre farbige und volkstümliche Weise angenommen. Um 1150 aufgeschrieben, wird sie uns im 13. Jahrhundert reich ausgeschmückt in der *Legenda aurea* überliefert: Adam bittet seinen Sohn Seth, ihm einen Zweig aus dem Paradies zur Linderung

seiner Schmerzen zu holen. Seth erhält den Sproß von einem Engel und pflanzt ihn nach Adams Tod auf dessen Grab, den späteren Golgatha-Hügel, wo er zu einem großen Baum heranwächst. Salomo läßt den Baum für den Bau des Tempels fällen, wirft ihn aber in einen See, als er durch die Königin von Saba vom zukünftigen Sterben des Messias an diesem Holz und der daraus folgenden Vertreibung des Volkes Israel in alle Welt erfährt. Der Baum taucht zu Zeiten Jesu wieder aus dem Wasser auf. Aus seinem Stamm wird das Kreuz Christi gezimmert und genau über dem Grab Adams auf Golgatha errichtet.[18] Einen Zyklus der Kreuzeslegende malte im 15. Jahrhundert Piero della Francesca.[19]

5. Der Lebensbaum als Erscheinungsort Gottes

Im Bild, nicht im Wort, wird im Mittelalter ein neuer und doch uralter Aspekt wieder lebendig: Der Lebensbaum wird zum Erscheinungsort Gottes. Es ist das Paradies, in dem der Baum steht; in ihm erscheint Gott in der Gestalt Christi.
Eine Miniatur aus dem Bamberger Domschatz (11. Jahrhundert) zeigt Folgendes (Abb. 10): Von der Gestalt der nackten Terra (= Erde) ausgehend und gehalten, wächst der Lebensbaum empor und breitet sich in einer großen Mandorla aus. In ihr steht Christus mitten im Blattwerk. Das beigefügte Gedicht beschreibt den Heiland in seiner kosmischen Größe: »Christus in den Gefilden des Paradieses hält oben den Himmel, unten die Erde (sowie Sonne und Mond). Er gibt der Welt die mystischen Paradiesströme, diese tragen vier Wesen – Zeichen des Sieges.« Zu sehen ist der Himmel oben als bärtiger Männerkopf. Die Sonne mit dem Strahlenkranz, der Mond mit der Sichel zeigen sich als Büsten zu beiden Seiten. Die vier Paradiesflüsse sind nackte Frauengestalten, deren Körper in fließendes Wasser übergehen. Sie tragen und halten die vier Evangelistensymbole; alle vier sind Christus zugewandt. Seine Botschaft nehmen sie mit in alle Welt. Die Flüsse sind Sinnbild für die Ausbreitung des Gotteswortes über die ganze Erde.
Eine andere Darstellung findet sich auf der Holzdecke in St. Michael, Hildesheim (Farbbild 4): Der Lebensbaum des Paradieses umfängt in seiner Krone Christus. Unter dem Erkenntnisbaum reicht Eva Adam den Apfel, der Sündenfall geschieht, doch der Retter ist schon da.
In einem ähnlichen Bildtypus erscheint Gott im Baum; dieser ist jedoch nicht der Lebensbaum, sondern der brennende Dornbusch,

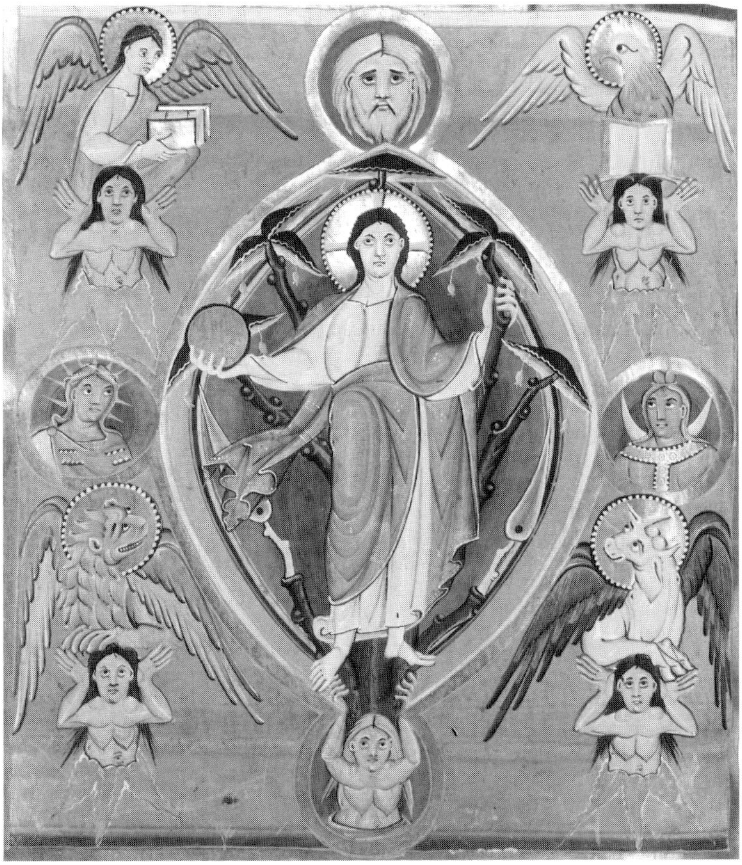

Abb. 10: *Der kosmische Christus im Lebensbaum des Paradieses.* Evangeliar aus dem Bamberger Domschatz, Anfang 11. Jh.; München, Bayerische Staatsbibliothek, Clm 4454, fol. 20 v.

analog dem biblischen Bericht in 2 Mose 3: Moses weidet Schafe am Gottesberg Horeb. Plötzlich erblickt er einen Dornbusch, der brennt, aber nicht verbrennt. In der Feuerflamme erblickt Moses den Engel Gottes und hört aus dem Feuer die Stimme des Herrn, die ihn zum Befreier seines in Ägypten versklavten Volkes beruft. Den Busch, ein niedriges Gewächs, stellt die mittelalterliche Kunst gern als Baum dar, in dessen Krone nicht der Engel, sondern Gott oder Christus erscheint[20], im Spätmittelalter auch Maria mit dem Kind. Der brennende, aber nicht verbrennende Busch galt als alttestamentlicher Prototyp der unversehrten Jungfrauschaft Mariens. So schildert ihn Konrad von Würzburg in seiner »Goldenen Schmiede«[21]. Auf einem Tafelbild des Nicolaus Froment nimmt

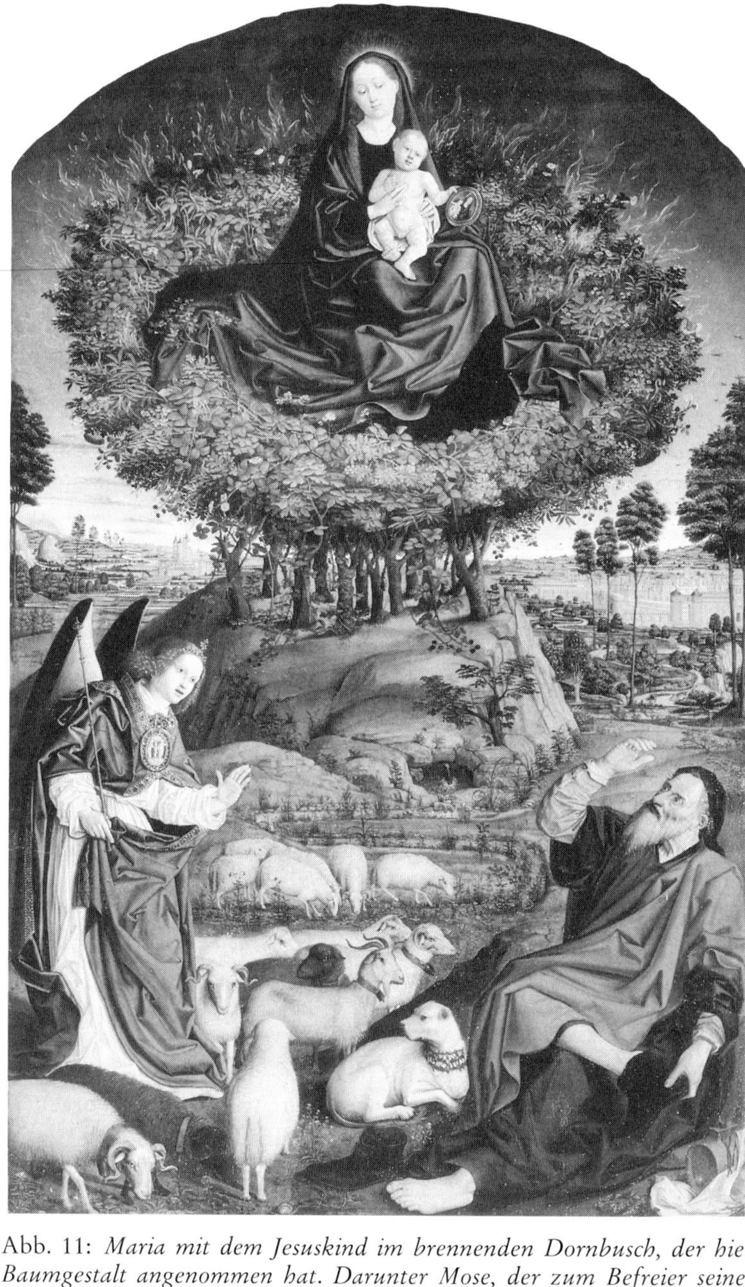

Abb. 11: *Maria mit dem Jesuskind im brennenden Dornbusch, der hier Baumgestalt angenommen hat. Darunter Mose, der zum Befreier seines Volkes aus der Knechtschaft Ägyptens berufen wird.* Mose vor dem brennenden Dornbusch. Mitteltafel eines Triptychons, Nicolas Froment, 1476; Aix-en-Provence, Kathedrale Saint-Sauveur.

Maria mit dem Kind den Platz in der Krone des brennenden Dornbusches ein (Abb. 11). Das Jesuskind hält einen makellosen Spiegel als weiteres Symbol der jungfräulichen Reinheit der Madonna in der Hand. Mose unter dem Baum zieht an diesem heiligen Ort ehrfürchtig seine Schuhe aus und vernimmt vom Engel den Auftrag Gottes – eine Szene, die an die Verkündigung der Frohbotschaft an Maria erinnert.
Auf ein interessantes Phänomen sei hier noch hingewiesen. Es steht vielleicht mit den eben genannten Bildern in Verbindung und ist möglicherweise Nachklang der Vorstellung, daß Bäume als Kultplatz oder als Wohnort nichtmenschlicher Wesenheiten angesehen wurden. Marienbildwerke, in Bäumen »gefunden« oder durch Wunder und Legenden mit ihnen verbunden oder in sie eingewachsen, zeitigten Ortsnamen wie Maria Eich, Marialinden, Mariabaum, Maria Birnbaum, Mariabuchen. Ein Beispiel dafür mag die Entstehung des Ortsnamens Maria Ort bei Regensburg sein. Es wird berichtet: Im oströmischen Bilderstreit wird ein Gnadenbild – Maria mit Kind – ins Wasser geworfen. Auf wunderbare Weise schwimmt es auf einem Wacholderstrauch donauaufwärts, bis es an der Stelle des heutigen Maria Ort gefunden wird.[22]

6. Der Baum als Erkennungs- und Ordnungssystem

Die Grundform des Baumes wird gerne zur systematischen Darstellung organisch gewachsener Gemeinschaften gebraucht. Sie eignet sich aber auch zur Entfaltung und Einordnung gedanklicher und moralischer Themen. Die Wurzeln beschreiben das Entstehen und Herkommen, das Geäst mit Blättern, Blüten und Früchten Wachstum und Ausbreitung. Oft ist der Wipfel Höhepunkt und Ziel.
Eine Besonderheit, die in der christlichen Kultur hohe Bedeutung erlangt hat, ist der »Jesse Baum« oder die »Wurzel Jesse«. In diesem Bild wird die Ahnenreihe Jesu Christi zur Anschauung gebracht.

Der Stammbaum

Früh schon bot sich das Schema des Baumes zur Verbildlichung von Genealogien und Sippenverbänden an. Als Lebenssymbol eignete er sich besonders zum Vergleich mit der Lebensspanne des Menschen und damit zur Aufzeichnung der Verwandtschaftsgrade.

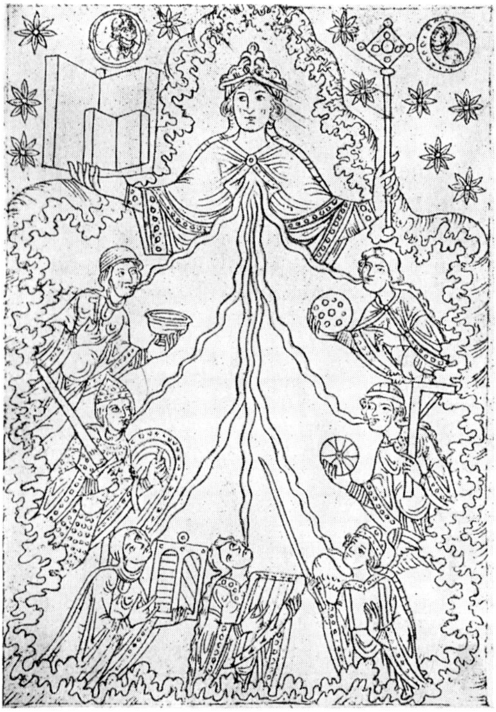

Abb. 12: *Philosophia, nährende Mutter der sieben freien Künste, in belaubtem Baumumriß.* Federzeichnung, 12. Jh.; Salzburg, Sammlung Forrer.

Im römischen Staat erleichterten Zeichnungen *(Stemmata)* den Juristen die ehe- und erbrechtlichen Entscheidungen. Den Consanguinitätstafeln, die die Grade der Blutsverwandtschaft zu rechtlichen Zwecken festhielten, kam besondere Bedeutung zu, da sie bei zu naher Verwandtschaft Heiraten für unzulässig erklärten. Hingegen stellten die Affinitätstafeln zulässige Verbindungen fest. Eine Zeichnung erleichterte den Überblick. Bereits in der ausgehenden Antike lassen sie nicht selten, graphisch vereinfacht, die Form eines Baumes erkennen.
Vom 12. Jahrhundert an werden Stammbäume als Schautafeln der Geschlechter und ihres Ruhmes gestaltet. Sie entwickeln sich im Lauf der Zeit zu immer prächtigeren Gebilden. In der Wurzel oder im Stamm sind die frühesten bekannten Ahnen zu sehen, in der Krone die weiteren Glieder der Familie. Sie sind eingeschrieben, eingezeichnet oder durch ihre Wappen kenntlich gemacht.

Andere Ordnungsschemata in Baumform

Bischof Theodulf von Orleans (760–821) kennt und beschreibt einen Silbertisch, in dem die sieben freien Künste als Äste eines Baumes eingraviert sind.[23] Es sind dies Grammatik, Arithmetik, Geometrie, Musik, Astronomie, Dialektik und Rhetorik. Sophia, die Mutter der Weisheit, bildet den Stamm (Abb. 12), aus dem alle Äste emporwachsen. Seit dem 12. Jahrhundert sind uns in Handschriften ähnliche Umsetzungen des Themas überliefert, in denen die sieben freien Künste im Umriß einer Baumkrone angesiedelt sind.

Beim Ständebaum bildet der Bauer die Wurzel. Über Handwerker und Kaufleute aufsteigend, besetzen die Adeligen die Krone, Kaiser und Papst die Spitze.[24]

Der Ordensbaum wurzelt im Ordensstifter, seine Krone nehmen bedeutende Mitglieder und seinen Wipfel die ranghöchsten Ordensleute ein.[25]

Der Tugend- und Lasterbaum

In gewisser Parallelität zu der Vorstellung des »guten und bösen Baumes« entstehen seit dem 12. Jahrhundert Baumbilder mit der Absicht der moralischen Belehrung (Abb. 13). Hugo von Saint-Victor, der große Pariser Scholastiker und Mystiker (1100–1141), hängte in seinem Unterrichtsraum zwei Bilder auf: Der eine – der Lasterbaum – wurzelt im Hochmut, das Geäst zeigt die übrigen Laster, im Wipfel befindet sich der alte Adam.

Die Wurzel des Tugendbaumes dagegen ist die Demut. Die Tugenden werden als Frauengestalten in der Krone dargestellt oder sind in die Blätter eingeschrieben, den Wipfel hat Christus als der neue Adam inne.[26] Eine etwas andere Sicht bietet der Kanoniker Lambert von Saint-Omer. Er legt seinem Tugend- und Lasterbaum die Antithese von Ecclesia und Synagoge zugrunde.[27]

Der Baum Jesse (Wurzel Jesse)

Ab dem 12. Jahrhundert finden sich zahlreiche Kunstwerke, welche die Genealogie Jesu in Baumform darstellen. Seine Vorfahren, die schon immer im Blickpunkt wachen Interesses standen, werden den Stammbäumen in den Evangelien Mt 1,1–17 und Lk 3,23–38 entnommen. Eine vielzitierte Textstelle aus dem Propheten Jesaja

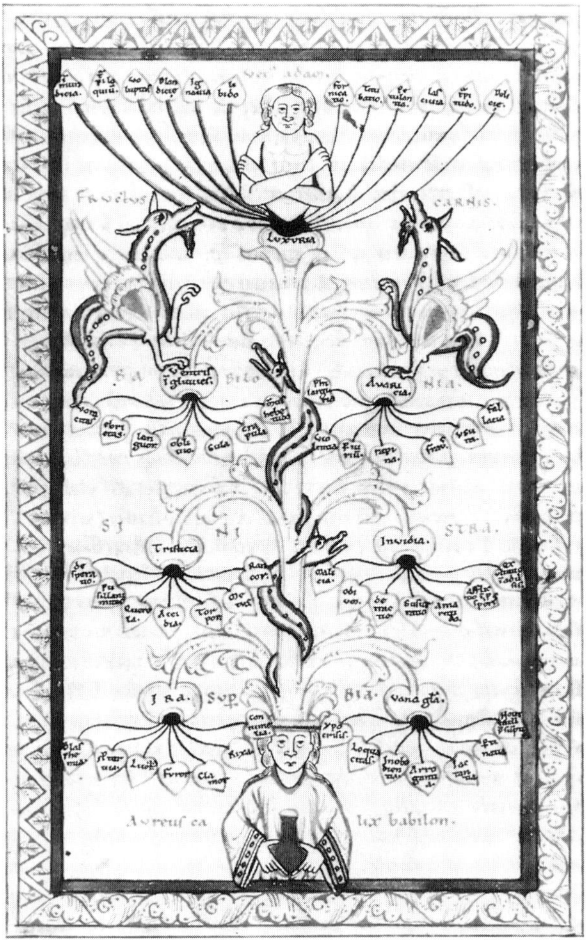

Abb. 13a und 13b: *Gegenüberstellung des idealen ethischen Vorstellungsschemas in Form von Laster- und Tugendbaum. Aus dem Haupt der Superbia (= Hochmut) wächst der Stamm-Baum des Lasters, den Drachen umwinden. Seine Äste enden in herzförmigen, nach unten hängenden Blättern, die weitere Laster bezeichnen. Im Scheitelpunkt ist Luxuria (= Wollust) eingeschrieben, überhöht von der Halbfigur Adams. Der Tugendbaum erhebt sich aus dem Haupt und der Brust der Humilitas (= Demut). In der Analogie zeigen hier Äste und Blätter nach oben. Oberhalb der Caritas (= Liebe) thront Christus, der neue Adam (Röm 5, 14).* Speculum virginum, Mittelrhein (Maria Laach), um 1150; Köln, Historisches Archiv, W 276a.

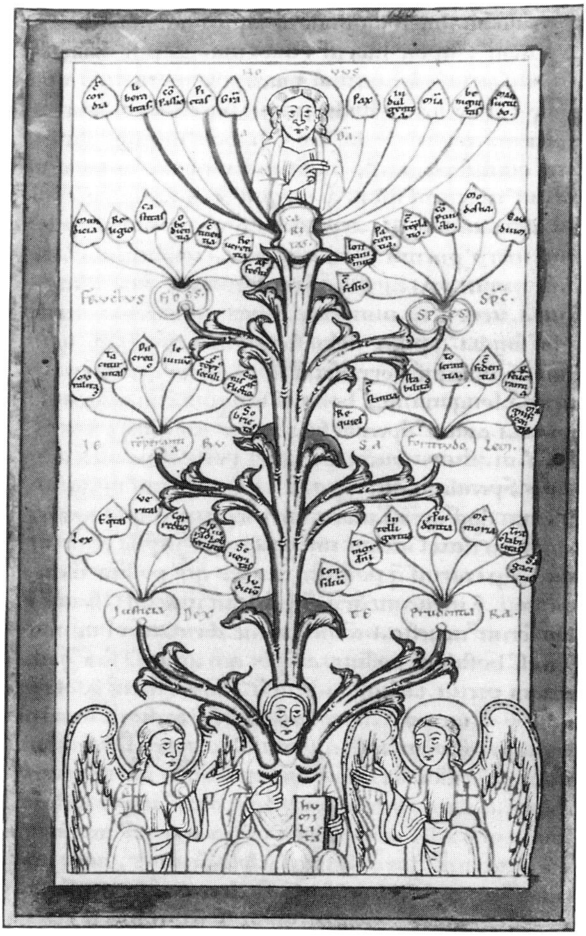

(11,1f), die im Mittelalter selbstverständlich auf Christus gedeutet wird, legt das Bild des Baumes besonders nahe: »Es wird ein Reis hervorgehen aus dem Stamm Isais (= Jesse) und ein Zweig aus seiner Wurzel Frucht bringen. Auf ihm wird ruhen der Geist des Herrn, der Geist der Weisheit und des Verstandes, der Geist des Rates und der Stärke, der Geist der Erkenntnis und der Furcht des Herrn.«

Tertullian[28] vergleicht die Wurzel des Stammbaums Jesu mit Jesse (= Isai), den Stamm oder das Reis (lat. *virgo*) und die Frucht oder Blüte (*flos*) mit Christus. Ähnlich sehen es auch andere Kirchenväter und die mittelalterliche Theologie. So heißt es beispielsweise: »Jesajas, der Weissager / sah dich im Geist, / sah wie aus Jesses

Stamm / herauswuchs ein edler Zweig, / dem eine Blume entstieg, / dich mit dem Kinde sah er im Zeichen, Sancta Maria.«[29]
Ein noch heute vielgesungenes Weihnachtslied lautet: »Es ist ein Ros entsprungen / aus einer Wurzel zart; / wie uns die Alten sungen, / von Jesse kam die Art / und hat ein Blümlein bracht, / mitten im kalten Winter, / wohl zu der halben Nacht« (vgl. Rose).
Die Vorstellung vom Baum Jesse hat eine reiche Bilderwelt hervorgebracht. Der Grundtypus steht dabei fest, Einzelheiten werden vielfältig variiert. Zunächst sei die Grundform beschrieben, dann ein besonders schönes und detailreiches Beispiel.
Als frühester Vorfahre wird Isai oder Jesse, der Vater Davids, und somit der eigentliche Stammvater des israelitischen Königshauses genannt. Die Herkunft aus »Davids Stamm« ist der Kirche deshalb so wichtig, weil damit auf den prophezeiten Erlöser aus dem Königshaus hingewiesen wird. In den ältesten Bildern wird Isai tot im Sarg oder sitzend dargestellt[30], später dann liegend oder schlafend. Aus seinem Leib wächst der Jesse-Baum hervor. Im Baumwipfel erscheint Christus. Auf ihn, den Messias, fliegen in Gestalt von Tauben die sieben von Jesaja (Jes 11,2) geweissagten Geistgaben zu. Seitlich des Stammes in den Ästen sind ausgewählte königliche Ahnen angeordnet. Zu ihnen gehören die großen Herrscher David und Salomo. An ihrer Statt oder mit ihnen zusammen in den Außenästen können die Propheten, die geistlichen Vorfahren Christi, im Baum erscheinen.[31] Ihre Spruchbänder enthalten Prophezeiungen auf Christus (Abb. 14). Die Verbindung von Sündenfall und Jesse-Baum stellt das Motiv des Lebensbaumes (*arbor vitae*) nochmals in den Vordergrund (Farbbild 4). Ein besonderer Ehrenplatz ist Maria vorbehalten, obwohl der Baum Jesse der Stammbaum Josephs und nicht Marias ist. Aber sie ist ja die rechtmäßige Frau Josephs, so kann sie einbezogen werden. Dazu kommt noch die Kombination mit einer anderen Weissagung Jesaja (7,14): »Siehe, eine Jungfrau ist schwanger und wird einen Sohn gebären, den wird sie Immanuel nennen.« Der Gleichklang *virga* (Reis, Zweig) – *virgo* (Jungfrau) verstärkt noch die Deutung. Maria hat ihren Platz unterhalb von Christus im Wipfel; ihre Gestalt kann aber auch dominierend das Zentrum des Baumes bilden, ja sie kann sogar mit dem Christuskind auf dem Arm den Wipfel einnehmen.[32]
Ein außerordentlich beliebtes Motiv ist der Baum Jesse seit der Mitte des 12. Jahrhunderts in der Glasmalerei, fügt es sich doch wunderbar in die gestreckte Form der Kirchenfenster ein (Farbbild 3). Als Inbegriff gelungener Umsetzung des Themas dürfen die in satten Farben erglühenden Glasfenster von Saint-Denis und Chartres[33] gelten. Eine Erweiterung des Jesse-Baumes ergibt sich, wenn andere Themen mit einbezogen werden, etwa die Heils-

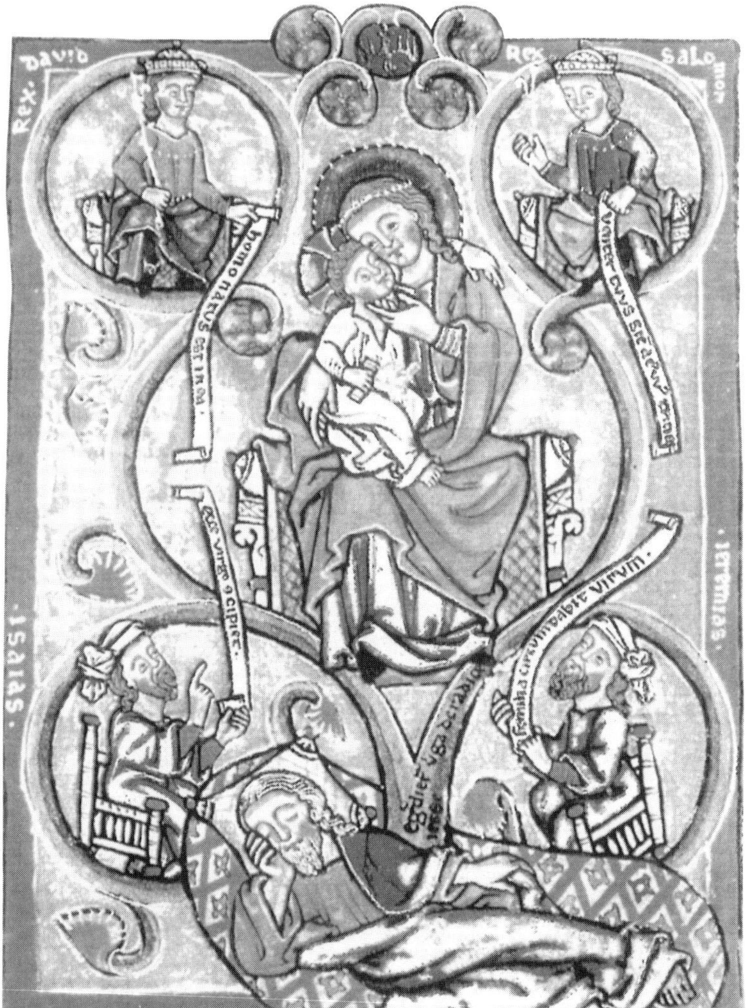

Abb. 14: *Wurzel Jesse*, Handschrift St. Peter, 13. Jh.; Badische Landesbibliothek, Karlsruhe, perg. 139, fol. 7v.

geschichte mit dem Leben und Wirken Jesu oder alttestamentliche, auf Maria gedeutete Typologien.[34] Besonders eindrucksvoll und umfassend präsentiert sich die »Wurzel Jesse« auf der sich über eine Länge von ca. 28 Metern und etwa 9 Meter Breite erstreckenden Holzdecke in St. Michael, Hildesheim (um 1200). Im Westen der Kirche beginnend, ist das Paradies mit zwei Lebensbäumen dargestellt (Farbbild 4). In dem einen, dem göttlichen, füllt Christus die Krone aus. In dem anderen, dem menschlichen, sind, in die Blätter gehüllt, die Köpfe künftiger Menschengeschlechter zu sehen. Unter dem Baum der Erkenntnis in der Mitte schickt sich das erste Menschenpaar an, von der verbotenen Frucht zu essen. In allen drei Paradiesbäumen sieht man die Wurzel – fast als sei der Stamm geöffnet und erlaube einen Blick in die Wachstumskräfte – je vier spiralförmige grüne Gebilde. Will der Künstler hier die »grüne Kraft der Erde«, von der Hildegard von Bingen spricht, sichtbar festhalten? Ihre Schriften hatten damals großen Bekanntheitsgrad und Einfluß.

Der Jesse-Baum beginnt über dieser Szene mit dem schlafenden Stammvater, aus dessen Lenden er emporwächst. Weiter aufwärts sind die Könige David, Salomo, Hiskia und Josia zu erkennen; in den Ecken dieser großen Darstellungen je vier weniger bedeutende Vorfahren. Über der Reihe der Könige thront Maria. Christus nimmt den Wipfel ein. Die anschließenden Längsseiten sind den Propheten vorbehalten, die Medaillons daneben weiteren Vorfahren aus dem Stammbaum Jesu, der bis zu Seth, dem Sohn Adams, zurückführt. Die für diese Zeit so wichtige Zahl Vier ist durch die vier Erzengel, die vier Evangelisten und ihre vier Symbole am Ost- und Westende der Decke gegenwärtig. Maria sind die vier Kardinaltugenden zugeordnet.

Exkurs: Wandel in der Form der Baumdarstellungen vom frühen bis zum späten Mittelalter

Zweierlei Arten der Darstellung von Bäumen wurden in der ausgehenden Antike gepflegt und tradiert. Zum einen waren sie der Natur nachgebildet mit Zweigen, Ranken, Blättern und Früchten. Gewächse wie Weinstock, Palme oder Feige, die bereits im Altertum symbolträchtigen Charakter hatten, übernahm das frühe Christentum und drückte darin seine eigenen Glaubensinhalte aus. Diese der Realität nachgestalteten Baumbilder sind vor allem als Relief auf Sarkophagen, Ambonen, Mosaiken, Wandmalereien und gelegentlich auch in Manuskripten anzutreffen. Die zweite Stilrichtung mutet fast impressionistisch an und kommt in der Buchmalerei zum Zug (Abb. 15/I). Es sind leicht hingetuschte Gewächse oder Baumgruppen. Sie erscheinen in den Codices der Karolingerzeit und sind dort häufig über den Evangelistenbildern plaziert (Abb. 15/II).

Im germanischen Kulturkreis war wie im keltischen Bereich das abstrakte Flecht- und Knotenwerk beheimatet. In der Merowingerzeit fand die Begegnung der Antike mit dem Norden statt. In dem vormals von den Römern eroberten Land hatte sich der gebildete gallorömische Senatorenadel entwickelt. Er brachte sein Wissen, seine Kultur, seine Religiosität ein. Blume, Baum, Rankenwerk lösten Flechtmuster und Spiralen ab oder verbanden sich mit ihnen zu eigenwilligen Formen.[1]

Eine noch intensivere Angleichung beider Kulturen vollzog sich durch die karolingische Renaissance. Karl der Große förderte die einheimischen Künstler. Daneben holte er auch Buchmaler aus dem Süden an seinen Hof. Codices, welcher Herkunft auch immer, waren willkommene Erwerbungen und Geschenke, die er seiner großen Bibliothek einverleibte.

In der Zeit der Ottonen (936–1024) trat ein tiefgreifender Wandel ein. Er ging von den Skriptorien des Klosters Reichenau aus. Ähnlichkeiten mit der organischen Welt werden negiert. Die streng stilisierten Bäume ähneln Chiffren, die zwar die Bedeutung eines Baumes haben sollen, diesen aber nicht nachzeichnen wollen (Abb. 15/III). Entsprechend dem Vorbild – etwa einer Pinie oder Zypresse – formen sich die wenigen Zweige zu pilzhutförmigen oder lanzettartigen Enden aus, so daß etwa drei verdickte Äste eine Baumkrone bilden.

Zur selben Zeit erheben sich die Bäume in den dargestellten Geschichten über ihr pflanzliches Dasein, beginnen zu agieren, später auch mitfühlend am Geschehen teilzunehmen. Auf der Domtür des Bischofs Bernward von Hildesheim scheint der Baum den Engel bei der Vertreibung aus dem Paradies zu unterstützen.[2] San Zeno in Verona zeigt auf seiner Erztür einen Baum, der beim Mord an Abel gramvoll seine Zweige abwärts biegt. Zuvor, beim Opfer der beiden Brüder, reckte er sie frisch empor (Abb. 15/IV).
In der Literatur, die einst Baum und Kreuz eng verband (vgl. Das Kreuz als Lebensbaum), wird erneut der frühere Zusammenhang von Heilsgeschichte und Schöpfung aufgegriffen. Die Passion Christi spiegelt sich in der Natur wider. Ein Gedicht über das Leiden des Herrn lautet: »Nun bück dich, Baum / nun bück dich, Ast / Jesus hat weder Ruh noch Rast / ach trauere Laub und grünes Gras / laßt euch zu Herzen gehen das.«[3] Diese Verbundenheit läßt sich auch in der darstellenden Kunst beobachten (Abb. 15/V). Auf einem Tafelbild kniet Jesus im Garten Gethsemane. Die beiden Bäume daneben neigen sich ihm tröstend zu.
Vereinzelt bereits in der Karolingerzeit, hauptsächlich jedoch im 10. und 12. Jahrhundert, wird das Bild des Baumes meist auf nahezu abstrakte Formen reduziert (Abb. 15/VII). Die gleichartige und geometrische Anordnung der Blätter kann einen ornamentalen Eindruck vermitteln (Abb. 15/VII, 15/VIII). Ein Zweig endet mitunter in einem das Normalmaß weit übersteigenden Blatt (Abb. 15/VI).
Eine erneute Zuwendung zur naturnahen Darstellung von Pflanzen, Blatt und Frucht setzt im 13. Jahrhundert ein. Naturbeobachtung führt immer offensichtlicher zur Angleichung der Motive an die natürliche Vorgabe. In der Skulptur geht der entscheidende Impuls vom Naumburger Meister aus. Sein künstlerisches Augenmerk richtete sich auf die heimische Flora (Abb. 15/IX). Wenn auch die überragende, individuelle Schönheit der Naumburger Blattkapitelle nur kurze Zeit (1242–1249) auf diesem Niveau gehalten werden konnte, bleibt doch das Bemühen um die Wiedergabe der sichtbaren Realität weiterhin lebendig. Fast gleichzeitig entsteht bei den Zisterziensern – vornehmlich sei hier das ehemalige Zisterzienserkloster Altenberg östlich von Köln genannt – Freude an Zweig, Blattwerk und Blüten und an ihrer genauen Wiedergabe. Kapitelle, Schlußsteine und Fenster der Kirche werden mit naturgetreuen Darstellungen geschmückt. Die Zisterzienser haben sich auch zuvor schon literarisch mit der Pflanzenwelt beschäftigt. Von

Abb. 15: Beispiele für den Wandel des Baumbildes durch die Jahrhunderte: I–XII, S. 40/41:

15/I *Baumgruppe in impressionistisch anmutender Manier.* Ausschnitt aus Miniatur Noli me tangere, Evangeliar des Mönchs Rabula, 586; Florenz, Biblioteca.
15/II *Mit expressivem Pinselstrich sind die Bäume über den Evangelisten Lukas skizziert.* Nach Miniatur im Evangeliar, 9. Jh.; Köln, Dombibliothek, fol. Ms. 56.
15/III *Streng stilisiert und chiffreartig verklausulierte Baumdarstellung.* Nach Miniatur Der Strom des Lebendigen Wassers, um 1000; Bamberger Apokalypse, Codex Bibl. 140, fol. 57 r, Bamberg, Staatsbibliothek.
15/IV *Der freudig aufgereckte und der trauernde eingerollte Baum.* Nach den Bronzetafeln mit dem Opfer der Brüder Kain und Abel / Kain erschlägt Abel, Bronzetür, 12. Jh.; Verona, San Zeno.
15/V *Die beiden Bäume im Garten Gethsemane neigen sich mitagierend und tröstend zu dem knienden Gottessohn.* Nach einem Tafelbild, ehemaliger Flügelaltar, um 1310; Hofgeismar, Liebfrauenkirche.
15/VI *Drei Blätter an schlanken Stämmen ersetzen Äste und Krone.* Nach Miniatur Noli me tangere, Psalterium, 1. Hälfte 13. Jh.; Freiburg i. Br., Universitätsbibliothek, Hs. 24.
15/VII *Ornamental gestaltete Blätter bilden eine Baumkrone.* Nach Jagdstück mit wilden Männern, Wandbehang, Fragment, Straßburg um 1450; München, Bayerisches Nationalmuseum.
15/VIII *Aus Ornamentbäumen besteht der Wald.* Nach einer Miniatur in der Carmina Burana, 13. Jh.; München, Staatsbibliothek, Cod. lat. 4660.
15/IX *Die Schönheit gottgeschaffener Natur wird von den Künstlern wahrgenommen, beobachtet und nachgebildet, hier Beifußblätter und Weinlaub.* Nach Kapitellen des Naumburger Münsters, Westlettner, erste Hälfte 13. Jh.
15/X *Mehrere Bäume, die bisher vereinzelt nebeneinanderstanden, werden jetzt zu Gehölzen vereint.* Nach Miniatur Der Sündenfall, Stundenbuch des Herzogs von Berry, Gebrüder Limburg, 15. Jh.; Chantilly, Musée Condé.
15/XI *Der naturgetreu dargestellte Baum wird zum eigenständigen Bildmotiv, seine Art wird bestimmbar.* Ausschnitt aus Baumstudie, Wolf Huber, Federzeichnung, erste Hälfte 16. Jh.; Berlin, Kupferstich-Kabinett.
15/XII *Ein früchtetragender Baum, der Natur nachgebildet.* Apokalypse, Vier Engel, die Winde aufhaltend, Holzschnitt, Albrecht Dürer, 1498.

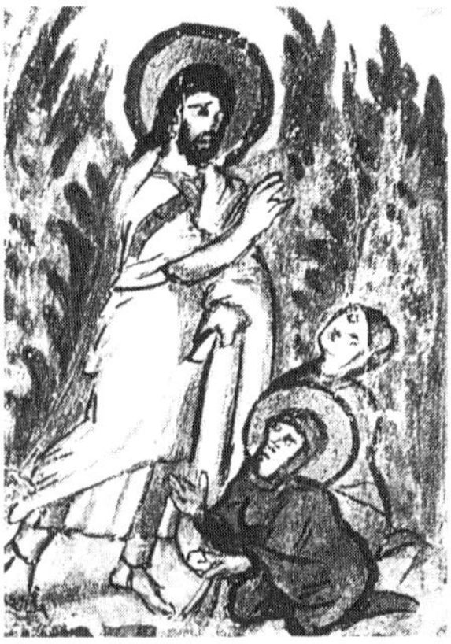
Abb. 15/I

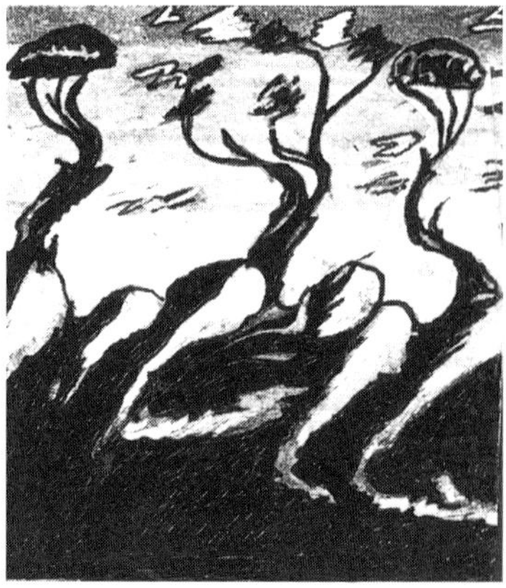
Abb. 15/II

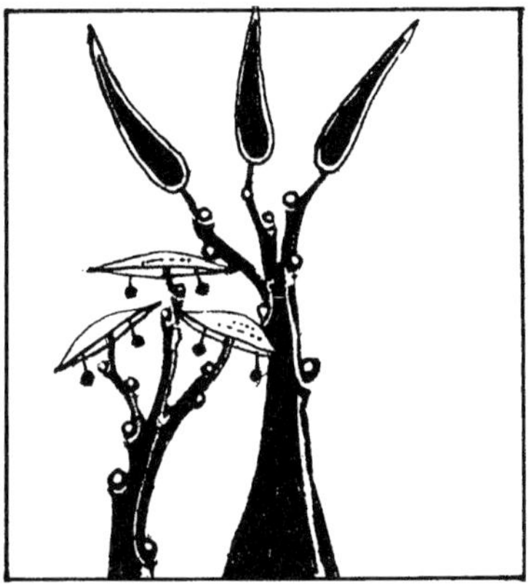
Abb. 15/III

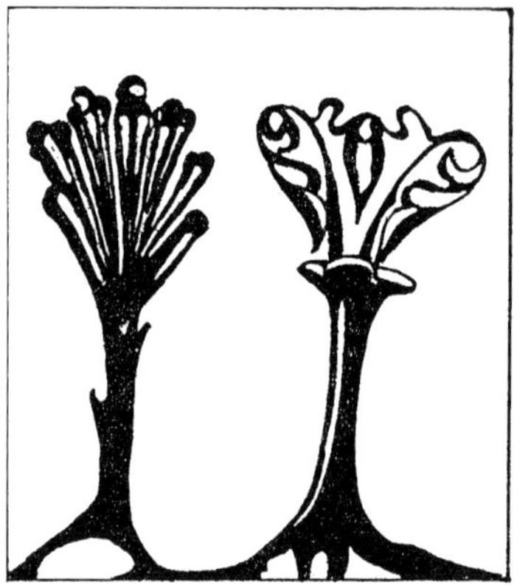
Abb. 15/IV

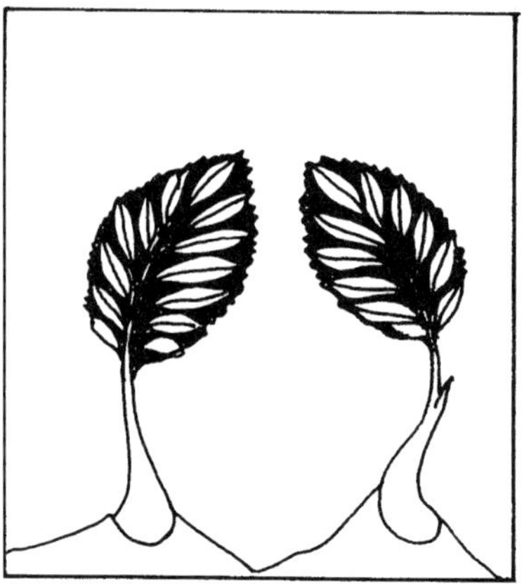
Abb. 15/V

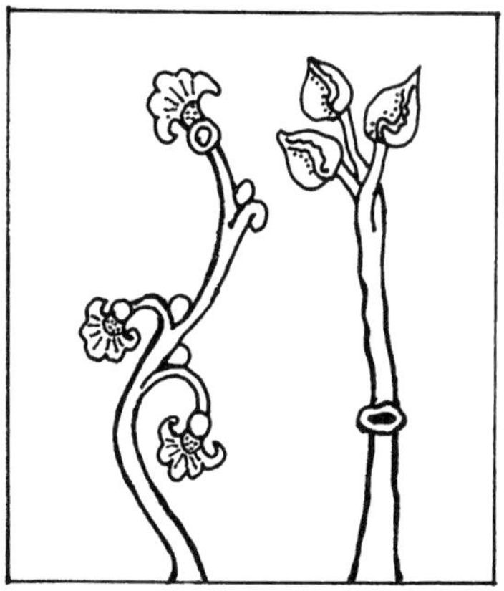
Abb. 15/VI

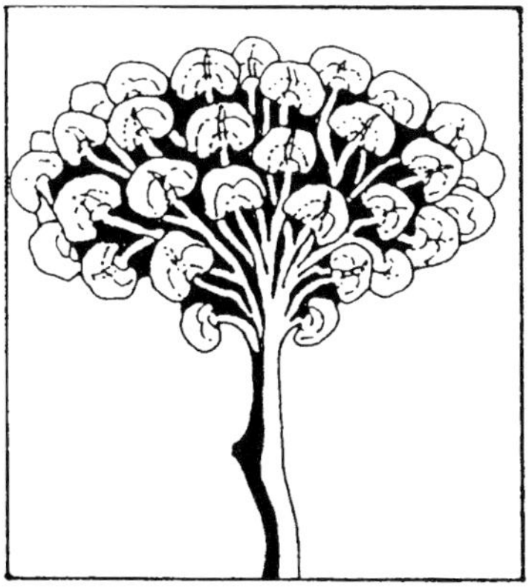

Abb. 15/VII

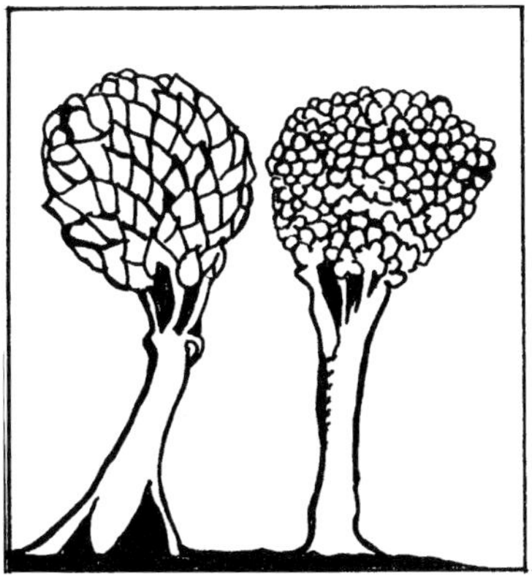

Abb. 15/VIII

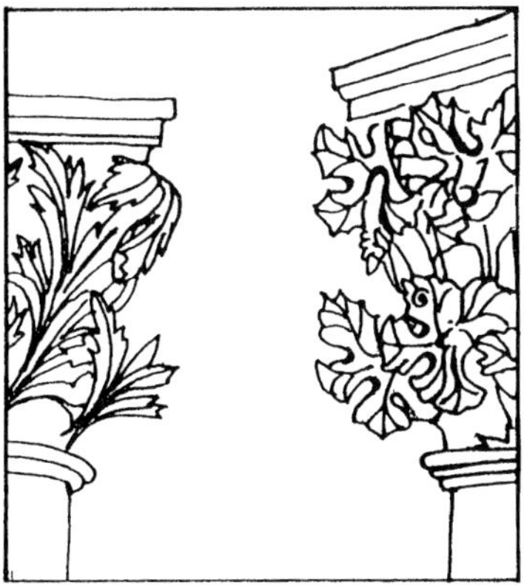

Abb. 15/IX

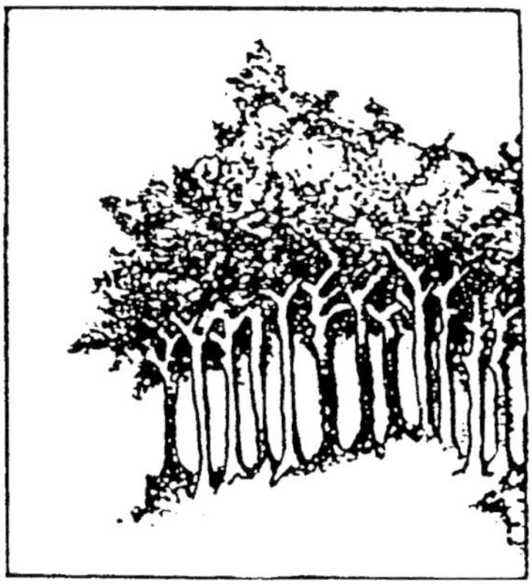

Abb. 15/X

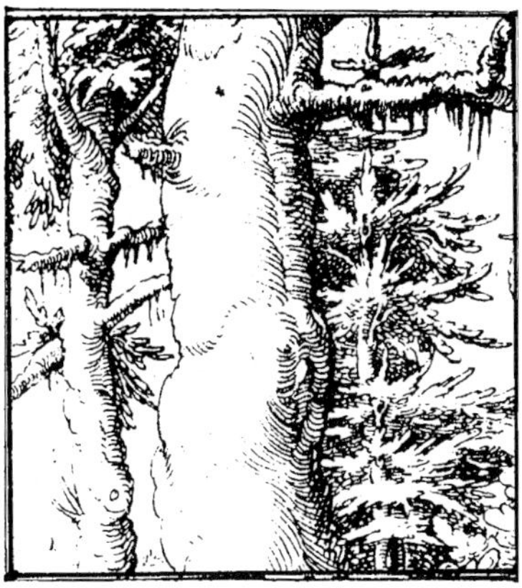

Abb. 15/XI

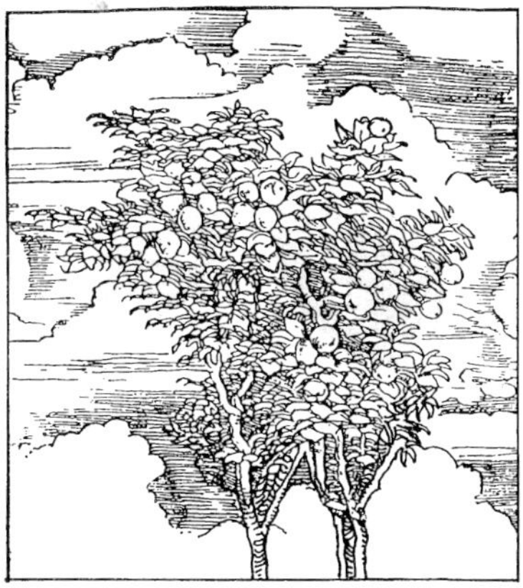

Abb. 15/XII

Alanus ab Insulis (1120–1203) ist Zisterzienser haben sich auch zuvor schon literarisch mit der Pflanzenwelt beschäftigt. Von Alanus ab Insulis (1120–1203) ist eine Sequenz über die Rose und ein Blütengedicht überliefert. Seine Schriften zeugen von einem bemerkenswerten naturphilosophischen Interesse.
Um die Wende zum 15. Jahrhundert geht diese Tendenz auch verstärkt in die Malerei ein (Abb. 15/X). Die Abstraktion der auf Vergeistigung zielenden Darstellung wich der naturnahen Abbildung, wenngleich die hinter den einzelnen Pflanzen stehende Symbolik erhalten blieb (Farbbild 10). Die Natur selbst, deren Wirklichkeit und Anmut als Spiegel der göttlichen Ordnung empfunden wurde, rückte zum unmittelbaren Vorbild des Künstlers auf (Abb. 15/XI). Die *ars nova*, die »Neue Kunst« entwickelte sich aus dieser Wertschätzung der sinnlichen Wirklichkeit. Ihre detailgetreue Nachbildung gehörte zu den Kriterien, die den Rang der Darstellung und des Künstlers mitbegründeten. Vierhundert Jahre nach der strengen, stilisierenden Beschneidung durch die Reichenauer Klostermaler werden die Bäume nun wieder in naturgetreuer Schönheit und Vielfalt wiedergegeben (Abb. 15/XII).

Bäume, Sträucher, Früchte und Korn in ihrer ikonographischen Bedeutung

1. Ähre, Garbe, Getreide

Antike: Allgemein gilt das Korn in der antiken Welt als ein Symbol für die lebenserhaltenden Kräfte.

Ägypten: Ein schon im Neuen Reich geübtes Ritual wurde in ähnlicher Weise in der Spätzeit wieder aufgenommen: Den Toten wurde bei der Bestattung ein Kornosiris mitgegeben. Er bestand aus einem dem Vegetationsgott nachgebildeten Tonziegel, dessen Vertiefung mit Erde und Saatgut gefüllt war, aus dem das Getreide aufsproß. Diese Form sollte dem Grabherrn eine magische Hilfe für sein Weiterleben nach dem Tod bieten.[1] Ein Spruch aus den Sargtexten klingt wie eine Erläuterung zu der Grabbeigabe.: »Ich lebe, ich sterbe, ich bin die Gerste, nicht vergehe ich.«[2]

Griechenland: Demeter – Ceres in Rom – die Kornmutter der Griechen, stiftete den Ackerbau und ließ ihn durch Triptolemos, den eleusischen Herold, verbreiten.[3] Aber auch hier symbolisiert das Korn nicht nur Nahrung und Reichtum, sondern auch Sterben und Weiterleben in einem glückseligen Jenseits. Im Kult der Demeter und ihrer Tochter Persephone, der Totengöttin, wurde dies erfahren. Auf der Höhe der Mysterien in Eleusis, dem Kultort der Demeter, zeigte der Weihepriester eine goldene Ähre. Tote erhielten ebenfalls goldene Ähren mit ins Grab gelegt zum Zeichen der mit Demeter verbundenen Jenseitshoffnung.[4] Dies war besonders in Unteritalien üblich.

Rom: Nicht als tiefgründiges Symbol, wohl aber als freundliches Sinnbild zeigt sich die Ähre in den Jahreszeiten-Darstellungen der ausgehenden Antike.
Saisonbedingte Gaben repräsentieren die einzelnen Abschnitte des Jahreslaufs, wobei dem Sommer die Ähren zugehören. In den Erntebildern schleppen eifrige Putten Getreidebüschel herbei.[5] Auch in die Jahreszeitenkränze sind Ähren eingebunden (Abb. 16). Mit einem Ährenkranz schmückt sich das Sommerkind der Mutter Erde.[6]

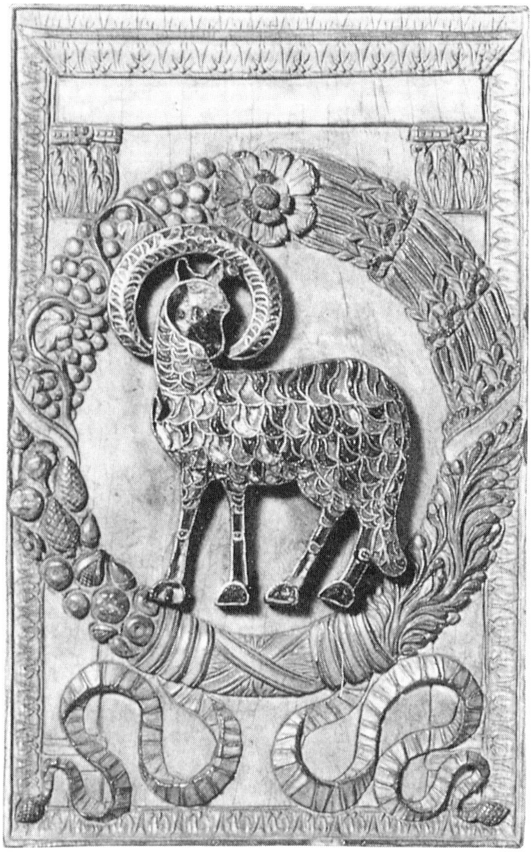

Abb. 16: *Das Christuslamm in der Mitte ist umgeben von einem Kranz aus Blüten, Ähren, Wein, Früchten und Pinienzapfen.* Jahreszeitenkranz, Elfenbeinrelief, Diptychon linker Flügel, zweite Hälfte 5. Jh.; Mailand, Domschatz.

Altes Testament: Ähre, Garbe und Ernte werden vielfach als Gleichnis in der Bibel gebraucht. So weist Josephs Traum, in dem sich die Garben seiner Eltern und Brüder vor seiner eigenen verneigen, auf seine künftige Erhöhung hin (1 Mose 37,7).[7] Die Botschaft, die dem Pharao träumend im Schlaf zuteil wird, deutet ihm Joseph als Hinweis auf gute Erntejahre und nachfolgende Hungersnöte. Es sind dies die sieben fetten Ähren, welche von den sieben mageren verschlungen werden (1 Mose 41,5–7).

Neues Testament: Viele Gleichnisse Jesu beinhalten das Korn- bzw. Erntethema: das vierfache Ackerfeld (Mt 13,1–9), die selbstwachsende Saat (Mk 4,26–29), das Unkraut im Weizen, das bei der Ernte ausgerissen und verbrannt wird (Mt 13,24–30). Symbolische Tiefe erhält das Korn, das in die Erde fällt, erstirbt und fruchttragend wieder neu ersteht (vgl. Joh 12,24). »Und was du säst, ist ja nicht der Leib, der werden soll, sondern ein bloßes Korn ... Gott aber gibt ihm einen Leib, wie er will ...« (1 Kor 15,37–38). Hier ist der Leitgedanke die Auferweckung des erlösten Menschen im ewigen Reich Gottes. Dieser Vergleich ist wenig ins Bildgut der Kirche eingegangen. Um so mehr ist mit der Ähre der eucharistische Bezug dargestellt worden. Sie wird zum Bild von Christi Sühnetod, seiner Auferstehung und seiner Gegenwart im Heiligen Mahl. »Und er nahm das Brot, dankte und brach's und gab's ihnen und sprach: Das ist mein Leib, der für euch hingegeben wird« (Lk 22,19; vgl. Joh 6,35).

Ikonographie

Die frühchristliche Kunst zeigt als Symbol der Eucharistie für das Blut die Traube und den Weinstock, für den Leib aber nicht die Ähre, sondern das Brot. Anders sollte es im späten Mittelalter sein. Hier findet sich die Ähre auf Gewändern[8], Abendmahlsgeräten und in bildlichen Darstellungen, etwa in Meßbüchern. Ja, Ähren und Reben können den Wunden des Schmerzensmannes entwachsen.[9]

Im 12. Jahrhundert wird der schon von den Kirchenvätern formulierte Gedanke, die mystische Mühle, visuell umgesetzt[10]: Die Theologen des Hochmittelalters sehen im Mahlgut die alttestamentlichen Verheißungen, die sich, in der Mühle gemahlen, zur neutestamentlichen Erfüllung wandeln. Das Korn wird von einer Gestalt des Alten Testaments (Moses?) in den Trichter geschüttet und als Mehl von einem Apostel im Sack aufgefangen.

Der Akzent verschiebt sich während des 13./14. Jahrhunderts. Der eucharistische Gedanke kommt zum Tragen. Gleichzeitig werden im späten Mittelalter immer neue Allegorien ersonnen. Evangelisten oder ihre Symbole, Apostel, Kirchenlehrer und selbst Maria beteiligen sich am Mahlvorgang. Nicht nur Korn, auch Manna füllen sie in den Trichter. Das bearbeitete Mahlgut erscheint als Hostie oder gar als das Jesuskind.[11]

Ähren bzw. Garben finden sich nirgends so oft wie auf Bildern der Geburt Christi. Meist ist es eine Garbe, die, auffallend im Vordergrund liegend, auf das Brot des Lebens hinweist (vgl. Farbbild 9).

Das Mittelalter verbindet das sprachliche und das konkrete Bild von Getreidefeld, Garbe, Korn und Brot mit Maria. Schon die

frühe Kirche nennt sie einen Acker, »welcher ohne Saat Getreidehaufen hervorbrachte.«[12] Sie wurde angerufen: »Stille Mutter unsere Speise (das Christuskind), stille Mutter das Brot (den Christus der Eucharistie), das vom Himmel herabkam und in einer Krippe liegt.«[13] Durch alle Jahrhunderte hindurch erweist sich diese Verbindung von Christus und Maria mit/durch Korn und Brot als beständig. Entsprechend nennt Konrad von Würzburg die Gottesmutter eine »edle Tugendgarbe«[14].
In diesen Kontext paßt auch eine Mariensequenz aus dem 11./12. Jahrhundert: »Du Magd, vielreine, trugst das lebendige Brot: das war Gott selber.«[15] Auf verschiedene Weise vereinigen die Darstellungen diese Aussagen. Die Bildmotive zeigen Maria auf ein Ährenlager gebettet[16], in einem Getreidefeld stehend[17] oder von einem Engel Ähren und Trauben entgegennehmend.[18]
Ein Bildtypus vorwiegend des 15. Jahrhunderts ist die »Madonna im Ährenkleid« (Abb. 17). Ihr mit Ähren reich verziertes Gewand ist sinngebend für diese Bezeichnung.[19]
Vermutlich entstand die Ährenkleidmaria im 14. Jahrhundert in den Frauenklöstern Deutschlands. Einen hohen Bekanntheitsgrad erreichte sie jedoch durch ein berühmtes Bild im Mailänder Dom, das rasch Schule machte. Durch einen Holzschnitt fand es auch in Deutschland weite Verbreitung und wurde als Gnadenbild verehrt. Mit der Ährenmadonna verbindet sich oft die Vorstellung der Tempeljungfrau. Die Umschrift dieses Druckes aus dem 15. Jahrhundert weist darauf hin: »Das ist unserer lieben Frau Bild als sie im Tempel war, eh' sie Sankt Josef vermählt war, also dienten ihr die Engel und also ist sie gemalt in dem Dom zu Mailand.«[20] Fließt die Vorstellung von Maria als Tempeljungfrau mit ein, so wird sie sehr jung, mit gelöstem Haar, betend gefalteten Händen und ohne Kind dargestellt. Der goldene Strahlenkranz, der Hals- und Ärmelabschluß umgibt, kann als Illustration des biblischen Lobpreises »... klar wie die Sonne« (Hld 6,10) gedeutet werden (vgl. Anm. 19 und Abb. 17).
Immer wieder aufgegriffen wird der Bezug zum Jüngsten Gericht (Offb 14, 14–16 und Abb. 35). Aber auch als Bild der Lebensernte kann das Einbringen des Getreides gewertet werden. Ein Jungfrauenspiegel[21] zeigt dies in drei Stufen. Eheleute ernten nur dreißigfach, Witwen sechzigfach, Jungfrauen jedoch hundertfach. Dieses Schema veranschaulicht, welch überragende Bedeutung die Kirche der Enthaltsamkeit und Keuschheit beimaß. Der Künstler gestaltete seine Version nach dem Markuswort (Mk 4,8).
Bei den Monatsarbeiten, die als Jahreszyklus in den Kalendarien oder an den Kirchen, insbesondere an den Portalen zu finden sind, besetzen Schnitter mit Sichel und Garbe den Juni oder Juli.[22] Aus-

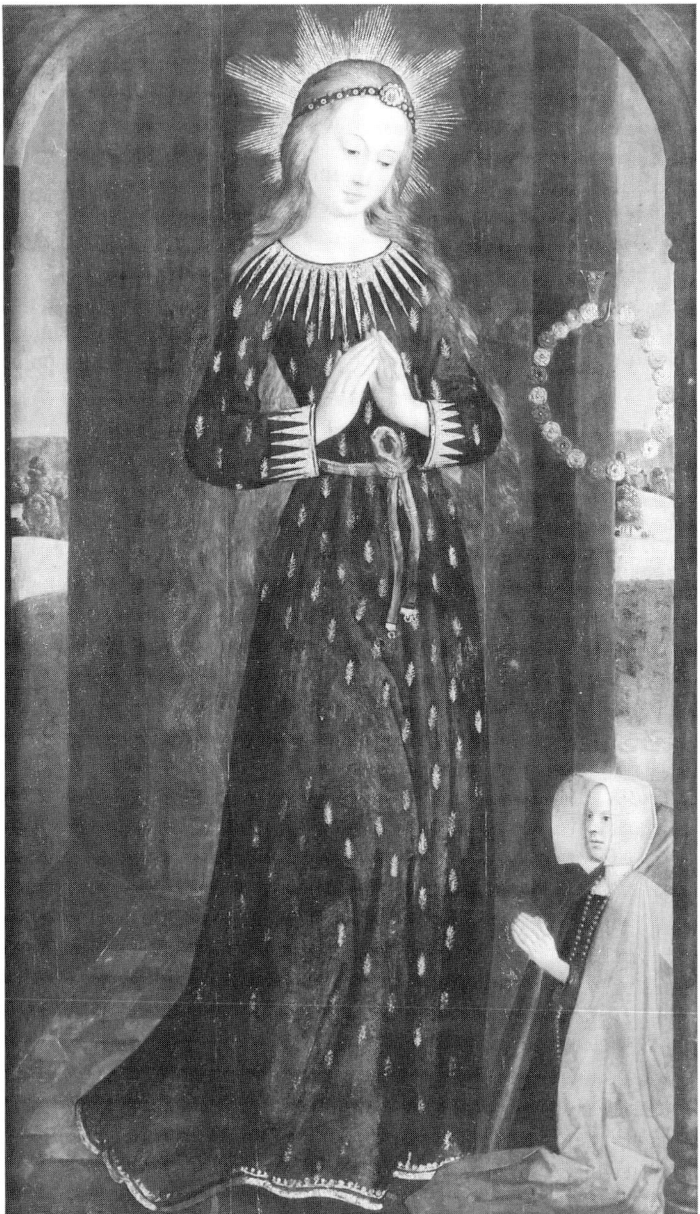

Abb. 17: *Maria im Ährenkleid. Sie ist als anmutige, zarte Tempeljungfrau mit betend erhobenen Händen dargestellt. In der knienden Gestalt vor ihr darf die Stifterin des Bildes gesehen werden.* Tafelbild, Hinrik Funhof, tätig um 1475–85; Hamburg, Hamburger Kunsthalle.

führliche Erntebilder bieten die Stundenbücher.[23] Ihr Anliegen ist es, den Jahresablauf mit den jeweiligen Tätigkeiten der Menschen zu verbinden: mit dem Tagwerk der Arbeitenden bzw. mit den Vergnügungen der Reichen.
Hinweise auf die göttliche Zuteilung[24] der Arbeitsbereiche finden sich auf den frühen Sarkophagen. Adam erhält vom Schöpfer nach der Vertreibung aus dem Paradies eine Garbe. Das ist die Aufforderung zum Ackerbau. Eva bekommt ein Schaf, dessen Wolle sie verspinnen wird. [25]

2. Apfel und Apfelbaum

Antike: In der griechischen Mythologie spielte der Apfel eine bedeutende Rolle und war eng mit Aphrodite, der Göttin der Liebe und Schönheit, verknüpft. Er wurde als Liebessymbol angesehen. Die Hesperiden hüteten einen Apfelbaum, der goldene Früchte trug. Die göttliche Erdmutter Gaia schenkte ihn Hera zur Hochzeit. Der Genuß dieser Äpfel verlieh Unsterblichkeit.
Zum »Zankapfel« wurde die Frucht, als sie Eris – die Zwietracht – mit der Aufschrift »Laß die Schönste ihn nehmen« zwischen die drei Göttinnen Hera, Artemis und Aphrodite warf.[1]

Altes Testament: Lediglich im Hohenlied (Hld 2,3 und 7,9) ist der Apfel erwähnt. Dort vergleichen Freund und Freundin einander mit dem Apfelbaum und dem Duft der Äpfel.
Dagegen findet sich im Bericht vom Sündenfall (1 Mose 3,1–8) keinerlei nähere Bestimmung oder Bezeichnung des Baumes, also auch nicht die eines Apfelbaumes.

Mittelalter: In der Gestaltung des Mittelalters wird der Baum der Erkenntnis zunehmend mit dem Apfelbaum gleichgesetzt. Der Apfel selbst wandelt sich zum Sinnbild des Sinnenreizes und der Verführung, zum Symbol der Erbsünde schlechthin.

Kirchenväter: Die Lautgleichheit im Lateinischen von *malum* = der Apfel und *malum* = das Böse hat sicherlich ebenso dazu beigetragen wie die in der Exegese des Sündenfalls von den Kirchenvätern abgewertete sinnliche Liebe, daß der Apfel zur Frucht des Verderbens wurde. So rühmt beispielsweise Irenäus von Lyon das Zusammensein von Adam und Eva im Paradies: »Ihr Geist war frei von Vorstellungen und Gedanken, wie sie seither aus Bosheit oder sinnlicher Begierde oder schändlichen Gelüsten in der Seele entstehen. Deshalb schämten sie sich nicht bei ihren Küssen und Umarmungen in Reinheit nach Kinderart.«[2]

Ikonographie

Der Sündenfall hat im Mittelalter in verschiedenen Szenen Ausdruck gefunden: Die Schlange bietet Eva den Apfel an[3] – Eva pflückt den Apfel vom Baum der Erkenntnis[4], sie hält den angebissenen Apfel in der Hand (Titelbild: *Ausschnitt aus dem Gemälde von Lucas Cranach*) – Eva reicht die verbotene Frucht an Adam weiter (Abb. 18).
Schließlich wandelt sich der Apfel zum Attribut der beiden, auch wenn sie außerhalb des Rahmens der Sündenfallgeschichte als selbständige Gestalten beispielsweise an Kirchenportalen stehen.

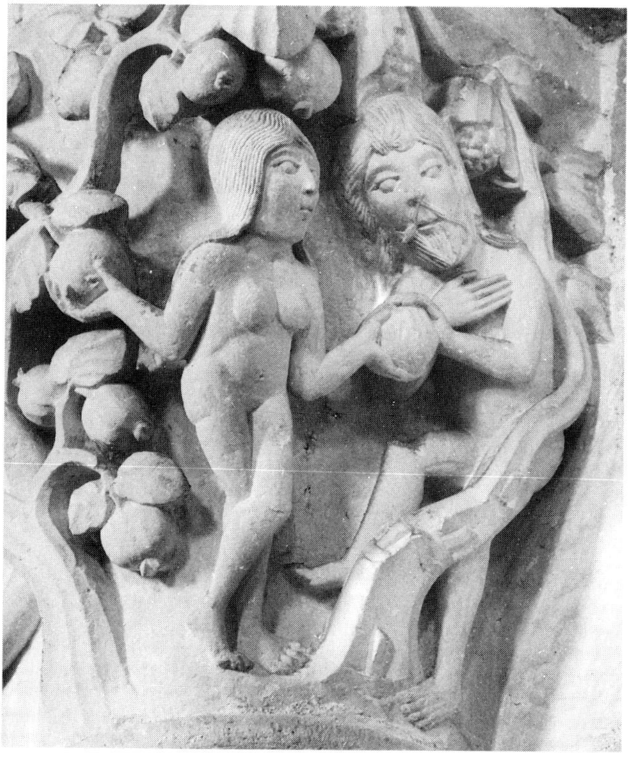

Abb. 18: *Apfelpflückende Eva, die zugleich eine Frucht an Adam weiterreicht.* Kapitell, 1125–1140; Vézelay, Sainte-Madeleine.

Er weist sie als die sündigen Ureltern aus. In einer Hand halten sie den Apfel, in der anderen einen Zweig, mit dem sie ihre Blöße bedecken.[5]
Auch die Schlange allein mit dem Apfel ist Sinnbild der Sünde und der Vergänglichkeit.[6] Im späten Mittelalter kann der Apfel oder die Schlange, die ihn im Maul trägt, sogar als Verkörperung des Todes abgebildet werden[7]; Denn Gott hatte Adam geboten: »Vom Baum der Erkenntnis des Guten und des Bösen sollst du nicht essen; denn an dem Tag, da du von ihm issest, mußt du des Todes sterben.«

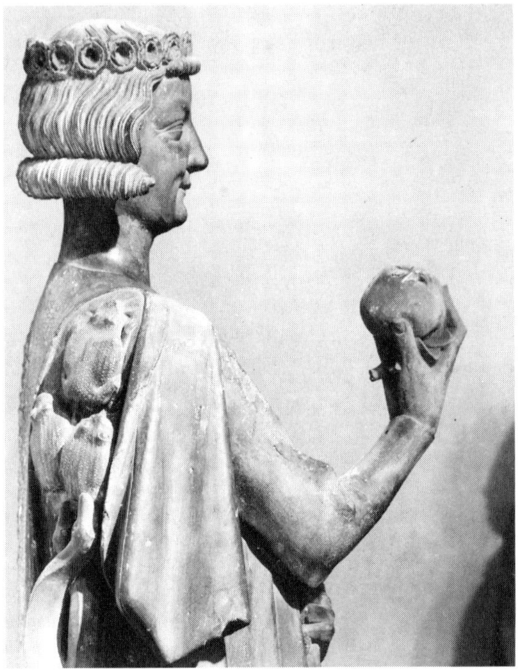

Abb. 19: *Der »Fürst der Welt«.* Steinplastik, nach 1277; Straßburger Münster, rechtes Westportal, heute: Straßburg, Frauenhausmuseum.

Paulus beschreibt die Sterblichkeit der Menschen als Folge des Sündenfalls: »Deshalb, wie durch einen Menschen die Sünde in die Welt gekommen ist und der Tod durch die Sünde, so ist der Tod zu allen Menschen durchgedrungen ...« (Röm 5,12). Zum Gleichnis der vergänglichen irdischen Lust und eitlen Begierde, die Tod und Verderben nach sich zieht, wird der Apfel in der Hand des »Fürsten der Welt«, der mittelalterlichen Personifikation der Verführung (Abb. 19).

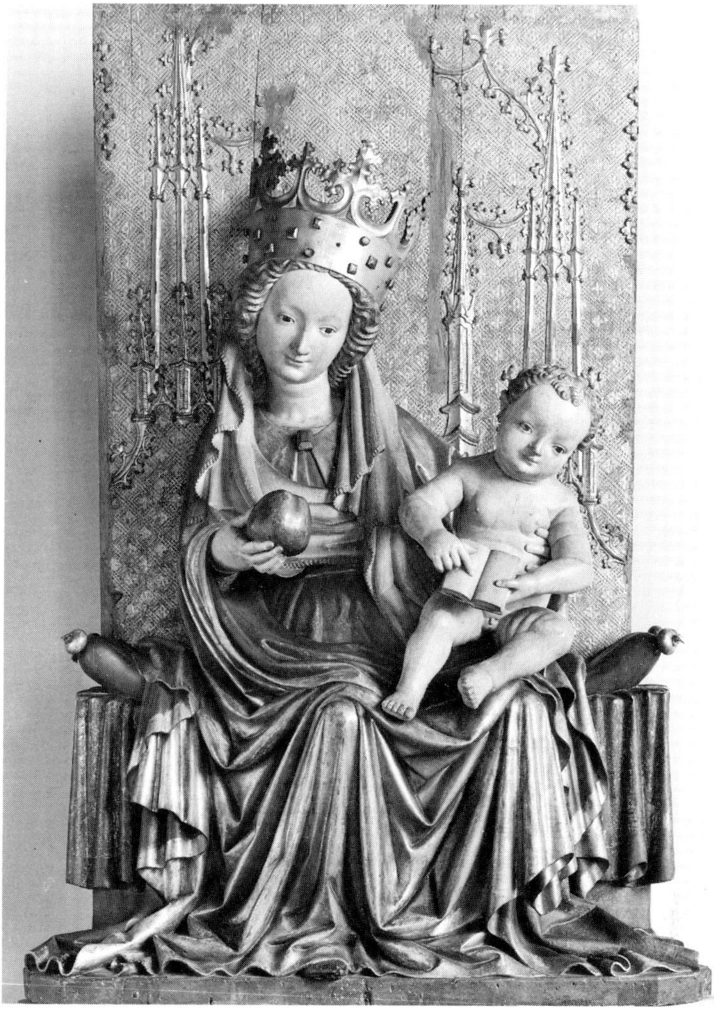

Abb. 20: *Der Apfel wird in der Hand Marias, der neuen Eva, zum Symbol der Erlösung.* Seeoner Madonna, gefaßte Holzplastik, 1430; München, Bayerisches Nationalmuseum.

Die negative Wertung verliert der Apfel in der Hand Mariens[8] (Abb. 20) und des Jesuskindes.[9] Maria sah man seit der Zeit der Kirchenväter als Evas Gegenspielerin bzw. als die »neue Eva«. In vielfältiger Weise werden die Menschenmutter, die Sünde und Tod, und die Gottesmutter, die Gnade und Leben in die Welt brachte, miteinander konfrontiert.

Sehr früh befaßte sich Bischof Bernward von Hildesheim, der in der Typologie so Bewanderte, mit den beiden Frauen. In einem seiner Evangeliare ist Evas Brustbild über die geschlossene, Mariens über die geöffnete Paradiestür gemalt. Die Beschriftung erteilt Auskunft: »Die Tür des Paradieses, durch die erste Eva geschlossen, ist jetzt durch die heilige Maria allen geöffnet.«[10] Die von ihm initiierte Bronzetür befaßt sich mit der gleichen Thematik. Ein Türflügel zeigt Eva, die den Kain säugt. Auf dem entsprechenden Bildfeld des anderen Flügels ist Maria zu sehen, die mit dem Jesusknaben auf dem Schoß die Heiligen Drei Könige erwartet.[11]

Thront Maria inmitten von Heiligen, kann Eva zu ihren Füßen liegen. »Die Wunde, die Maria heilen half, hat jene schöne Frau zu ihren Füßen dem menschlichen Geschlechte angetan.«[12] Wenn Maria vom Baum des Lebens heilige Speise austeilt, bietet Eva den Umstehenden den verderblichen Apfel an[13] (vgl. Farbbild 2). Auch die Verkündigung an Maria zeigt die beiden Frauen in ihrer Gegensätzlichkeit. Aus dem Grußwort des Engels »Ave Maria« las man die buchstäblich wörtliche Umkehrung des Namens Eva. »Ave gab dir Kunde aus des Engels Munde: Evas Namen wende, uns den Frieden spende«.[14]

Diese Polarität kommt wiederholt zum Tragen. Kündet der Erzengel Gabriel der Jungfrau die Geburt Jesu an, erliegt im Hintergrund Eva den Verlockungen der Schlange.[15] Überbringt der Engel der Jungfrau im schützenden Gemach die Botschaft, so sieht man davor den Cherub das sündige Paar aus dem Garten Eden vertreiben.[16]

Wie Jesus als der neue Adam gesehen wird, so bekam Maria die Bezeichnung neue Eva (1 Kor 15,22 und 45–49). Beide Aspekte verändern auch die Bedeutung des Apfels. »Dieser Jungfrau Verdienste leuchten in noch schönerem Glanz, wenn sie mit den Taten der alten Eva verglichen werden; denn Eva hat den Tod in die Welt gebracht, Maria das Leben ...; jene hat uns mit der Frucht vom Baum in der tiefsten Wurzel getroffen, doch aus diesem Reis ging eine Blüte hervor, die uns mit ihrer Frucht heilen will.«[17]

In der Vorstellung des Mittelalters war diese Frucht eindeutig der Apfel. Vom Symbol des Verderbens und der Sünde kehrte er sich zum positiven Sinnbild, das unendlich oft gemalt, geschnitzt und geformt wurde. Der Fluch lastete nicht länger auf ihm. In der Hand der Gottesmutter und des Sohnes wird er aufs neue zur Paradiesfrucht (Abb. 20). Gelegentlich findet sich das Apfelmotiv auch in Verbindung mit Darstellungen der *Caritas*.[18]

Die Kugel – griechisch: *sphaira*, lateinisch: *globus* – war im Altertum Bild des Erdballs und des Kosmos. Sie bedeutete die Weltherrschaft. Die Kirche lehnte zwar die Kugelform der Erde ab, doch blieb sie weiterhin Herrschersymbol der christlichen Kaiser

im Osten wie im Westen. Seit Konstantin wurde sie mit einem Kreuz bekrönt, dem ein Christusmonogramm beigefügt war. Da sie ihrer vormaligen globalen Bedeutung verlustig ging, nannte man sie seit dem 11. Jahrhundert Reichsapfel. Diese Bezeichnung verdankt sie lediglich der Form, mit der Frucht verbindet sie keine Symbolik. Der Reichsapfel gehörte als eine der Insignien im Heiligen Römischen Reich zu den Reichskleinodien.[19]
Seit der Karolingerzeit werden im Norden die Herrscher mit Krone, Zepter und Reichsapfel dargestellt. Im hohen und vor allem im späten Mittelalter können den Reichsapfel auch Gottvater, Christus, Maria oder der Jesusknabe tragen.

3. Efeu

Antike: Wein und Efeu, diese botanisch verwandten Pflanzen, galten bei Griechen und Römern als dem Dionysos bzw. Bacchus zugehörig. Der Mythos berichtet, daß Dionysos durch den Efeu noch im Mutterleib vor den Flammen des Blitzes geschützt wurde. Der Gott und sein Gefolge trugen Reben- und Efeukränze, dazu Thyrsosstäbe, von Wein und Efeu umrankt. Die berauschende Wirkung der Dolden des Efeus machten ihn auch zum Sinnbild der von Dionysos Begeisterten, zu denen Wahrsager, Schauspieler und Sänger zählten.

Judentum und erste Christenheit: Den Juden war diese Pflanze verhaßt, denn Antiochus Epiphanes, König im 2. Jahrhundert v. Chr. und glühender Hellenist, zwang sie, an den Bacchus-Festen Efeukränze zu tragen (2 Makk 6,7).
Wegen der Nähe zu den heidnischen Gottheiten war der Efeu zunächst auch den Christen suspekt. Aber bald wandelte sich die Bedeutung der immergrünen, lebenskräftigen Schlingpflanze zum Symbol des neuen Lebens in Christus. In dieser Sinngebung bekamen die Verstorbenen Efeu in den Sarg gelegt.

Mittelalter: Durandus (1237–1296), der von dieser Überlieferung im Rationale berichtet[1], gibt damit auch die Sicht seiner Zeit wieder. Die Pflanze symbolisierte die Unsterblichkeit durch die Taufe in Christo.

Diese Symbolik mag auch den Gleichniswert in der bildenden Kunst ausmachen, sei nun das ewige oder das irdische Leben gemeint (Abb. 21).

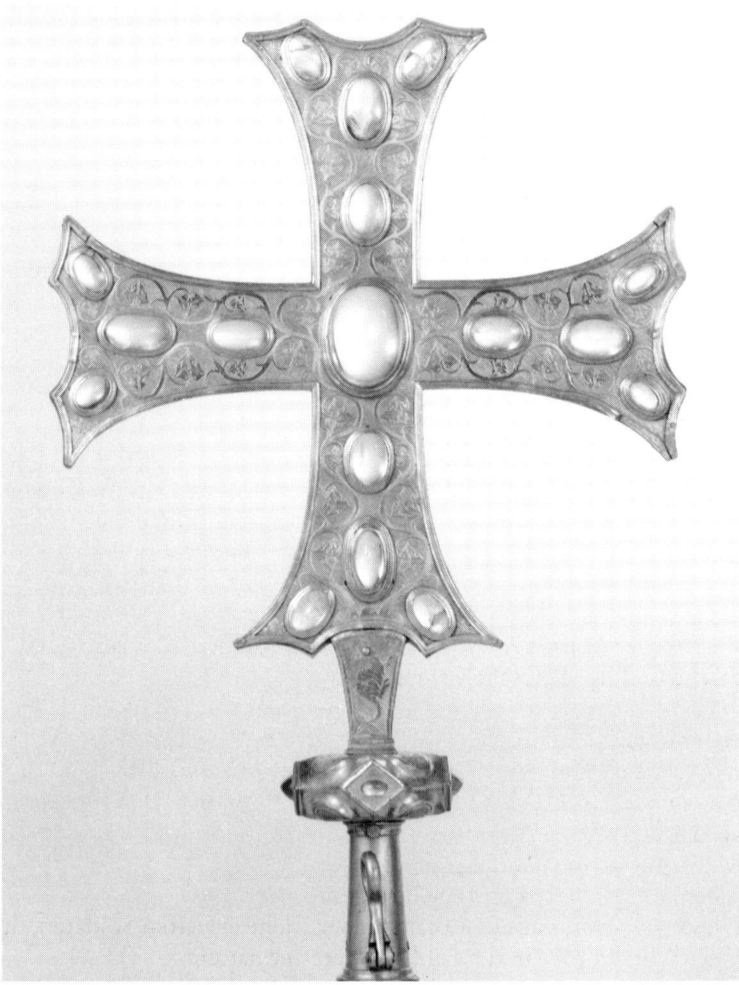

Abb. 21: *Die im Kreuz eingelassenen Bergkristalle stehen nach Hrabanus Maurus für das Taufsakrament. Die Efeuranken, die sie umgeben, symbolisieren die Ewigkeit des himmlischen Lebens. Ihre dreigeteilten Blätter können zudem als Hinweis auf die Heilige Dreifaltigkeit dienen.* Vortragekreuz, Bronze vergoldet, gegossen und graviert, mit Bergkristallen in Fassungen, Anfang 14. Jh.; Xanten, Domschatzkammer.

Im alten Griechenland schmückte sich der Gott des Weines gerne mit der ausdauernden Pflanze.[2] Des weiteren verbindet der antike Mythos Wein und Efeu.[3] Beide Pflanzen sind gleichwertig bzw. austauschbar. Sie können Lebensbäume umrankend dargestellt werden.[4]
Erscheint der Efeu als Stammbaum[5], in den Christgeburtsgeschichten[6], bei der Anbetung der Könige[7] oder mit Heiligen zusammen, so kann er wohl ebenfalls in dieser Bedeutung gesehen werden.

4. Die Eiche

Religions- und kulturgeschichtlich von besonderer Bedeutsamkeit ist die Eiche sowohl bei Griechen und Römern als auch bei Slawen, Germanen und Kelten. In vorchristlicher Zeit war sie der am meisten verehrte Baum. Als Gewitterbaum galt sie dem jeweiligen Wettergott – Zeus, Jupiter, Donar – als heilig.

Griechenland: Die Griechen hielten die Eiche für die erste Pflanze überhaupt. Der Eichenhain in Dodona war die älteste Orakelstätte des Zeus. Aus dem Rauschen der heiligen Eichen vernahmen und deuteten die Propheten den Spruch. Der Name der Baumnymphen, Dryaden oder Hama-Dryaden geht auf *drys*, die Eiche, zurück, die als deren Heimstatt galt. Daneben verkörperte der Baum aber auch die Tugend der Beständigkeit, der standhaften Stärke und der herrscherlichen Macht.

Rom: Eine Eiche auf dem Kapitolshügel in Rom genoß besonders durch die Hirten religiöse Verehrung. Darüber hinaus sahen die Römer die Eiche jedoch vor allem als Symbol der Ehre. Sie diente als Trophäenbaum, an dem erbeutete Waffen aufgehängt wurden. Mit Kränzen aus Eichenlaub wurden die Sieger in den kapitolinischen Wettkämpfen und Dichter gekrönt.
Die *corona civica* aus den Blättern der Eiche erhielten Soldaten, die einen Mitkämpfer in der Schlacht gerettet hatten.

Germanen: Laut Tacitus glaubten die Germanen, daß die uralten Kulteichen so alt wie die Welt selbst seien.

Kelten: Die Druiden, die keltischen Priester, sammelten die auf den Eichen wachsenden Misteln zu kultischem Gebrauch. Mit goldenen Sicheln wurden die Zweige unter Darbringung von Stieropfern feierlich geschnitten. Der Misteltrank stand im Ruf eines Medikaments gegen jede Art von Gift. Außerdem bekamen ihn Tiere zur Steigerung der Fruchtbarkeit verabreicht.

Altes Testament: In Israel gab es keine heiligen Bäume, die Gott geweiht waren, wohl aber dienten die Eichen als Wahr- und Merkzeichen im Lande. Besondere Ereignisse, die unter ihnen stattgefunden hatten, konnten auf diese Weise lokalisiert werden. Das gilt für die Eichen von Mamre, unter denen Gott Abraham in Gestalt von drei Männern erschien (1 Mose 18). Unter der Eiche von Ophra wurde Gideon zum Richter berufen (Ri 6,11). Verstorbene fanden unter Eichen ihre letzte Ruhestätte, wie beispielsweise Saul und seine Söhne unter der Eiche von Jabes (1 Chr 10,12) oder Debora, die Amme von Rebekka, unter der Eiche von Bethel, die seither die Klageeiche hieß (1 Mose 35,8). Eiche wie Zeder können aber auch als Zeichen hoffärtiger Kraft stehen (Ps 29,5). Sie versinnbildlichen das überhebliche Volk Israel, über dessen Hochmut Gottes Strafgericht kommt.

Kirchenväter: Ein Abbild der Fruchtbarkeit und Härte sahen die Kirchenväter in der Eiche, manchmal aber auch ein Gleichnis des Strebens nach Höherem, ja sogar eine Präfiguration des Kreuzes. Wichtig erschien ihnen vor allem die *corona civica.* Sie deuteten sie in eine himmlische, von Gott verliehene, um[1] oder stellten der irdischen die himmlische gegenüber.[2]

Mittelalter: Die Kirche des frühen Mittelalters sah sich gegenüber den von der Bevölkerung hochverehrten, uralten heiligen Eichen der heidnischen Gottheiten in einer Zwangslage. Sie bekämpfte die Kultbäume. Zum Teil wurden diese von den Missionaren gefällt, wie die Donar-Eiche 724 von Bonifatius. Vergleichbare Berichte gibt es über andere Heilige (vgl. Baum und Gottheit; Abb. 4). Andernorts – so vor allem in England – wurden sie durch eingeschnittene Kreuzeszeichen neu konsekriert, zu sogenannten *gospel-oaks.* Fortan boten sie unter ihren Zweigen Platz für kirchliche Handlungen.
Die Verbindung der Eiche mit dem Götterglauben ist auch im späten Mittelalter noch mit negativer Erinnerung befrachtet. Von den »heidnischen« Eichen ging mancherorts das Gerücht, sie wären Spuk- oder Teufelsbäume. Vor ihnen sollte man sich hüten, mahnten mittelalterliche Predigtexempel und Sagen. Konrad von Megenberg (1309–1374) nennt die Eiche einen Klagbaum: » … ain aich … daz spricht ein klagpaum, wan als Isidorus spricht, die alten haiden ir abgötter in den aichen, und wenn sie in iren kumer klagten, so antwurtten in din die abgötter auz den paumen …«[3]

In der christlichen Ikonographie hat die Eiche bzw. das Eichenlaub keine besondere Bedeutung gewonnen. Gelegentlich ist die Eiche von Mamre abgebildet worden.[4] Die Heiligen, deren Haupt mit einem Eichenkranz geschmückt ist, darf man gewiß als Träger der himmlischen *corona civica* verstehen.[5] Eichenzweige, die das Lamm mit dem Kreuzstab und der Fahne umgeben, vermitteln sicher einen positiven Aspekt, wohl den des Sieges oder der Stärke.[6]
Seit dem 13. Jahrhundert wird das Laubwerk naturgetreu dargestellt, man sieht Eichenblätter und Eicheln auf Tympana, als ornamentale Umrahmung von Bildszenen[7] oder generell als Schmuckelement[8] (Abb. 22).
Häufiger dargestellt findet man die Eiche in einem eher profanen Zusammenhang: Als Futterquelle bei der Schweinemast hat sie ihren Platz in den Zyklen der Monatsbilder der Jahreszeitarbeiten. Zusammen mit den Tierkreiszeichen, als Kalendarium vorwiegend, begegnen sie uns in den Archivolten der romanischen Kirchen und in den Stundenbüchern des späten Mittelalters.[9]

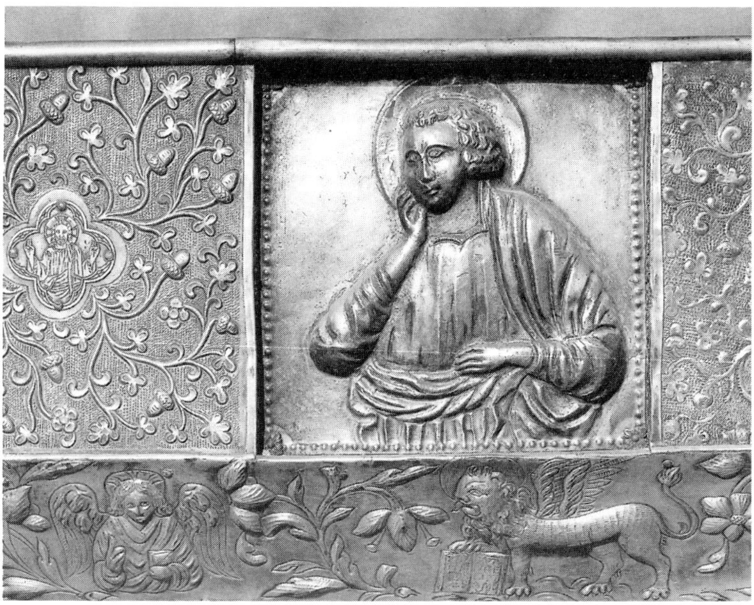

Abb. 22: *Eicheln, Eichen- und Kleeblätter umrahmen links den Vierpaß mit dem Brustbild Christi.* Ornamentfeld des Kranzgesimses der Pala d'oro, um 1336; Venedig, San Marco, Domschatz.

Erst viel später sollte die Eiche mit den Freiheitskriegen größere Bedeutung und einen neuen, allgemeinen Symbolwert erlangen.[10] Doch das führt weit über den hier gesteckten zeitlichen Rahmen hinaus.

5. Feige, Feigenblatt und Feigenbaum

Der Feigenbaum ist ein altes Kulturgewächs und im ganzen Mittelmeerraum beheimatet. So nimmt es nicht wunder, daß sich mit ihm vielfältige mythische Bedeutungen verbinden.
Die schöngeformten drei- bis siebenlappigen Blätter spenden Schatten. Der Nährwert und der Geschmack der Früchte machen die Feige zu einem wichtigen Nahrungsmittel. Dreimal im Jahr kann geerntet werden. Die erste Fruchtfolge – die Vorfeigen – fallen allerdings meist vor der Reife ab.

Griechenland: Die Griechen hielten Attika für das Ursprungsland der »heiligen Feige«. Ein antiker Mythos berichtet von einem Eleusiner namens Phytalos, der die Feige von der Erdmutter Demeter zum Dank für die genossene Gastfreundschaft geschenkt bekam. Mehr noch als mit der Demeter sind Feigen und Feigenholz mit Dionysos verbunden. Plutarch erzählt, daß bei den frühen Bacchus-Festen ein Bock mit einem Korb voller Feigen mitgeführt wurde. Die Frucht galt als augenfälliges Sinnbild der Fruchtbarkeit.

Rom: Am Beginn der römischen Geschichte steht ein Feigenbaum. Unter ihm soll die Wölfin die Zwillinge Romulus und Remus gesäugt haben.

Altes Testament: Nur die Feige ist namentlich genannt als Baum, der im Paradies stand. Mit Feigenblättern bedecken Adam und Eva ihre Blößen, nachdem sie vom Baum der Erkenntnis gegessen haben (1 Mose 3,7).
Unter dem Feigenbaum sicher wohnen, d.h. Schatten und Nahrung haben, ist im Buch der Könige gleichgesetzt mit der Vorstellung, Frieden und Auskommen zu finden (1 Kön 5,5). So schön war es unter Salomos Friedensherrschaft und so wird es sein im künftigen Reich des Messias (Micha 4,4). Die in der Antike bekannte Heilwirkung wurde auch in Israel genutzt. Durch ein Feigenpflaster wird der todkranke Hiskia von seinem Geschwür befreit und wieder gesund (2 Kön 20,7).

Es sind Feigen, die eine Vision des Propheten Jeremia bestimmen: Er sieht das Volk der Judäer wie gute und schlechte Früchte in verschiedene Körbe aufgeteilt. Die guten Feigen bezeichnen das nach Chaldäa weggeführte Volk, die ungenießbaren die Zurückgebliebenen (Jer 24, 1–10).

Neues Testament: Der Feigenbaum, der keine Früchte zeitigt und von Jesus verdammt wird, verdorrt (Mt 21, 18–21). Was dem Baum geschieht, soll dem Volk Israel zur Warnung dienen.
Die hegende Geduld des Garteneigners und des Gärtners beschreibt das Gleichnis vom unfruchtbaren Feigenbaum. Es veranschaulicht Gottes Langmut gegenüber den Menschen (Lk 13, 6–9). Der skeptische Nathanael, der aus Nazareth nichts Gutes erwartet, wird von Jesus als »ein rechter Israelit, in dem kein Falsch ist«, begrüßt. Nachdem er erkennt, daß er von Christus außerhalb von Zeit und Raum unter dem Feigenbaum gesehen wurde, glaubt er an ihn als den verheißenen Gottessohn, der ihm ins Herz schauen kann (Joh 1, 45–50). So wird dieser Baum zum Sinnbild messianischer Erwartung, der Hoffnung auf die große Friedenszeit, in der jeder ungestört unter seinem Feigenbaum oder Weinstock sitzen kann.

Kirchenväter: Die Kirchenväter werteten die Feige oft als *die* Frucht des verbotenen Baums der Erkenntnis. Im Hinblick auf ihre sexuelle Bedeutung im Altertum galt sie als Objekt der Verlockung, das den Sündenfall einleitete. Eine jüdische Tradition *(Midrasch)* vertritt eine ähnliche Sicht, da es Feigenblätter waren, die Adam und Evas Blöße bedeckten: »Denn mit dem, womit sie gesündigt hatten, wurden sie versehen« (vgl. auch 1 Mose 3,7).

Ikonographie

In den frühen Darstellungen des Sündenfalls, etwa auf Sarkophagen oder in Katakomben, findet sich als Baum der Erkenntnis meist der Feigenbaum. Um ihn windet sich die Schlange, die Eva zum Genuß der Frucht verführen will.[1] Der Schurz aus Feigenblättern wandelt sich im Bild zu einem großen Feigenblatt, unter dem das sündige Urelternpaar seine Nacktheit verbirgt. Durch die Jahrhunderte hinweg bleibt dies ihr Kennzeichen.[2] Ein Zeichen des Falls und des verlorenen Paradieses ist die Feige in Evas Hand (Abb. 23). Erscheint der Feigenbaum jedoch im Kontext mit der Muttergottes und dem Christuskind[3] (Farbbild 6), so steht er ähnlich wie der Apfel für das Paradies: »Durch Maria ist der verschlossene Weg

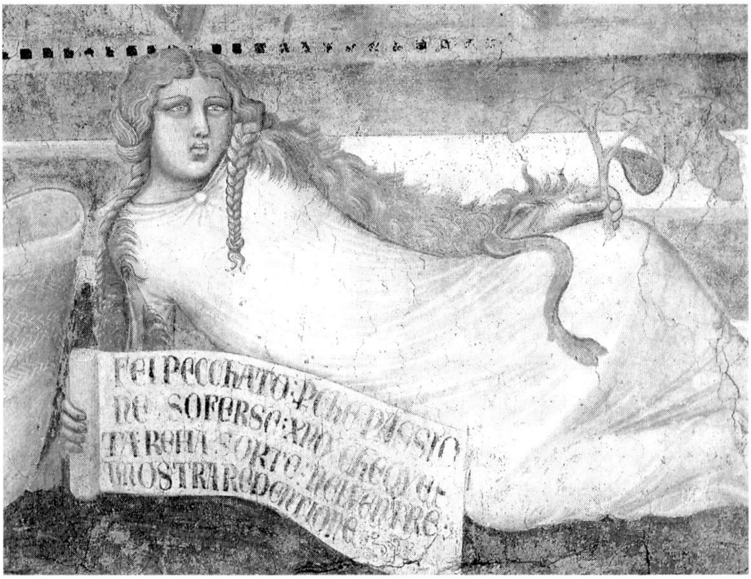

Abb. 23: *Zu Füßen der thronenden Maria liegt Eva. Ihre linke Hand umfaßt einen Feigenzweig mit anhängender Frucht, während die rechte eine geöffnete Schriftrolle hält. Der Text darauf bezeichnet sie als Urheberin der Erbsünde und verherrlicht Maria als Königin.* Fresko, Ambrogio Lorenzetti, 1320/40; Einsiedelei, San Galgano, Kapelle (Ausschnitt).

zum Paradies wieder gangbar geworden und dem Menschen der Zugang zu Gott geöffnet worden.«[4]

Eine spätere Zeit wählt das Feigenblatt als Metapher für die allergeringste Bedeckung leiblicher oder geistiger Blöße. Seit dem 15. Jahrhundert begann eine prüde Kunstbeflissenheit die Geschlechtsteile nackter Figuren zu verhüllen. Die Nachbildungen hellenistischer Kunstwerke wurden generell mit einem Feigenblatt versehen. Selbst originale antike Statuen dekorierte man manchmal nachträglich mit einem solchen Blatt.[5]

Darstellungen zu neutestamentlichen Texten finden sich zu der Berufung des Nathanael[6] und zum Gleichnis vom Feigenbaum, der keine Frucht trägt und dem doch Gnade widerfährt. Die Parabel wird auf einmalige Weise in einer Miniatur der Ottonenzeit dargestellt. Den unfruchtbaren Feigenbaum umrankt eine Rebe. Ihre Trauben schmücken seine leeren Äste, als wären es seine eigenen Früchte. Der Weinstock Christus überläßt dem fruchtlosen Menschen seinen Verdienst (Abb. 24).

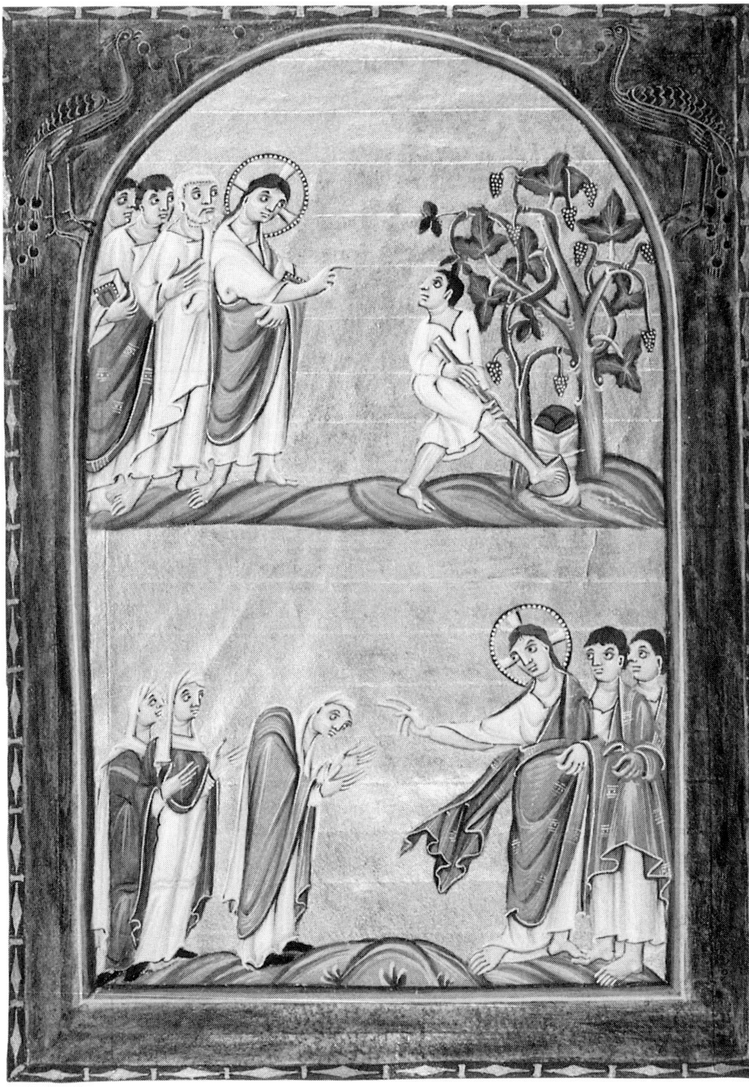

Abb. 24: *Der Weinstock, der Christus symbolisiert, umschlingt den unfruchtbaren Feigenbaum und schenkt ihm seine Trauben. Der Wein seiner Früchte symbolisiert die Erlösungstat zur Errettung der Menschheit.* Das sog. Evangeliar Ottos III., 10. Jh.; München, Staatsbibliothek, Cod. lat. 5453.

6. Granatapfel und Granatapfelbaum

Ägypten: Wohl im 16. Jahrhundert v. Chr. wurde der Granatapfel aus Vorderasien nach Ägypten eingeführt. Er ist ein Liebes- und Fruchtbarkeitssymbol. Gefäße in Granatapfelform waren geschätzte diplomatische Geschenke der Könige aus dem Zweistromland an die Pharaonen.

Griechenland: Auch in Hellas und Rom galt der Granatapfel wegen seines Samenreichtums als ein Sinnbild lebensspendender Kraft. Als Zeichen der Schönheit, Liebe und Fruchtbarkeit wurde er ein Attribut der Aphrodite bzw. Venus. Doch ebenso konnte er gegensätzlich dem Tod und dem Totenreich zugeordnet werden. Die Sage berichtet, der Baum sei aus dem Blut eines Gottes – Dionysos, auch Zagreus bzw. des phrygischen Agdistis – hervorgegangen. Der von Hades geraubten Persephone war es nach dem Genuß von Granatapfelkernen nicht mehr erlaubt, für immer in die Oberwelt zurückzukehren.
Die Menge der Kerne, die diese Frucht enthält, lassen sie sowohl im Altertum als auch im Mittelalter zum Gleichnis werden für das Zahllose, das in einem Ganzen beschlossen ist. Die Granatapfelkerne, an denen sich der persische Großkönig Darius (seit 522 v. Chr. bis 486 v. Chr.) labte, erweckten in ihm den Wunsch: So viele Kerne wie der Apfel hat, so viele Männer möge er finden, die an Verläßlichkeit seinem Feldherrn Megabazos gleichkommen.[1]

Altes Testament: Granatäpfel gehörten im Alten Testament zu den Früchten, an denen der Reichtum eines Landes gemessen wurde. Dieses schön geformte Obst schmückte die Kapitelle der beiden ehernen Säulen im Tempel von Jerusalem (1 Kön 7,18). Das Priestergewand des Aaron zierten Granatäpfel im Wechsel mit Schellen (2 Mose 28,33). Im Gegensatz zu den Schellen bekamen sie keine kultische Bedeutung beigelegt. Im Hohenlied preist der Bräutigam Sulamiths Schönheit und vergleicht sie mit dem Granatapfel (Hld 4,3 und 6,7) und den Granatapfelbäumen (Hld 4,13).

Kirchenväter: Für die Kirchenväter und die Theologen des Mittelalters hatte der Granatapfel denselben Gleichniswert wie im Altertum. Die vielen Kerne, jeder umgeben von einem saftigen scharlachroten Samenmantel, sind eingeschlossen von einer hartledrigen Schale. Diese Beschaffenheit erhebt den Granatapfel zum Sinnbild der Vielzahl in der Einheit. Der Kirchenvater Ambrosius sieht im 4. Jahrhundert in der gesamten Frucht die Würde und

Askese des Priesters, in den Kernen aber die Mysterien, die dieser spendet.[2] Dem Biographen des Erzbischofs Rimbert von Hamaburg (= Hamburg) erscheinen die vielfältigen Tugendübungen des Geistlichen wie Granatapfelkerne, und die Schale, welche die Frucht umhüllt, wie die Decke christlicher Liebe.[3]

Mittelalter: Mit zunehmender Wertschätzung des Hohenliedes in der mittelalterlichen Mystik gewinnt auch das Sinnbild des Granatapfels bei Darstellungen von Christus, Maria und der Ecclesia an Bedeutung. Dabei spielen nicht nur die zahlreichen Kerne eine ausschlaggebende Rolle, sondern auch deren rote Farbe, die, wie einst im griechischen Mythos, Blut und Tod symbolisiert.
Für Alanus ab Insulis[4] sind die vielen guten Werke Marias wie die Kerne des Granatapfels, eingeschlossen in die Leiden ihres Sohnes. Richard von Saint-Victor schreibt: »Maria wird der Granatapfel genannt ...«[5] Die weißen Blüten bedeuten für ihn das reine Magdtum Mariens und die Geburt Christi. Im purpurnen Rot der Frucht sieht er die Passion des Heilands und Marias Mitleiden symbolisiert.

Ikonographie

Dem Granatapfel begegnet man in der Kunst der frühen Christenheit wie des Mittelalters zunächst relativ selten.[6] Vom 15. Jahrhundert an wird er oft der Gottesmutter und dem Kind beigegeben (Farbbild 6). Vor allem in Italien, wo dieser Baum heimisch wurde, finden sich Darstellungen. Doch auch in den nördlichen Ländern ist er den Künstlern bekannt.[7] In ihren Werken haben sie meist die geöffnete Frucht gezeigt und so die Vielzahl der roten Kerne hervorgehoben (Abb. 25). Manchmal hält das Kind den Apfel in den Händen, dann wieder die Mutter, mitunter beide.
In der profanen Ikonographie hat der Granatapfel ebenfalls Bedeutung erlangt. Ist er einer bedeutenden Persönlichkeit in die Hand gelegt, soll er die Anzahl der Tugenden des Trägers sichtbar machen.[8]
In Blumen- und Früchtegirlanden darf er nicht fehlen. Mit vielen anderen Gewächsen nimmt er seinen Platz als schmückende Umrahmung einer Tür oder eines Bildes ein.[9]

Die Farbbilder

1 (Seite 65): *Das Kreuz besteht hier aus grünem Blattwerk mit rot und weiß auslaufenden Spitzen, die gleichsam »blühen«. Der Erlösungsgedanke wird bildlich umgesetzt. Die Eckmedaillons mit Ecclesia und Synagoge symbolisieren den Neuen und den Alten Bund.* Kreuz als Lebensbaum, Buchmalerei, Psalter des Robert de Lindsey, um 1220/22; London, Society of Antiquaries, Ms. 59.

2 (Seite 66): *Der üppig grünende Baum, der das mittlere Medaillon in zwei Bildhälften unterteilt, trägt zweierlei Früchte: Äpfel und Hostien. Während Eva dem Maul der Schlange den Apfel entnimmt und ihn an die Sünder weiterreicht, pflückt Maria Hostien vom Baum und verteilt sie unter den Gläubigen. In den Ästen über Eva grinst ein Totenschädel. Dagegen erscheint über Maria ein Kruxifix.* Baum des Todes und des Lebens, Berthold Furtmeyr, um 1480, Salzburger Missale; München, Bayerische Staatsbibliothek, Clm 15710, fol. 60 v.

3 (Seite 67): *Aus dem schlafenden Jesse erwächst der Stammbaum Jesu. So zeigt es dieses frühe Kirchenfenster im Münsterland. Den geweissagten Erlöser in der Krone umschweben in Taubengestalt die sieben Geistgaben.* Wurzel-Jesse-Fenster, Glasmalerei, 1230–1250; Leyden (Westfalen), St. Brigida, mittleres Chorfenster.

4 (Seite 68): *Zwei Lebensbäume umgeben den Baum der Erkenntnis mit den Stammeltern Adam und Eva: Im göttlichen Lebensbaum links erscheint Christus in der Krone, während der menschliche Lebensbaum rechts mit den von Blattwerk eingehüllten Köpfen auf die zukünftigen Generationen verweist.* Sündenfall, Holzdecke, um 1200; Hildesheim, St. Michael.

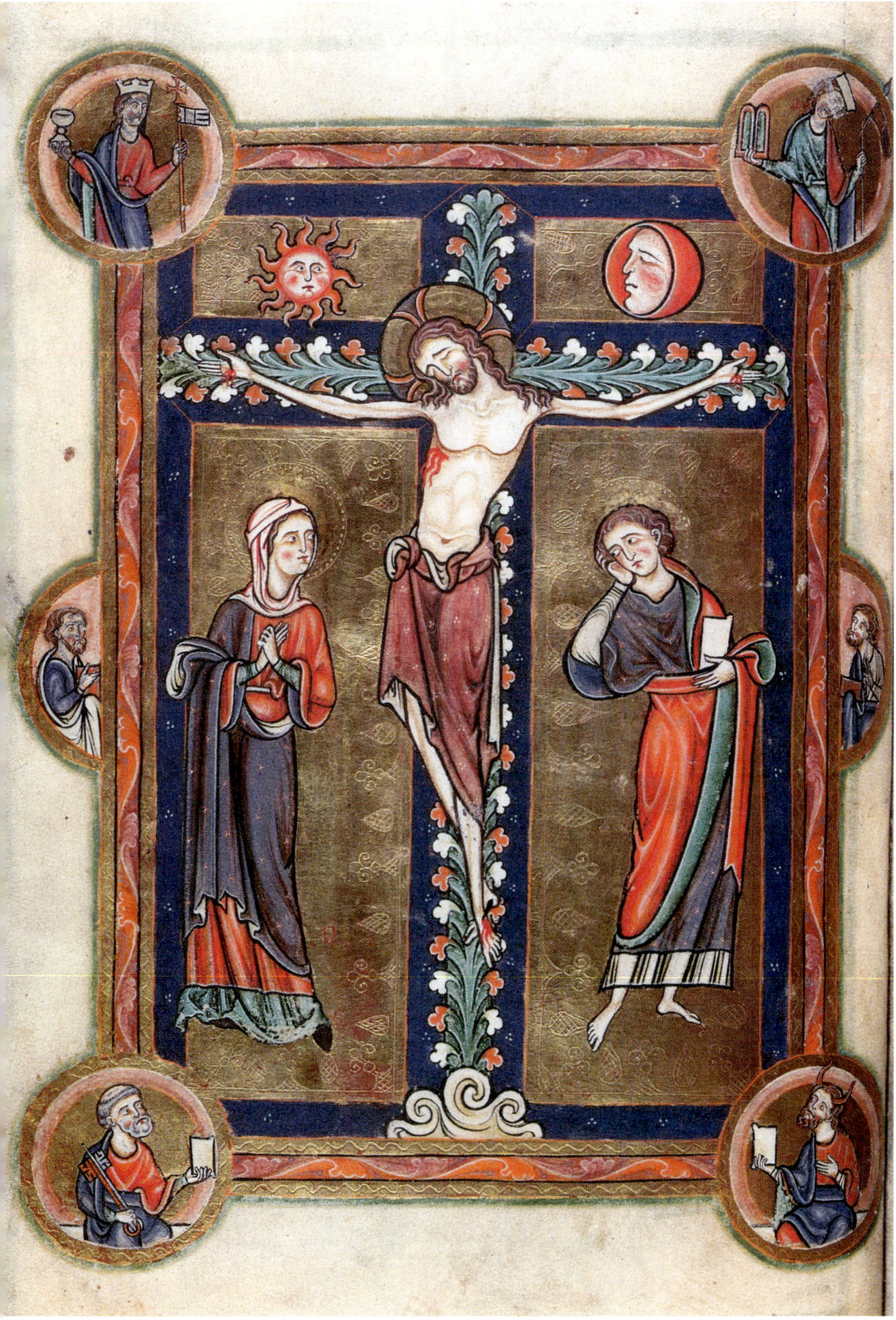

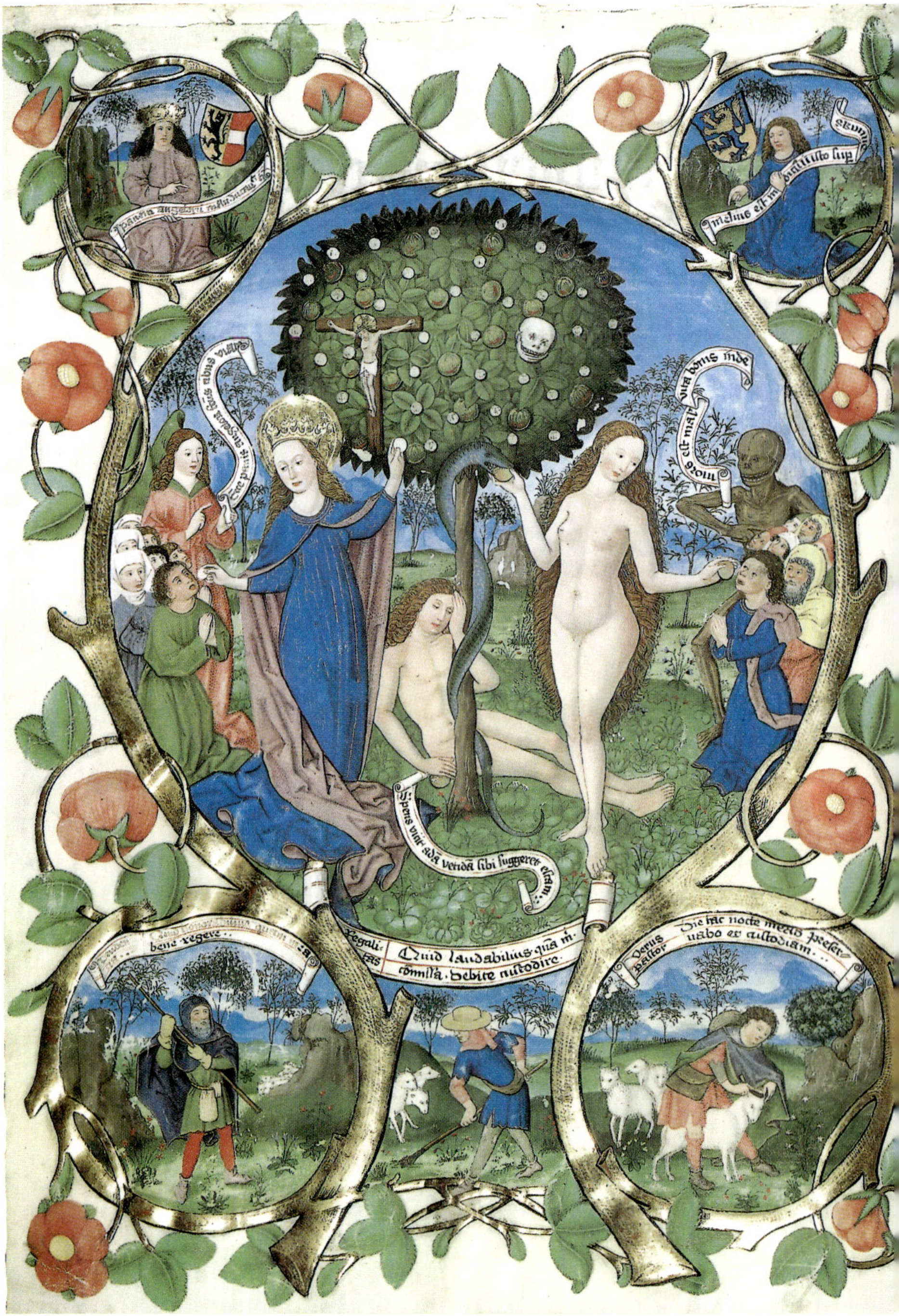
Regali-tas
Quid laudabilius quã in commissa debite custodire.
Verus pastor
Die hac nocte media preservabo et custodiam..

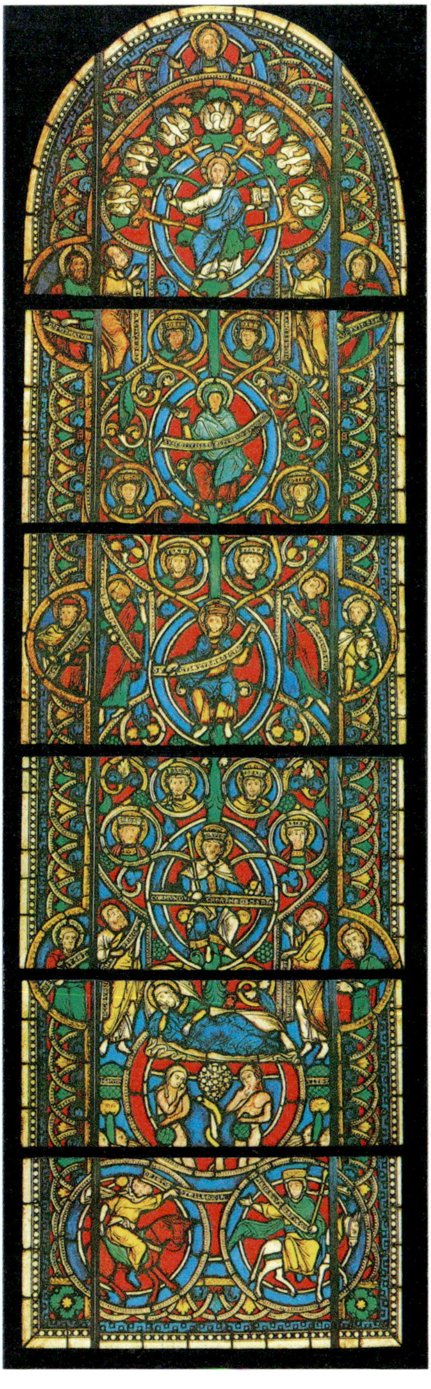

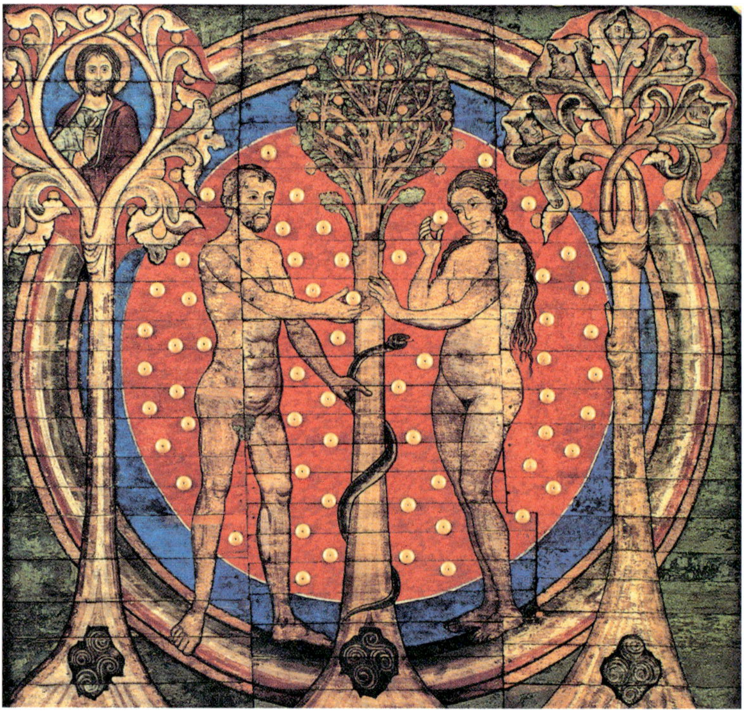

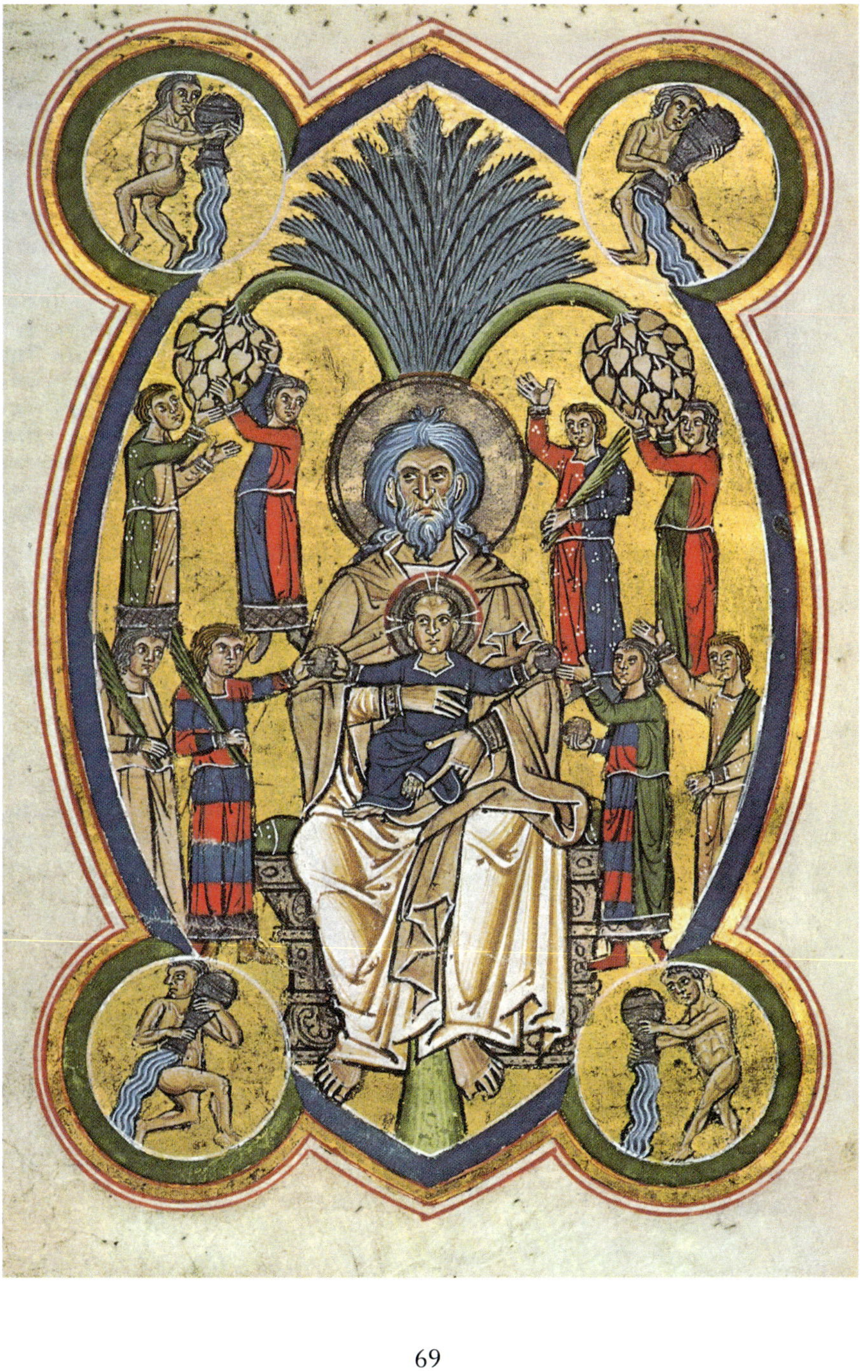

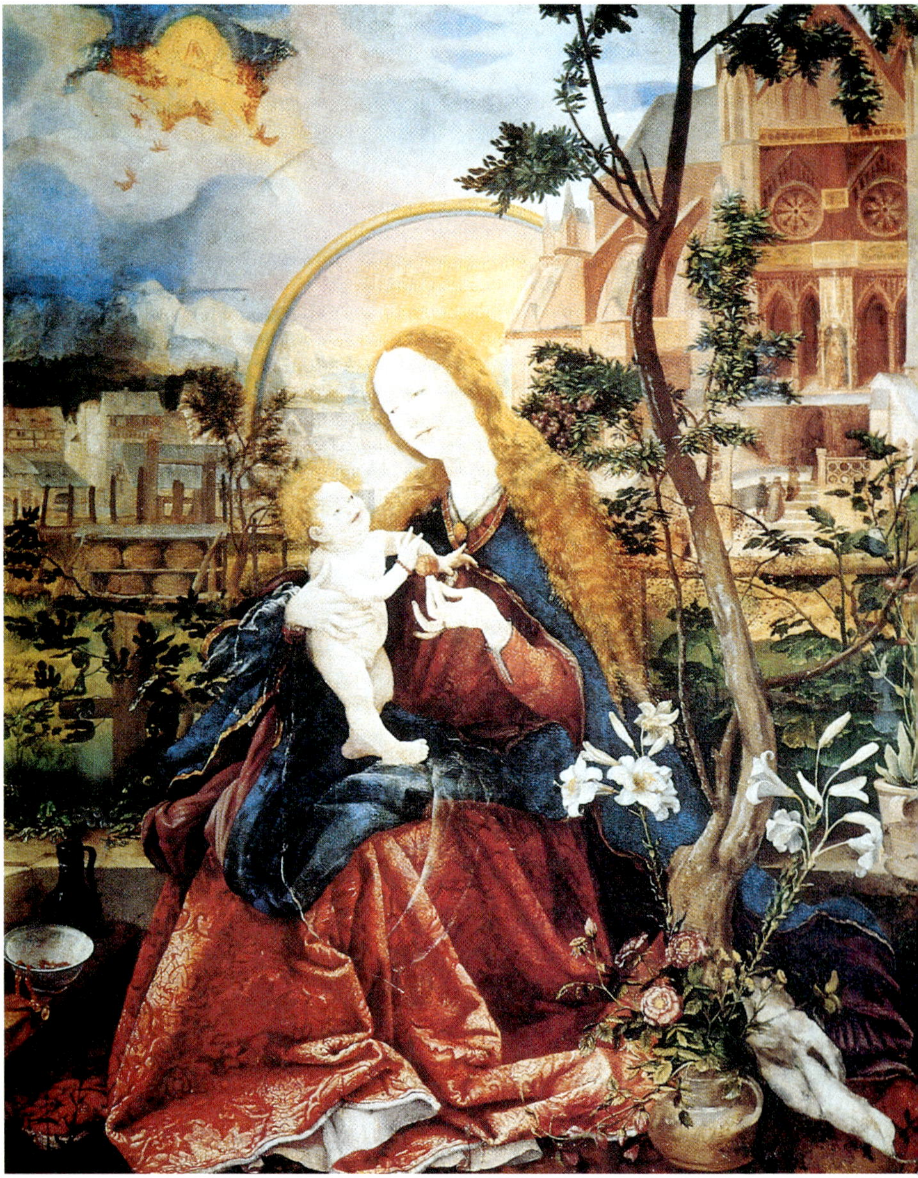

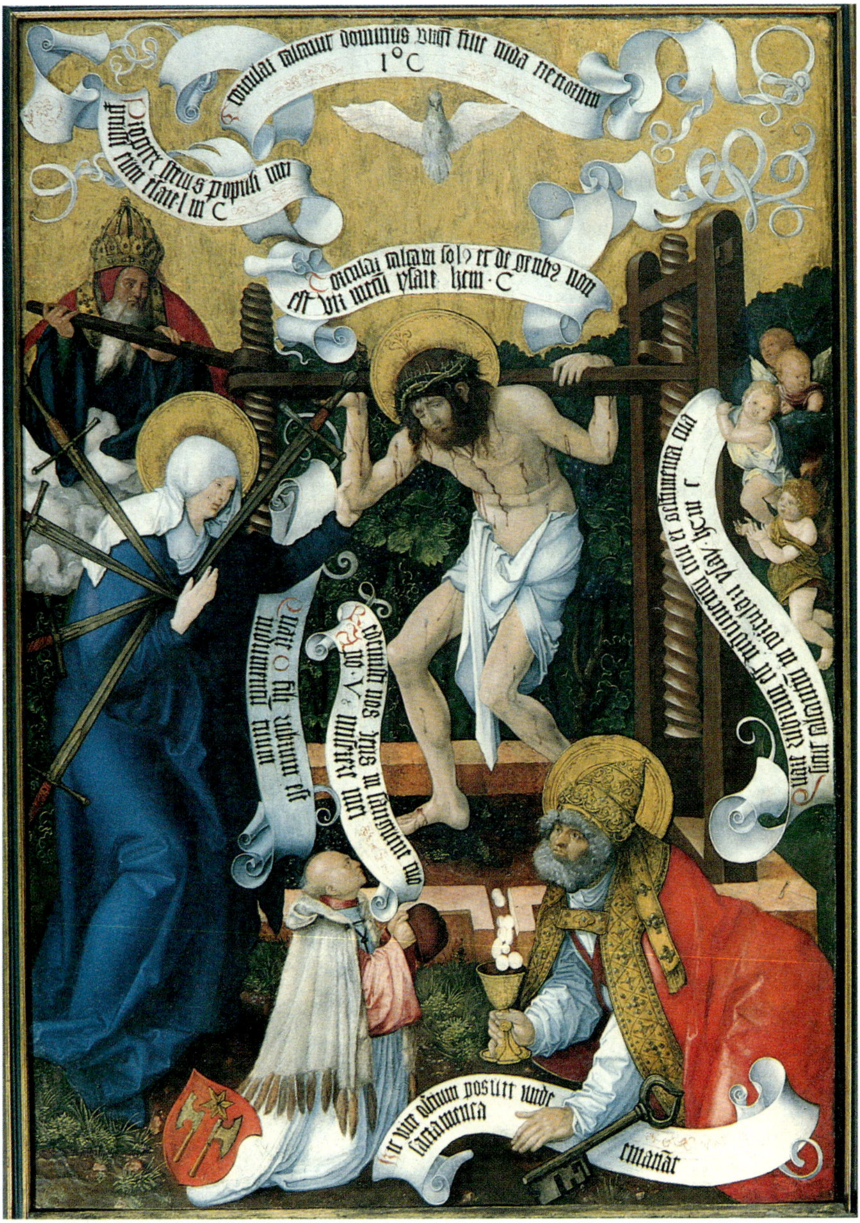

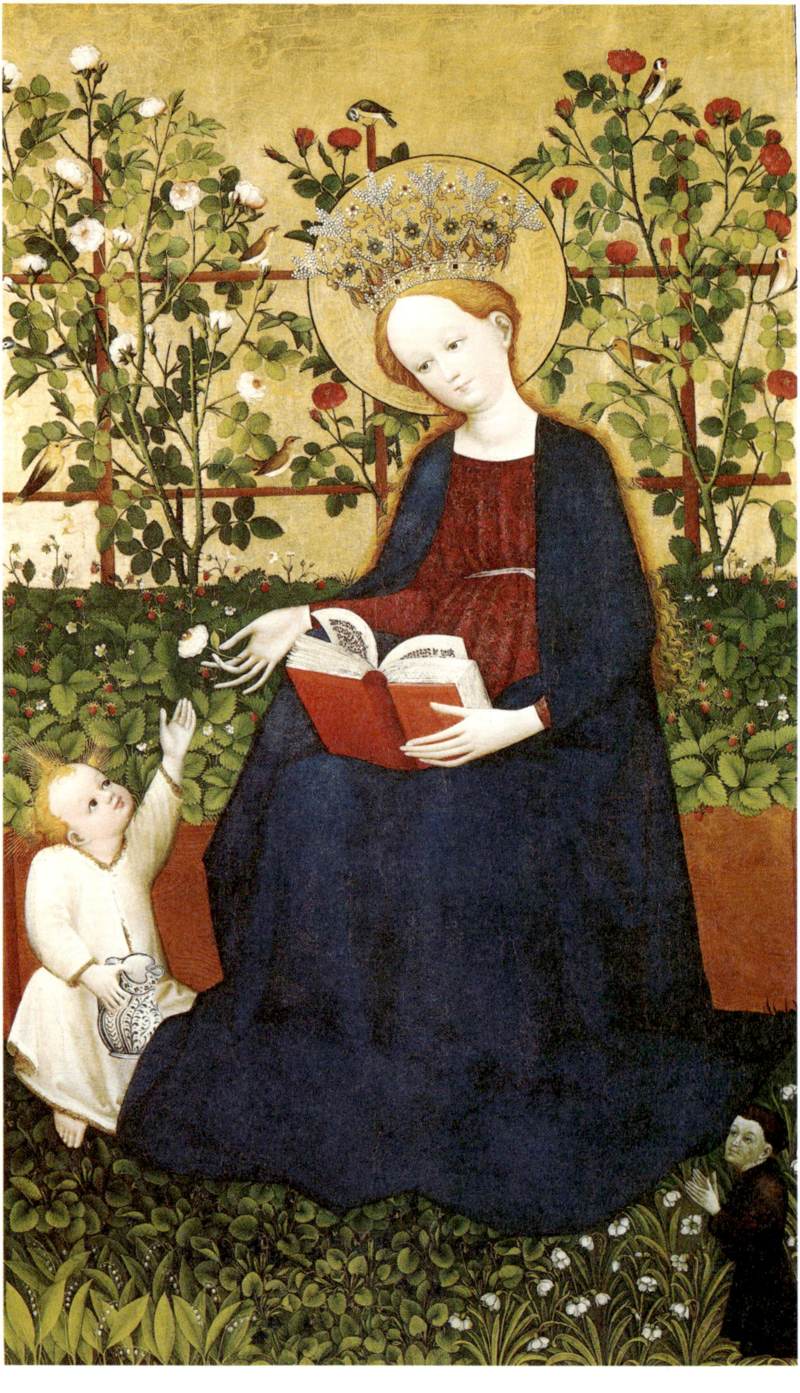

5 (Seite 69): *Eingefaßt von einer Mandorla und den Paradiesflüssen, hält der thronende Gottvater seinen Sohn im Schoß. Ein hoher Palmbaum kennzeichnet zusammen mit den vier Paradiesflüssen den Ort als Garten Eden. Selige greifen nach den Früchten, die sich in reicher Fülle vom Baum herabneigen; andere Erwählte werden vom Gottessohn mit Früchten beschenkt, wieder andere halten Palmzweige in Händen.* Einzelblatt aus dem Arenberg-Psalter, 1230/1240; Washington, Gallery of Art, Rosenwald-Collection.

6 (Seite 70): *Dem lachenden Jesusknaben hält die ihn liebevoll umfangende Mutter einen Granatapfel entgegen. Als bedeutungsvoller Baum ist die Feige zu erkennen. Marianische Blumen, wie Lilien, Rosen und Nelken, füllen eine dickbauchige Vase.* Stuppacher Madonna, Altarbild, Matthias Grünewald, 1517–1519; Stuppach, Pfarrkirche.

7 (Seite 71): *Unter dem Preßbalken der Kelter tritt der aus allen Wunden blutende Christus die Trauben. Dahinter zieht sich ein üppiger Weinberg empor, der wohl die Kirche darstellt. Die schmerzensreiche Muttergottes leistet dem Sohn Beistand. Voll Trauer schraubt Gottvater die Presse zu. Die Szene wird durch die darüber schwebende Geisttaube vervollständigt. Damit erhält das Bild trinitarischen Charakter.* Tafelgemälde aus der Dürerschule, 1501/10; Ansbach, Kirchenstiftung St. Gumbertus.

8 (Seite 72): *Maria sitzt auf einer Rasenbank, die über und über mit Erdbeeren bedeckt ist. Die gleichzeitig Blüten und auch Früchte tragende Pflanze steht als Sinnbild für das Phänomen Jungfrau und Mutter. Im saftig-grünen Gras heben sich neben dem Rot der Erdbeerfrüchte blaue Veilchen ab, und in strahlendem Weiß leuchten Maiglöckchen und Märzenbecher. Vor dem Goldgrund fassen weiß und rot blühende Rosensträucher die Szene ein.* Madonna in den Erdbeeren,Tafelbild, Meister des Paradiesgärtleins, um 1410; Solothurn, Kunstmuseum Solothurn.

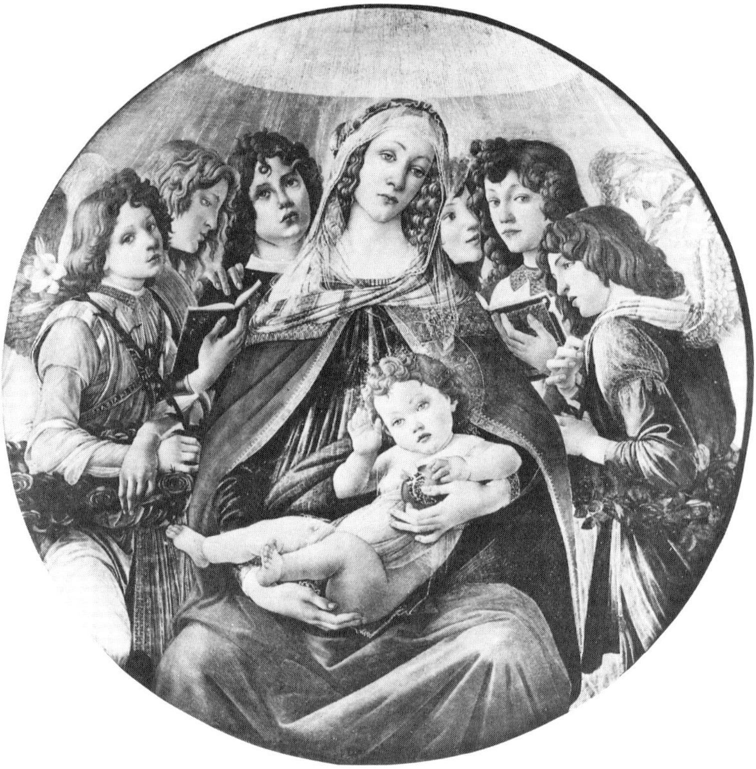

Abb. 25: *Die von Trauer überschattete Mariengestalt umfängt mütterlich das Kind auf ihrem Schoß. Die Hände beider ergreifen den aufgeschnittenen Granatapfel.* Madonna della Melagrana, Tafelbild, Sandro Botticelli, 1487; Florenz, Uffizien (Ausschnitt).

7. Holunder

Antike: Dieser Pflanze wurde bereits in der antiken Welt vielerlei Heilwirkung zugeschrieben.

Mittelalter: Doch nicht nur als Arznei war der Holunder begehrt. Die mittelalterlichen Menschen glaubten zudem an seine magischen Kräfte und vertrauten seiner Zauberkraft als bewährtes Mittel gegen die Untreue und als Garant für die Liebe. Deshalb - erkoren sich Liebespaare diesen Busch zum bevorzugten Treffpunkt. Im Mittelalter bedeutete sein alemannischer Name »Holder« auch alter Freund und Geliebter.

Um das ersehnte Glück zu erlangen und zu festigen, gab es verschiedene Methoden. Die Basler Bildteppiche geben darüber anschaulich Auskunft. So sollte das Aufpfropfen eines Holunderzweiges die Liebeskraft eines veredelten Baumes mehren.[1] Verstärkung dieses Zaubers erhoffte man sich durch in den schützenden Strohmantel eingebundene Treuehände oder durch ins Astwerk gehängte Liebesknoten.
Als Symbol der Liebe und Treue galten vor allem die weißen Blüten des Hollerstrauches. Abgefallen konnten sie von erwartungsfrohen Mädchen als Liebeszeichen gewertet werden. Verliebte schätzten die Dolden als sicheren Beweis der Treue, während ent-

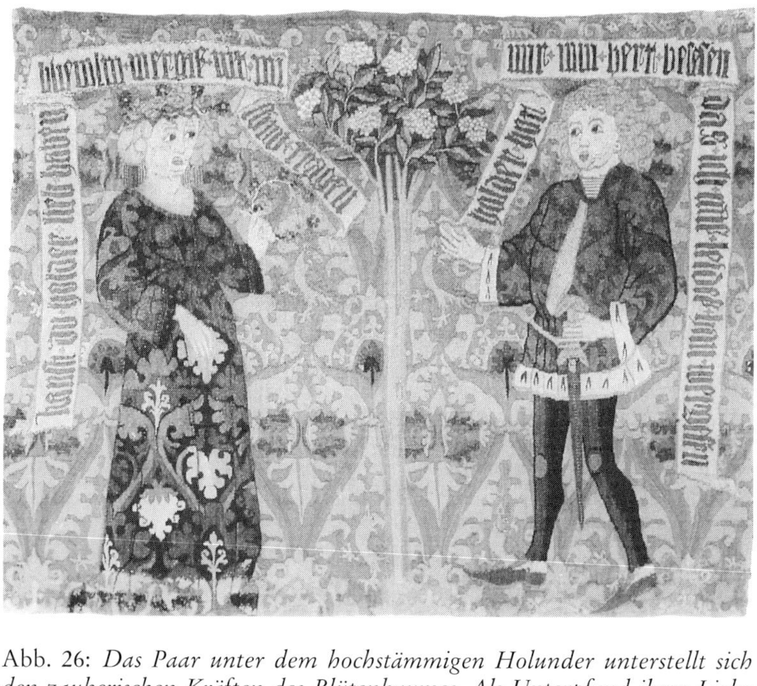

Abb. 26: *Das Paar unter dem hochstämmigen Holunder unterstellt sich den zauberischen Kräften des Blütenbaumes. Als Unterpfand ihrer Liebe schenkt das Mädchen dem gegenüberstehenden jungen Mann einen Vergißmeinnichtkranz. Ihr Spruchband sagt: »Holder hat mir min hert besesen das ich min leides han vergesen. (Holder hat mein Herz besessen, jetzt hab ich mein Leid vergessen.)« Der Name der Pflanze findet so doppelsinnige Verwendung. Holder für Holunder steht sowohl für den Baum als auch als Anrede für den Liebsten.* Liebespaar unter einem Holunderbaum, Behang oder Kissenplatte, Basel um 1480; Zürich, Schweizerisches Landesmuseum.

täuschte Liebende ihr Anblick verbitterte. Sie schnitten die welkenden Blütenbündel ab und warfen sie weg.[2] Den eingewirkten Inschriften in den Wandbehängen und Teppichen ist die jeweilige Einstellung zu entnehmen (Abb. 26).
Zu »kirchlichen Ehren« gelangte der Baum durch eine Legende: Während eines Ausrittes erschien dem Herzog Leopold von Österreich die Muttergottes in einem Holunderstrauch. Der fromme Herzog ließ daraufhin ein Kloster errichten, in dem der Holler seinen Platz hinter dem Hochaltar fand. Das wohl bekannteste Werk des Passauer Malers Rueland Frueauf des Jüngeren (1497–1545) ist einen Bilderfolge um diese Ereignisse.[3]

8. Olive, Ölbaumblatt, Ölbaumzweig und Ölbaum

Antike: Der Ölbaum gehört zu den ältesten Kulturpflanzen und wird seit dem 3. Jahrtausend v. Chr. im südlichen Vorderasien angebaut. Das aus seinen Früchten, den Oliven, gewonnene Öl war im Altertum als Nahrungs- und Heilmittel, als Lichtquelle, zur Körperpflege und zur kultischen Reinigung – so im Totenkult – unentbehrlich. Vielerorts wurde es rituell gebraucht: zur Salbung von Götterbildern, von Priestern ebenso wie von Königen oder von Neugetauften.
Auch in Israel war es üblich, die Könige, wie später die Hohenpriester, mit wohlriechendem Öl zu salben. Aus dieser vielfältigen Verwendung ergibt sich das hohe Ansehen des Ölbaums.

Griechenland: Der Streit zwischen Athene und Poseidon um die Herrschaft über Attika wurde zu Gunsten der Göttin entschieden, weil sie dem Land den Ölbaum spendete. Seine Zweige wurden ihr zugeeignet als Symbol des Sieges und des Friedens.[1] Auch dem Zeus in seiner Eigenschaft als Schutzgewährer für Flüchtlinge steht der Ölzweig zu. Menschen, die um Beistand oder Asyl baten, trugen bänderumwickelte Ölzweige in den Händen.[2] Als schlimmsten Akt der Barbarei in einem Krieg betrachtete man das Umhauen von Ölbäumen des Feindes.

Altes und Neues Testament: Der Olivenhain galt, neben Feige und Weinstock, in einem stets von Trockenheit und Eroberern bedrohten Land als Zeichen des Wohlstands und des Friedens.
Im übertragenen Sinn werden das Volk (Jer 11,16), der Gerechte (Ps 52,10) und seine Kinder (Ps 128,3) als »grüner Ölbaum« bzw. als »junge Ölbäume« bezeichnet.

Im Gleichnis von der Königswahl der Bäume wird als erster und bedeutendster der Olivenbaum vorgeschlagen (Ri 9,8). Paulus nennt die Heidenchristen Zweige von wilden Ölbäumen, eingepfropft an Stelle der ausgebrochenen Äste in den Ölbaum Israel (Röm 11,17).
Ein Friedenssymbol ist das »Ölblatt«, das die von Noah ausgesandte Taube zur Arche zurückbringt. Aus der großen Zornesflut Gottes taucht die Erde mit ihren Gewächsen wieder auf (1 Mose 8,11). Der Ölzweig kündet real und zeichenhaft von neuem Leben.

Kirchenväter: Auch weiterhin bleibt der Ölzweig ein Sinnbild des Friedens. Der Kirchenschriftsteller Tertullian (um 160 – nach 220) schreibt: »Die Taube als Herold zeigt das Aufhören des göttlichen Zornes an, indem sie, aus der Arche entlassen, mit einem Ölzweig, der auch bei den Heiden als Friedenszeichen angesteckt wird, zurückkehrt ...«[3]

Mittelalter: Der Dichter Dante sieht Beatrice, deren Haupt »Minervas Friedenszweig umspannte«.[4]

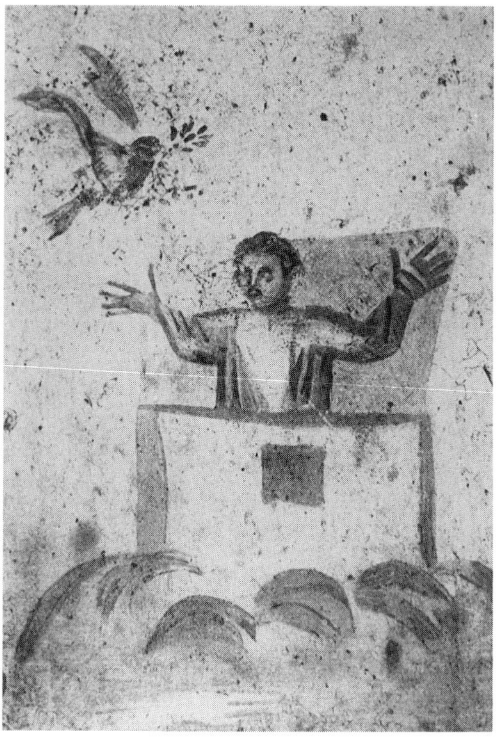

Abb. 27: *Noah empfängt die ausgesandte Taube. Das Ölblatt in ihrem Schnabel kündet vom Ende der Sintflut.* Wandbild, Ende 3. Jh.; Rom, Thrason-Katakombe.

Olivenzweige, -kränze und -girlanden fassen in der Malerei der Katakomben sowohl mythische als auch christliche Bildthemen ein.[5] In den Jahreszeitendarstellungen bezeichnen Ölzweige mit ihren Früchten – sie reifen sehr spät – den Winter.
Die Kirchenväter haben, dem Petrus-Brief folgend (1 Petr 3,20/22), die Sintflutgeschichte typologisch auf die Taufe gedeutet. In diesem Sinn interpretierte die frühchristliche Malerei die zur Arche heranfliegende Taube mit ihrem Ölzweig im Schnabel (Abb. 27). Doch bald schon wird die Noah-Taube mit dem Ölbaumblatt zum allgemein anerkannten Friedenssymbol. Diese Bedeutung überdauerte die Jahrhunderte[6] und blieb bis in die Gegenwart erhalten. Eingekerbt auf Grabplatten, kündet sie von der Versöhnung Gottes mit dem Verstorbenen.[7] Auf die drei Männer im Feuerofen zufliegend, bringt sie ihnen Frieden und die Errettung vom Tod.[8] Ölzweige können auch dem kommenden Friedenskind Jesus beigegeben werden, wie ein Botticelli-Gemälde zeigt.[9] Im politischen Bereich kann *pax* = der Friede, einen Ölzweig halten.[10]
In der wiedererweckten antiken Götterwelt der Renaissance erscheint Minerva bzw. Athene mit Ölzweigen geschmückt.[11]

9. Die Palme

Ägypten: Die im Mittelmeerraum heimische Dattelpalme wurde schon früh um ihrer Früchte willen kultiviert. Sie war den Ägyptern ein Symbol des Friedens. Bereits in der Tempelarchitektur des Alten Reiches wurden Säulen dem schönen Stamm der Palme nachgebildet. Auch der Lebensbaum konnte im Alten Orient die Form einer Palme annehmen.

Griechenland: Im antiken Griechenland zeichnete man die Gewinner bei den Festspielen zu Ehren Apolls mit Palmenzweigen aus. Palmenwedel und -kränze wurden später zum üblichen Siegeszeichen bei großen Festen und Wettkämpfen. Weiterhin blieben sie aber vor allem dem Apoll beigeordnet.[1]
Der Name der Palme – *phoenix* – ist im Griechischen gleichlautend mit dem Namen des ägyptischen Wundervogels. Er symbolisierte im Altertum die Äonen, also die unendlichen Zeiten.

Rom: Die Römer übernahmen von den Griechen die Bedeutung der Palme als Siegeszeichen. Die Siegesgöttin Viktoria trug den Beinamen *Dea palmaris*. Die siegreichen römischen Feldherren legten die *Toga palmata*, ein purpurnes Gewand mit eingewebten goldenen Palmwedeln, an.[2] Das Volk zog dem heimkehrenden Triumphator mit Palmzweigen entgegen.

Altes Testament: Der Palmbaum wird seiner Schönheit wegen gepriesen. In den Gesängen des Hohenliedes rühmt der Bräutigam den palmengleichen Wuchs der Braut (Hld 7,8).
Außerdem wird der Baum zum Gleichnis der Gerechten. Der Psalmist stellt denen, die Gott ablehnen (Ps 92,8), die Diener des Herrn gegenüber. »Der Gerechte gedeiht wie eine Palme« (Ps 92,13).
Mit Palmen und Blumengewinden war auch das Schnitzwerk des Tempels verziert (1 Kön 6,29,32,35).

Neues Testament: Den Einzug Jesu in Jerusalem schildern die Evangelisten als Triumphzug eines Siegers. Die Menschen »nahmen ... Palmzweige und gingen hinaus, ihm entgegen, und riefen: ›Hosianna! Gelobt sei, der da kommt im Namen des Herrn, der König von Israel!‹« (Joh 12,13).
Der Seher Johannes berichtet von seiner Vision des offenen Himmels: »Danach sah ich, und siehe eine große Schar ... die standen vor dem Thron (Gottes) und vor dem Lamm (Christus), angetan mit weißen Kleidern und mit Palmenzweigen in den Händen« (Offb 7,9). Johannes erfährt, daß sie aus großer Trübsal – aus dem Martyrium – gekommen sind (Offb 7,14).

Kirchenväter: Für die Kirchenväter verkörpert die Palme vorrangig den Siegespreis, zu welchem der Christ einst gelangen wird. Die Apostel, Märtyrer und Heiligen haben ihn bereits errungen.
Im apokryphen Pseudo-Matthäus und in der *Legenda aurea* wird die Geschichte einer Dattelpalme erzählt: Die Heilige Familie suchte auf der Flucht nach Ägypten Nahrung von ihren Zweigen. Doch die Früchte hingen zu hoch und waren nicht zu erreichen. Da gebot das Jesuskind der Palme, sich zu neigen, so daß die Datteln gepflückt werden konnten. Zum Dank brach ein Engel einen Zweig des gehorsamen Baumes ab und pflanzte ihn ins Paradies ein (Ps Mt 20,1).

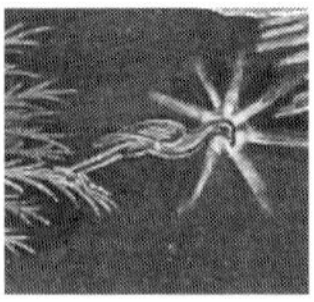
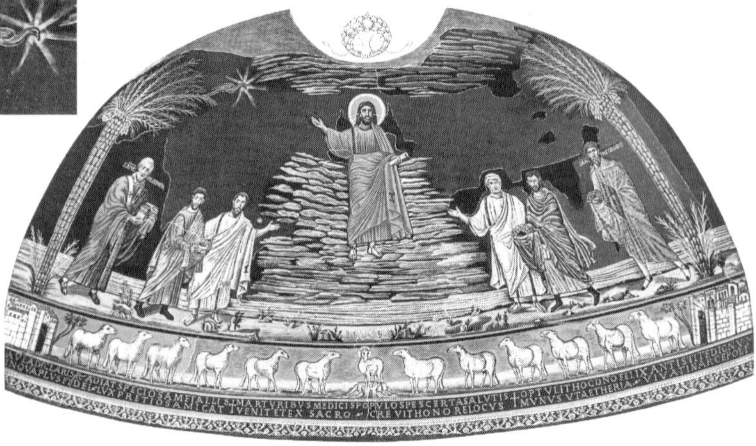

Abb. 28: *Christus steigt aus feurigen Ätherwolken des Himmels herab und erscheint Petrus, Paulus, Cosmas und Damian. Fruchttragende Palmen säumen das Geschehen. Auf der linken Palme sitzt ein Phönix mit Strahlenkranz.* Apsismosaik, 526–530; Rom, Santi Cosma e Damiano.

Ikonographie

Die aufstrebende junge Kirche übernahm die Symbolbedeutung der Antike, übertrug sie auch in ihre Ikonographie und gab sie durch die Jahrhunderte weiter. Die Palme wurde wie im weltlichen Bereich zum Sinnbild für den Sieg.[3] Frühe christliche Bildwerke zeigen den Auferstandenen zwischen oder unter Palmen (Abb. 28).

Die Kirche gab dem Tag, an dem des Einzugs Jesu in Jerusalem gedacht wird, den Namen Palmarum = Palmsonntag.[4]

Als Siegeszeichen findet sich der Palmzweig auch als Attribut in den Händen von Heiligen und Märtyrern.[5] Allen voran gebührt sie denjenigen, die standhaft Marter und Tod erlitten haben.[6] Da ihnen dieses Siegeszeichen in der jenseitigen Welt zuteil wird, kann die Palme auch zum Symbol des Paradieses werden (Farbbild 5). Schon immer sah man in ihr einen der Bäume aus dem Garten Eden (Abb. 29; vgl. Abb. 6). Als solcher ist auch die Dattelpalme einzuordnen, die, von Engeln kräftig unterstützt, Maria, Josef und dem Christuskind Schutz und Speise bietet (Abb. 30).

In der *Legenda aurea* heißt es im Zusammenhang mit der Himmelfahrt Mariens, daß ein Engel der Muttergottes den Tod ankündigte.[7] Er trägt einen grünen »jungen« Palmzweig aus dem Paradies, dessen »Blätter funkeln heller als der Morgenstern«.[8]

Entsprechend dem Bibeltext erscheint der Gerechte im Bild als Palmbaum, der selbst im Alter noch voll Frische und Saft ist und Frucht bringt (Ps 92, 13–15).[9]
Dem Kanonikus Lambert von Saint-Omer, dessen Bildsprache sich der Blumen und Bäume bedient, wird die Palme (Sir 24,18) zum Symbol der Kirche. Fächerartig breiten sich die Zweige der Krone aus. Sie bieten Platz für die Geistesgaben, Tugenden und die freien Künste.[10]
Des weiteren wurde in der Kirchenarchitektur der Gleichniswert des Baumes geschätzt. Besonders eindrucksvoll präsentieren sich

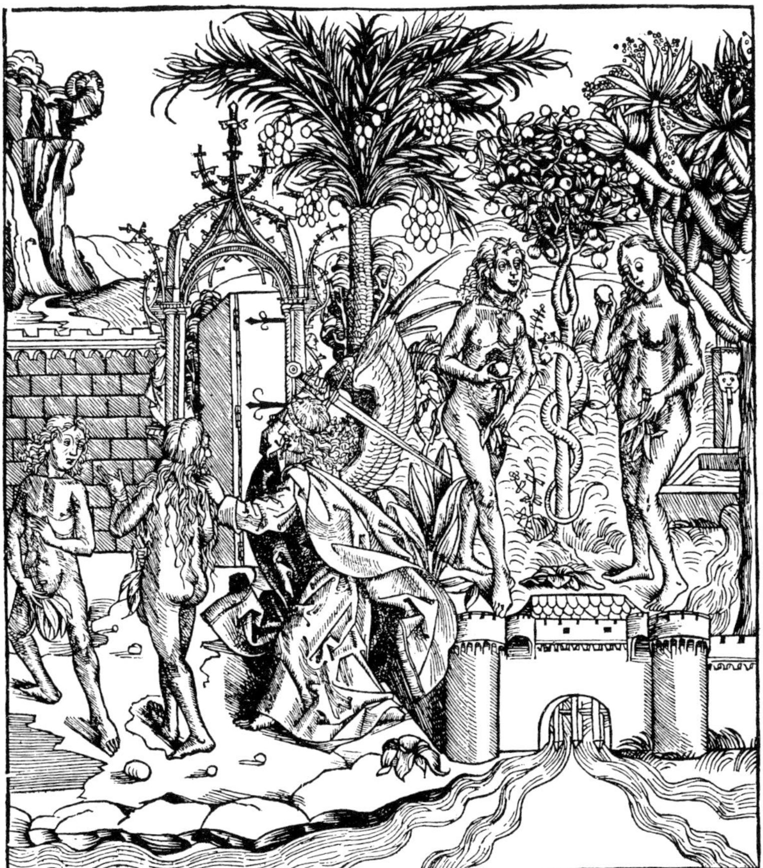

Abb. 29: *In der Bildmitte ragt unter den Bäumen des Paradieses eine prächtige, mit reichen Früchten behangene Palme empor.* Aus der Weltenchronik von Hartmann Schedel (Nürnberg: Anton Koberger 1493).

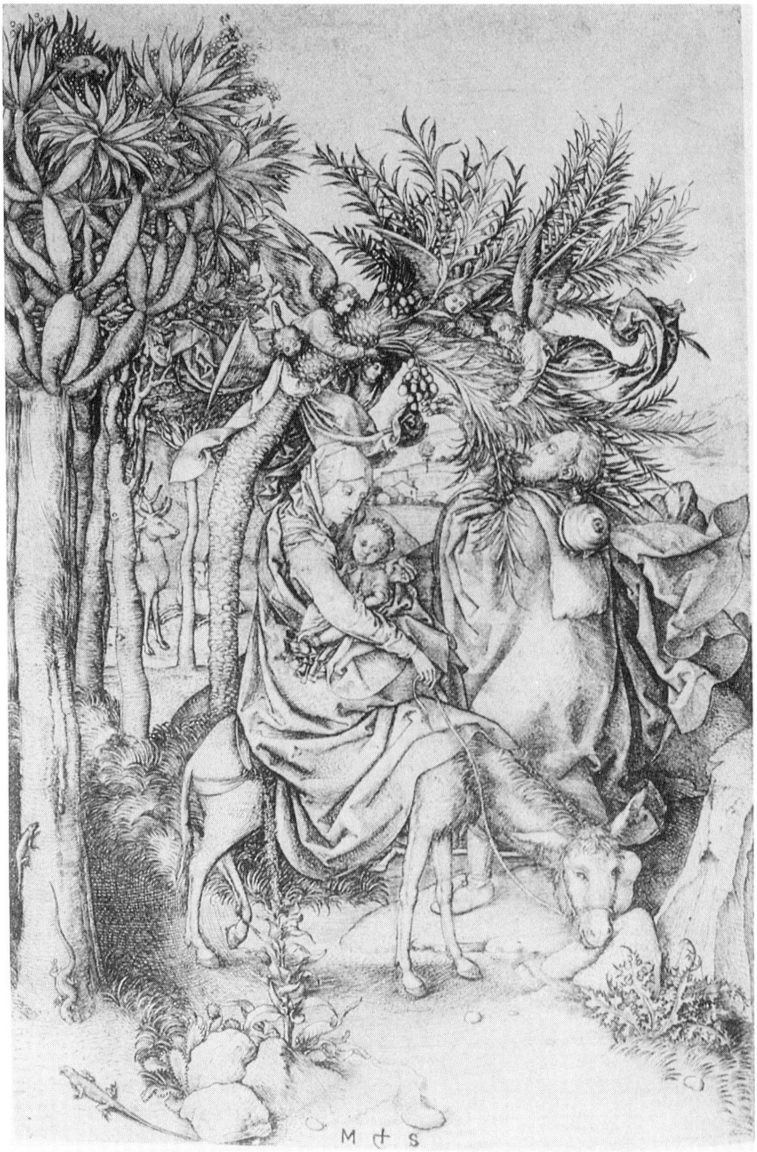

Abb. 30: *Der Kupferstich zeigt die Flüchtenden unter einer Dattelpalme. Die Darstellung orientiert sich an der Legende und zeigt die Engel, die den hilfreichen Baum in seiner Bemühung unterstützen, der Heiligen Familie Schatten und Nahrung zu spenden.* Die Flucht nach Ägypten, Kupferstich, Martin Schongauer, um 1471–1473.

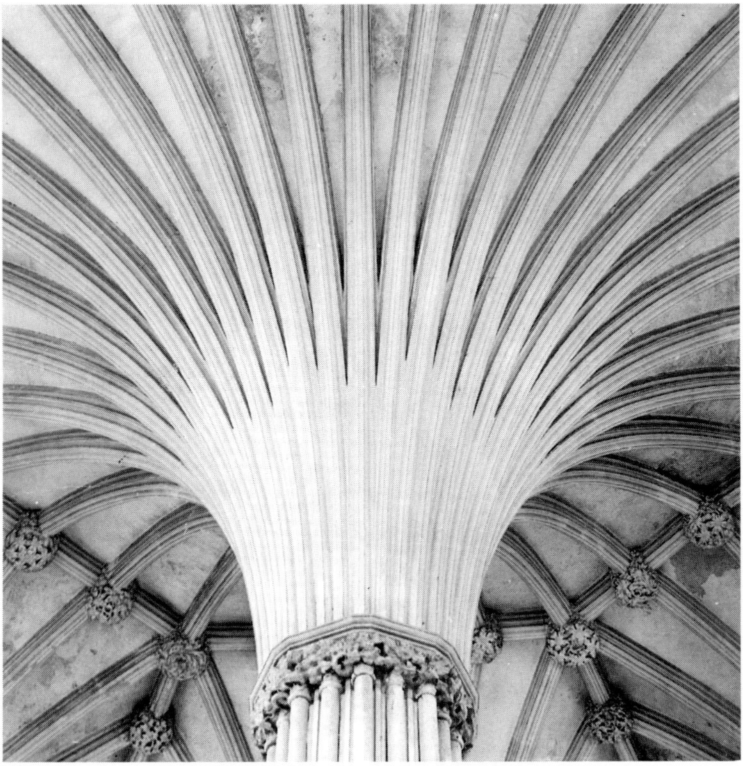

Abb. 31: *Die 32 Rippen, die aus der zentralen Rundstütze des Kapitelhauses fächerartig hervorgehen, legen den Vergleich mit der Palme nahe.* Wells, Kapitelhaus der Kathedrale, 1319 vollendet.

gleich Palmenfächern die Gewölberippen der Säulen in der Kathedrale von Wells (Abb. 31).

Zur Abrundung sei noch an die *Palmette* erinnert:

Antike: Die dem Blatt der Fächerpalme in streng symmetrischer Form nachempfundene Palmette ist aus dem ägyptischen Lotusornament hervorgegangen. Sie fand im 2. Jahrtausend v. Chr. Eingang in die minoische Kunst. In ihren verschiedenen Erscheinungsformen, als Flammen- und Halbpalmette gehörte sie zu den beliebtesten Ornamenten im antiken Griechenland. Sie zierte Bauten, Relief-Plastiken und Vasen. Selten wurden einzelne Palmetten dargestellt. Häufig fanden sie sich als Fries, wechselweise mit dem Lotusornament, mit Mäandern oder als Palmenleiste. Bei Bekrönungen von Tempeln, Giebeln und Grabstelen (Akroterion) konnte sie als einzelne Schmuckform auftreten. Auf oströmischen Dekors erscheint die Palmette des 4. und 5. Jahrhunderts n. Chr. in ihrer Flachform auf Kapitellen in San Vitale, Ravenna, und der Hagia Sophia in Konstantinopel.

Mittelalter: Vor allem an Kapitellen sind Palmetten in den verschiedensten Nachbildungen anzutreffen.[11] Der Natur weitgehend angeglichene Palmettenblätter umgeben die Halb- und Dreiviertelsäulen der Wandpfeiler im Seitenschiff des Doms der Stadt Naumburg.[12] Eine Reihe bemerkenswerter Kapitelle, die mit Akanthus- bzw. Palmettenblättern besetzt sind, sind in französischen Kathedralen zu finden.[13] Soweit sie Symbolwert besitzen, sollen sie an den Paradiesbaum erinnern.

10. Pinie und Pinienzapfen

Antike: Die Pinie wurde seit altersher als heiliger Baum geschätzt. Der Pinienzapfen errang wegen seiner Schuppen und den vielen darunterliegenden Samen, aber auch auf Grund seiner Form den Status eines Lebens-, Fruchtbarkeits- und Zeugungssymbols. Als solches ist er mit der Großen Mutter Kybele und ihrem Kultpartner Attis, vor allem aber mit dem Bereich des Dionysos verbunden. Die Thyrsosstäbe, die Dionysos und sein ekstatisches Gefolge trugen, enden in Pinienzapfen.[1] Bei den Isthmischen Spielen – sie wurden im antiken Griechenland zu Ehren des Gottes Poseidon am Isthmus von Korinth zweijährlich gefeiert – wurde ein Pinienkranz als Siegespreis überreicht.

Ikonographie

Vor allem in der Architektur und der bildenden Kunst finden sich die Zapfen der Pinie. Fruchtbarkeitsbedeutung hatten sie auch im neuassyrischen Reich (1000 v. Chr. – 600 v. Chr.). Geflügelte bärtige Genien befruchten mit ihnen Gewächse.[2]
Auf Rundbauten, wie sie die Römer über Gräbern errichteten, nahm häufig ein Pinienzapfen die Dachmitte ein.[3] Auch die üblichen römischen Pfeilergrabmäler konnten als letzte Vollendung einen Pinienzapfen tragen. Die Frucht steht in engem Verhältnis

zum Totenkult, wobei sie offensichtlich über den Tod hinausreichende Lebenskraft versinnbildlicht.
In Augsburg, dem ehemaligen Augusta Vindelicum, sind viele solcher steinernen Pinienzapfen gefunden worden.[4] Man hielt sie für das Wahrzeichen der einstigen Römerstadt. Da ihre Form dem Fruchtstand der heimischen Zirbelkiefer gleicht, nannte man sie Zirbelnuß. Als Zeichen des Alters und der Ehrwürdigkeit der Stadt Augsburg wurde sie ins Stadtwappen aufgenommen und schmückt auch so manchen Giebel.[5]
Die frühe Kirche verstand den Zapfen der Pinie ebenfalls als ein Gleichnis der irdischen, aber auch im übertragenen Sinn der geistlichen Lebensfülle (vgl. Abb. 16).
Als besonders wichtiges Detail bei der Ausgestaltung der Brunnen trat dieser Lebensaspekt in Erscheinung. – So diente ein Pinienzapfen den Brunnen, aus denen lebensspendendes Wasser fließt, als überhöhender Abschluß oder Wasserspender. Ein solcher Brunnen stand einst im Atrium der alten Peterskirche in Rom (Abb. 32).[6]

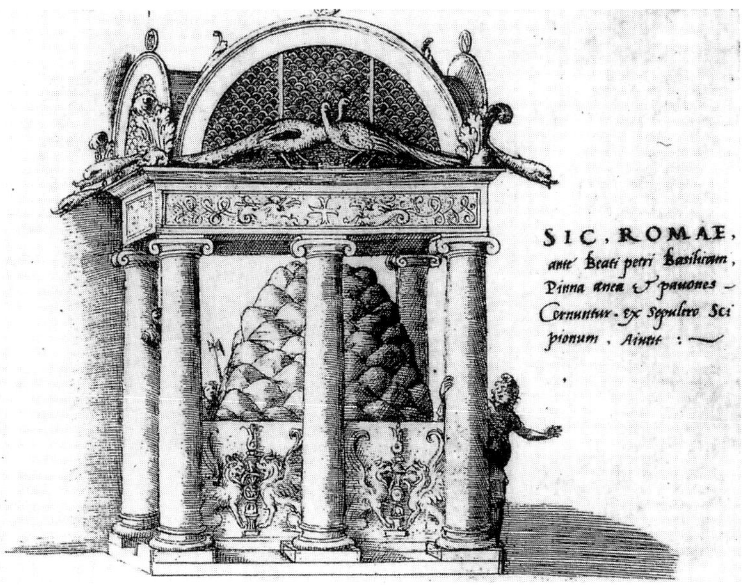

Abb. 32: Von zwei Pfauen gekrönter Pinienbrunnen. Aus den Spitzen der Pinienschuppen ergoß sich das Wasser in die Brunnenschale. Der »Cantharus« war ein Sinnbild des »Brunnen des Lebens«. Die Herkunft der Pigna ist unbekannt, wahrscheinlich gehörte sie zu einer von Kaiser Domitian 81–96 n. Chr. erbauten Brunnenanlage. Pignabrunnen im Atrium von St. Peter, Zeichnung von Francisco de Holanda, um 1538–1541.

Das Christentum übernahm hier die Vorstellungen aus der Antike und übertrug den Gedanken auf seine Glaubenswelt.
Hatten die Aquädukte und Wasserwerke der Antike die Anlegung schöner Brunnen ermöglicht, so ließ ihr Verfall auch die Zierbrunnen verschwinden. Nur in den Klöstern Westeuropas wurde die alte Tradition der Wasserleitungen noch gepflegt. An ihnen werden sich wohl die karolingischen Residenzen orientiert haben. Karl der Große ließ in Aachen im Atrium einen Brunnen errichten, dessen krönender Pinienzapfen noch heute vorhanden ist.[7]
Diese Verbindung mit dem Lebensbrunnen blieb auch über weitere Jahrhunderte erhalten.[8]

11. Traube, Rebe und Weinstock

Antike: Der Weinstock wurde in Ägypten und im vorderasiatischen Raum seit dem 3. Jahrtausend kultiviert.

Griechenland: Auch im mykenischen Hellas war er bekannt und wurde dort auch angebaut. Der Wein galt einer späteren Zeit als Schöpfung oder Geschenk des Dionysos/Bacchus. Der Gott der Vegetation war ein Beschützer der Baumkulturen, vor allem aber des Weinanbaus. Er schmückte sich außer mit Efeu gern mit Weinlaub und Trauben. Ebenso hielt es sein lärmendes, ekstatisches Gefolge von Mänaden, Satyrn und Silenen (vgl. Efeu).
In orphischer Sicht gehört der von Titanen zerrissene und von Zeus neu belebte Dionysos/Zagreus zur Totenwelt. Gleichzeitig zeugt seine Wiedererweckung aber auch von deren Überwindung.

Rom: Von den Griechen übernahmen die Römer den Bacchus-Kult. Aus den Festen, die zu Ehren des Gottes abgehalten wurden, entstanden in Unteritalien die Bacchanalien, die von rauschhaften Ausschreitungen begleitet waren.

Altes Testament: Wie Ölbaum und Feige, so charakterisiert der Besitz des Weinstocks Wohlstand, ja Reichtum (5 Mose 8,8). Die Kundschafter des Volkes Israel bringen aus Kanaan eine riesige Traube mit. Zwei Männer sind nötig, um sie auf einer Stange zu tragen, womit augenfällig die Fruchtbarkeit des verheißenen Landes bewiesen wird (4 Mose 13,23).
Im Alten Testament findet sich das Lob des Rebensaftes, »der Wein erfreue des Menschen Herz« (Ps 104,15, vgl. Spr. 31,6). Ebenso gibt

es aber auch den Hinweis auf den Mißbrauch und seine negativen Folgen (1 Mose 9,21ff und Jes 5,22).
Den Propheten dient der Weinstock als einprägsames Gleichnis für das Volk Israel. Gott hat ihn aus Ägypten geholt und im Land der Verheißung neu eingepflanzt (Ps 80, 9–16). Er hat ihm Platz geschaffen, sich um ihn bemüht, »… daß er gute Trauben brächte, aber er brachte schlechte« (Jes 5, 1–7, vgl. auch Jer 2,21 und 12,10).

Neues Testament: Im Gleichnis Jesu von den ungetreuen Weingärtnern (Mt 21, 23–45), die den Sohn des Besitzers töten, steht der Weinberg für das Volk Gottes. Mit den Arbeitern jedoch, die den Sohn – Christus – töten, sind die Führer Israels gemeint.
Die unlösliche Lebensbeziehung zwischen Christus und seinen Jüngern und der Mission, die sie zu erfüllen haben, schildert Jesus unter dem Bild des Weinstocks, seiner Reben und der Trauben, die sie tragen: »Ich bin der Weinstock, ihr seid die Reben. Wer in mir bleibt und ich in ihm, der bringt viel Frucht; denn ohne mich könnt ihr nichts tun« (Joh 15,5).
Den Wein, »das Erzeugnis des Weinstocks« (Mt 26,29), segnet Christus beim Abendmahl mit den Worten: »… das ist mein Blut des Bundes, das vergossen wird für viele zur Vergebung der Sünden« (Mt 26,28).
Das Jüngste Gericht wird bildlich mit der Ernte, insbesondere der Weinlese, verglichen. »Und der Engel setzte sein Winzermesser an die Erde und schnitt die Trauben am Weinstock der Erde und warf sie in die große Kelter des Zornes Gottes« (Offb 14,19).

Kirchenväter: Weinstock, Rebe und Traube prägten schon in der frühen Christenheit Wort und künstlerische Aussage. Vom Volk Israel überträgt die Christenheit die Metapher auf das Gottesvolk des neuen Bundes, die Ecclesia: »Das Volk der Kirche gleicht einem Weinstock.«[1] Am häufigsten wird das Weinbergsgleichnis Jes 5,1ff. ausgelegt und in Anspruch genommen: »Den Weinberg an ergiebiger Stelle (die Kirche) gibt der Herr (Gott) seinem Liebling.«[2]
Über die innige Zusammengehörigkeit Gottes mit den Christen schreibt Augustinus: »Erinnert euch, Brüder, auf welche Weise der Wein bereitet wird. Viele Beeren hängen an der Traube, und ihr Saft fließt ineins zusammen. Damit hat Christus, der Herr, uns versinnbildlicht. Er wollte, daß wir mit ihm verbunden seien. Er hat das Mysterium unserer Einmütigkeit und Einheit bei seinem Abendmahl konsekriert.«[3]
Ein der Bibel entlehntes Gleichnis ist die Kelter. In ihr wird das Strafgericht Gottes vollzogen. Gott, der Keltertreter, zerstampft die Trauben »… allein und niemand unter den Völkern war mit

mir« (Jes 63,3: Gottes Gericht über Edom). Im Neuen Testament heißt es vom richtenden Christus der Endzeit: »… und er tritt die Kelter, voll vom Wein des grimmigen Zornes Gottes, des Allmächtigen« (Offb 19,15). Die Kirchenväter und die mittelalterlichen Theologen haben dem Keltertreter eine neue Bedeutung unterlegt. Gestützt durch andere allegorisch ausgelegte Bibelstellen des Alten Testaments sehen sie in Christus den Keltertreter und zugleich auch die Traube. »Christus wird in seinem Leiden als die große Traube ausgepreßt.«[4]

Zeichenhaft ist für die Kirchenväter die Traube der Kundschafter, die auf der Stange (dem Kreuz) hängt (4 Mose 13,23).

Bald wird auch Maria einbezogen in den Gleichniskreis von Rebstock und Traube.

- Sie ist der Weinstock, der die Traube, Christus, hervorbrachte: »Das Weinkorn, das hochheilige / das kam vom Himmel herab / einer Jungfrau unter ihr Herze / die war heilig und klar. / Sie trug es unverborgen / bis zu dem Weihnachtstag / da war der Wein geboren / der alle Ding vermag.«[5]
- Sie ist die Sophia, die Weisheit, die von sich sagt: »Ich sproßte lieblich wie der Weinstock und meine Blüte brachte herrliche und reiche Frucht« (Sir 24, 23–24).
- Sie ist die Braut des Hohenliedes, die in prophetischer Vorausschau den Freund mit einer Traube vergleicht. »Eine Zypertraube ist mein Freund aus den Weingärten von Engedin.« (So lautet der Vulgatatext, der dem Mittelalter vorlag.)

Ikonographie

Überaus reich und vielseitig entfalten sich der Weinstock und seine Frucht im Bild. In der Antike waren es besonders die Darstellungen des Gottes des Weines, seines Gefolges und seiner Gelage, in denen weingefüllte Becher, Reben und Trauben nicht fehlen durften.[6]

Als Weinbauer und -trinker weist sich auch der alttestamentliche Noah aus.[7]

Seit dem Altertum wird die dritte Jahreszeit in Darstellungen von Trauben und der Weinlese vergegenwärtigt. Überaus eifrige Putten sieht man als Erntehelfer beschäftigt.[8] Doch auch unabhängig von den Jahreszeitenzyklen entwickelte sich die Weinlese zum selbständigen, sehr fröhlichen Bildthema. Ihr Platz auf Sarkophagen, in Katakomben und Mausoleen legt nahe, daß sie nicht in dieser, sondern in der jenseitigen Welt anzusiedeln ist. Die in der Antike gängige Verbindung des Elysiums mit seinen immerwährenden

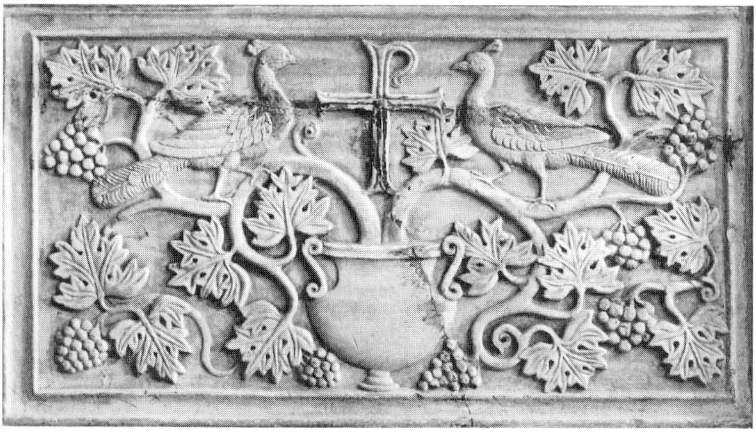

Abb. 33: *Aus einer Vase wachsen zwei Reben, die dicht mit Trauben besetzt sind. Darüber befindet sich das Monogramm Christi, von Pfauen, dem Sinnbild der unsterblichen Seele, flankiert.* Relief, Marmorschrein, 6. Jh.; Ravenna, Sant' Apollinare Nuovo.

Freuden hat hier in der Traubenernte ihr Abbild. Die junge Kirche übernahm diese fröhlichen Motive in ihren Gräberkult. Für sie fand die Lese im Paradies, einem sehr profanierten freilich, statt.[9]
Doch bald wandelte sich der Weinstock zum vielgebrauchten Bild ihrer eigenen Glaubenserfahrung (Abb. 33). Nicht immer ist den frühen Darstellungen zu entnehmen, ob sie religiös oder rein ornamental einzustufen sind, es sei denn, christliche Sinnzeichen sind beigefügt.
Zu den vielfältigen Auslegungen, die Weinstock und Weinberg erfahren, gehört ihre Gleichsetzung mit der Kirche. Vom Gottesvolk des Alten Testaments, Israel, wird die Metapher auf Gottes neues Volk, die Ecclesia, übertragen. Diese Umsetzung ist in dem Apsismosaik von San Clemente in Rom anschaulich gemacht. Es ist von einem Akanthusgewächs ausgefüllt, dessen Mitte ein Kruzifixus beherrscht. Die umlaufende Schrift bezeichnet den Akanthus als Weinstock, der durch Christi Erlösungstat erblüht (vgl. Weltenbaum, Abb. 2).
Wenn auch ohne Inschrift nicht nachweisbar, mögen doch Weinstöcke an bevorzugten Stellen, etwa im Tympanon eines Kirchentores, Abbild der Kirche sein.[10]
Das Märtyrerblut und die aus ihm entstandene Kirche versinnbildlicht der Weinstock auf dem Einband des Kilian-Evangeliars. Das Relief zeigt den irischen Missionar Kilian, den »Apostel der Fran-

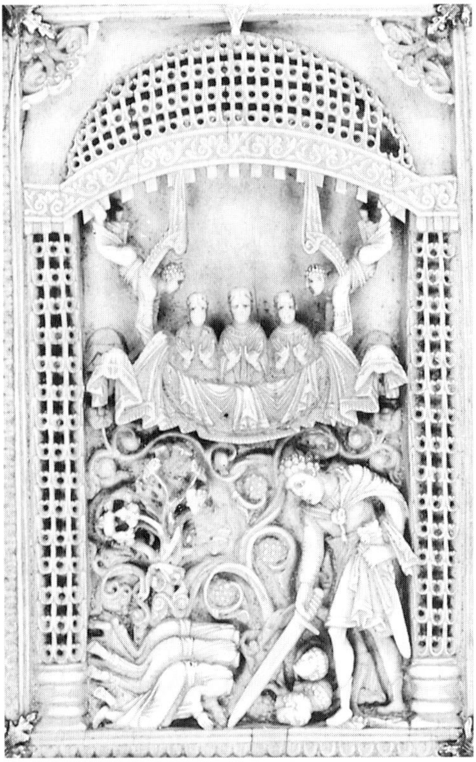

Abb. 34: *Zur Verherrlichung der drei Apostel, die Franken missionierten und den Märtyrertod erlitten, wächst hinter ihnen ein üppig tragender Weinstock. Er symbolisiert die aus dem vergossenen Blut der Missionare entstandene fränkische Kirche.* Elfenbein-Relief, ca. 1090; Vorderdeckel des Kiliansevangeliars; Würzburg, Universitätsbibliothek, M.p.th.q.1a.

ken«, der mit seinen Gefährten um 689 in Würzburg das Martyrium erlitt (Abb. 34).

In den Auseinandersetzungen während der Reformationszeit diente der unfruchtbare, alte und der ertragreiche, neue Weinberg als Allegorie für die römische und die reformatorische Kirche. Von Hans Sachs in Verse gebracht, wurde die Gegenüberstellung auch ins Bild gesetzt.[11]

Die umfassendste Wertung erhält der Weinstock mit seiner Frucht, wo er zum Symbol des Bundes von Christus und seiner Gemeinde wird. Vor allem ist er das tiefste Gleichnis für den Sühnetod Christi und somit für die Eucharistie. Diese Zusammengehörigkeit ist doppelt ausgedrückt; zum einen durch Christus als Weinstock und durch die Christen als Reben mit den Trauben. Zum anderen sind auch die sich an den Beeren labenden Vögel Sinnbild der Gemeinde, die von der Eucharistie lebt.[12]

Damit erschließt sich gleichfalls die Auslegung der Trauben als Christi Blut. In gleicher Weise kann das späte Mittelalter Traube und Rebe in seinen Bildwerken vor allem mit dem Erlösertod des

Heilands und mit dem Heiligen Mahl verbinden. So gibt es sowohl das Kruzifix, dem Reben und Früchte entsprießen[13], als auch die Darstellung des Gekreuzigten, aus dessen Wunden Ähren und Trauben wachsen.[14]
Auch in der Rückschau auf das Alte Testament werden Trauben in die Passion Jesu einbezogen. Die Umschrift zu den Kundschaftern auf der typologisch ausgerichteten Bildfolge des Verduner Altars lautet: »In der Stange mit der Traube siehe das Zeichen des Kreuzesholzes Christi.« Die Traube ist als Typus dem neutestament-

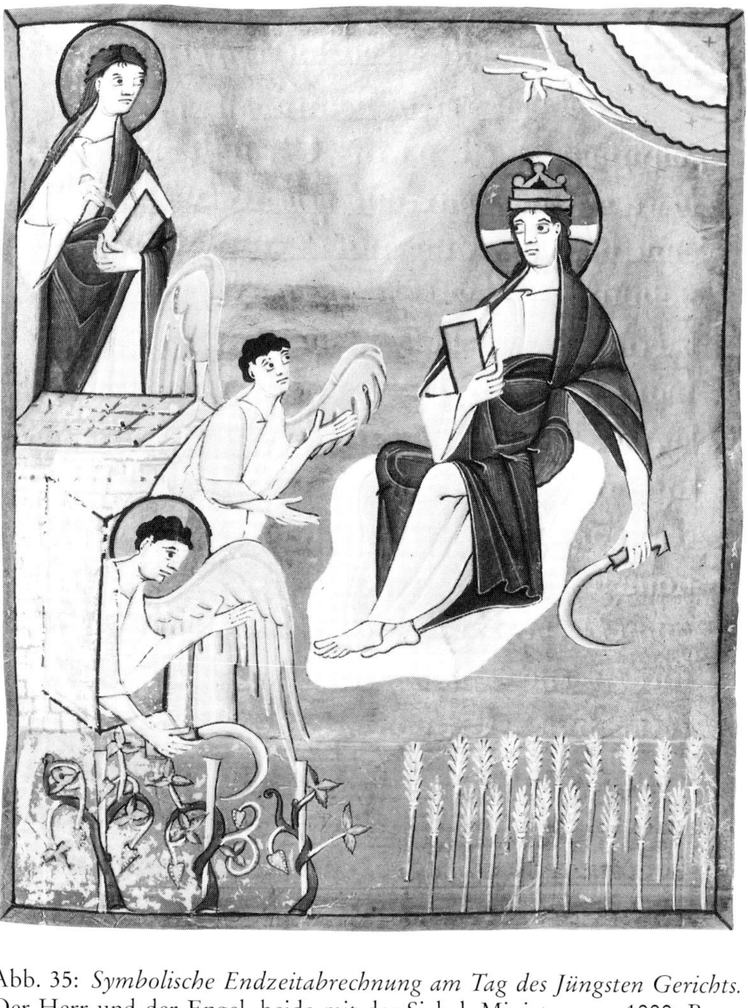

Abb. 35: *Symbolische Endzeitabrechnung am Tag des Jüngsten Gerichts.* Der Herr und der Engel, beide mit der Sichel, Miniatur, um 1000; Bamberg, Staatsbibliothek, Bamberger Apokalypse, Ms. Bibl. 140, fol. 37r.

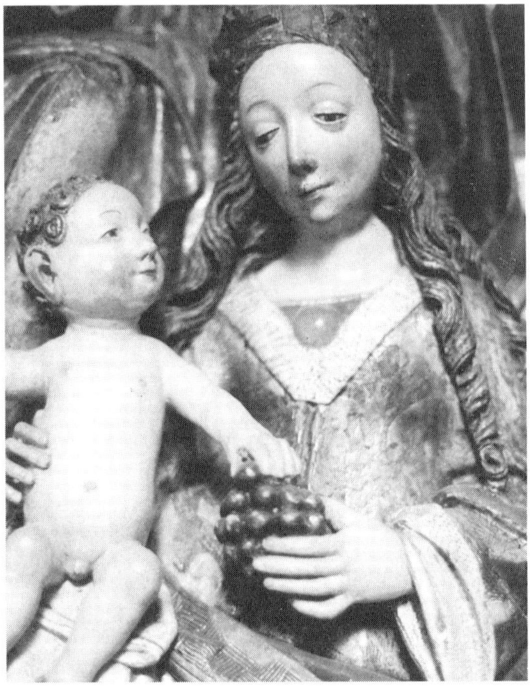

Abb. 36: *Der hier sichtbare Ausschnitt zeigt das Kind, das nach der Traube in der Hand der Mutter greift. In der Predella darunter teilt Jesus seinen Jüngern das Abendmahl aus.* Schnitzaltar, 16. Jh.; Beerbach, Landkreis Lauf, Dorfkirche.

lichen Antitypus, dem am Kreuze leidenden Jesu gegenübergestellt.[15]

Am eindrucksvollsten stellt sich das stellvertretende Leiden des Herrn in dem Motiv der Kelter dar. Die Gestaltung entwickelte sich seit dem 12. Jahrhundert in dreierlei Abstufungen.

- Der profane Keltertreter steht als Typus dem gekreuzigten Christus als Antitypus gegenüber.[16]
- Christus selbst tritt die Kelter. Aufrecht in der Kelter stehend, vollzieht er das Gericht Gottes.[17]
- In der Gestalt des Schmerzensmannes ist der Gottessohn zugleich Keltertreter und Traube. Mit den Füßen stampft er die Früchte im Trog. Gleichzeitig drückt ihn von oben der Preßbalken, der oft Kreuzesform annimmt, so daß das Blut aus seinen Wunden strömt wie der Saft aus den Trauben (Farbbild 7).

Die Weinernte ist auch Symbol für das Jüngste Gericht (Abb. 35). Die Traube, auch der Rebstock, wird ab dem 15. Jahrhundert in

Abwandlungen mit der Madonna und dem Jesusknaben verknüpft.[18] Die Muttergottes hält ein rebenumwundenes Kruzifix in der Hand oder das Kind hat im Reblaub Platz genommen. Dieser neue Bildtypus erhielt den Namen Weinrebenmadonna.[19]
Viele Madonnen halten eine Traube in der Hand, nach der das Kind auf ihrem Schoß die Händchen ausstreckt (Abb. 36), oder es umfaßt selbst die Frucht.
Dem göttlichen Ratschluß folgend, können Engel die Frucht darbieten und damit auf Christi Bereitschaft zu leiden und zu sterben hinweisen.[20] Im Kontext von Madonnenbildern oder Szenen der Kindheit Jesu gewinnt das Motiv mitunter genrehafte Züge.[21]
In den Jahreszeitendarstellungen des Altertums durfte der Wein nicht fehlen. Das Mittelalter erweiterte bzw. ersetzte sie durch die 12 Monatsarbeiten und die 12 Tierkreiszeichen. Die Weinernte bleibt dem September oder generell dem Herbst vorbehalten.[22] Dem mittelalterlichen Weltbild zugehörig, gelangen Bildfolgen mit diesem Themenkreis auch in die Kirchen. Mosaikfußböden[23], Glasfenster[24], vor allem aber die Portale[25] der romanischen Dome bieten ihnen Platz. Das kosmologische Schrifttum der Zeit übernahm sie und übertrug sie vom 15. Jahrhundert an in die Kalendarien der neu entstehenden Stundenbücher.[26]
Weitere Gebiete werden für den Weinstock erschlossen. Neben dem Kreuz kann der Jessebaum[27] seine Form annehmen. Oft umrahmen Reblaub und Trauben heilige Geschichten oder sind bedeutungsvoller Schmuck[28], auch auf sakralen Gegenständen.[29]
Die Beschäftigung mit der Literatur und den Bildwerken des Altertums wird im ausgehenden Mittelalter, der beginnenden Renaissance, immer intensiver. Dabei sind die Abbildungen reich mit Trauben und Weinlaub geschmückt.[30]
Diese Rückschau öffnet wieder den Blick auf die einstige Bedeutung der Traube als Sinnbild ungebundener Lust (Abb. 37).

▷

Abb. 37: *Als Abbild reiner Sinnenfreude sitzt rechts das nackte Paar im Gras und widmet sich dem genüßlichen Traubenverzehr. In der Rebenhecke hinter ihnen leuchten weitere prächtige Früchte hervor. Paradiesisch mutet die Blumenpracht an. Ein Reigen findet unter dem Apfelbaum statt.* Das goldene Zeitalter, Tafelbild, Lucas Cranach d. Ältere, 1530; München, Alte Pinakothek.

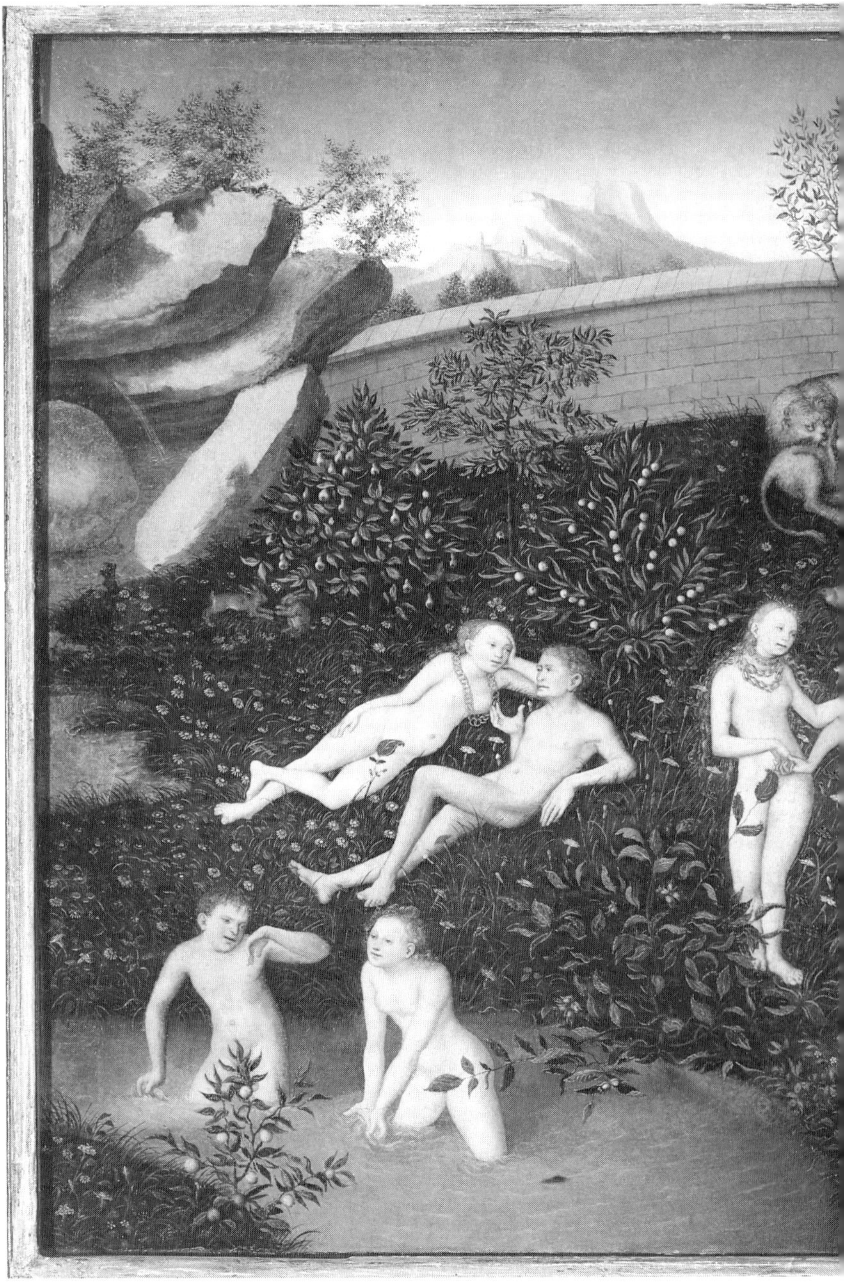

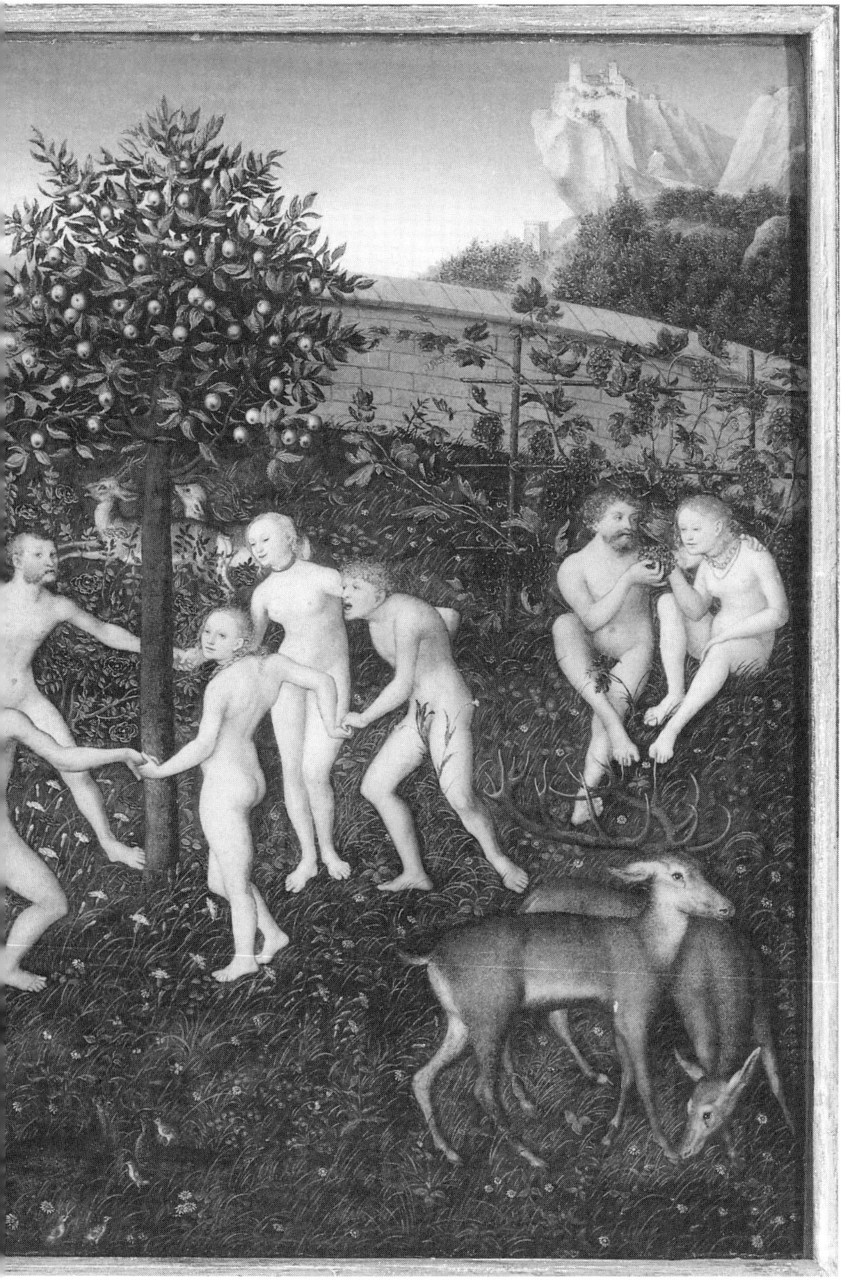

12. Zitrone und Zitronenbaum

Antike: Die ursprünglich in Indien beheimatete Zitrone kam im 5. Jahrhundert v. Chr. nach Persien. Durch den Heereszug Alexanders des Großen nach Kleinasien wurde sie in Griechenland bekannt und im 1. Jahrhundert v. Chr. auch in Rom. Zur Kultur des Zitronenbaums kam es erst im 3./4. Jahrhundert n. Chr. Man schrieb der Zitrone krankheitsverhütende Wirkung zu. Sie galt als Heilmittel, vor allem gegen Gifte, und diente zur Reinigung des Atems.

Altes Testament: Eines der Symbole des Laubhüttenfestes, des jüdischen Erntedankfestes, ist der Feststrauß aus Palmzweigen, Myrten, Bachweiden und der Ethrog-Zitrone (vgl. 3 Mose 23,40).

Die Bücher des *Neuen Testaments* und auch die *Kirchenväter* erwähnen die Zitrone nicht.

Mittelalter: Der Norden schätzte die Zitrusfrucht als Arznei und Prophylaktikum in Pestzeiten. Hildegard von Bingen verwendete sie als Medikament gegen Fieber. Neben dem pharmazeutischen Nutzen sprach sie der Frucht ethische Bedeutung zu und sah in ihr ein Sinnbild der Sittenreinheit.
Die Ethrog-Zitrone ist unter dem Namen Adams- oder Paradiesapfel bekannt. Konrad von Megenberg nennt den Zitronenbaum Adamsbaum.

Ikonographie

Durch diese Aussagen scheint deutlich zu werden, daß auch der Zitronenbaum zu den Gewächsen des Paradieses gezählt werden darf.[1] Der Engel, der vor dem Baum die Laute schlägt[2], und Eva mit der Zitrone[3] deuten darauf hin. Auch Maria, die den Einlaß zum Garten Eden wieder geöffnet hat, kann mit einer Zitrone abgebildet werden.[4] Dafür bieten sich verschiedene Auslegungen an. Zum einen, daß sich die Frucht als im Paradies beheimatet ausweisen soll, oder daß man die seltene Frucht der Madonna angemessen fand.
Ein anderer Gedanke weist auf die Gottesmutter als »Weltenarzenei«[5] hin, der die Heilung spendende Zitrone besonders zustand. Aus der Literatur lassen sich darüber keine sicheren Hinweise entnehmen.
Vorwiegend liegen über die Zitrone Berichte aus dem medizinischen und wirtschaftlichen Sektor vor. In der Hymnendichtung

bleibt sie unerwähnt. Anders verhält es sich mit den Darstellungen. Sie beinhalten durchaus sinnbildliche Bedeutung, über der die praktische Anwendung nicht vergessen wurde (Abb. 38).
Ihres frischen und erquickenden Aromas wegen erhielten Zitronen höchste Wertschätzung. So äußert sich Andreas Clauberg in seiner Weltenbeschreibung: »Sie sind voll eines lieblichen Geruchs und vertreiben damit manchmal einen Gestank. Wer kann einen Citronenapfel in den Händen tragen und den angenehmen Geruch davon nicht empfinden?«[6] Des Duftes und des vorbeugenden Schutzes wegen war es seit dem 17. Jahrhundert üblich, die Zitrone bei Beerdigungen an Pfarrer, Küster, Leichenträger und -frauen, aber auch an die Trauergemeinde zu verteilen. Schon im 16. Jahrhundert erscheint sie auf Darstellungen der Erweckung des Lazarus. »Herr, er riecht schon«, sagt Martha und meint damit den Leichnam ihres Bruders, als Jesus befiehlt, das Grab zu öffnen (Joh 11,39). Die drastische Illustration des Textes zeigt die Umstehenden, die sich die Nase mit der Hand, einem Ärmel oder Tuch zuhalten oder an einer Zitrone riechen.[7]
Bei hohen Festen, wie Hochzeit und Taufe, erfreute die Zitrone als Gastgeschenk. Da sie mühsam aus Italien eingeführt oder in den Orangerien von Fürsten und Reichen gezogen wurde, galt sie im Volksmund als eine noble Frucht von weit her. Begüterten Bürgerinnen und Bürgern stand es wohl an, sich mit einer Zitrone in der Hand porträtieren zu lassen.[8]

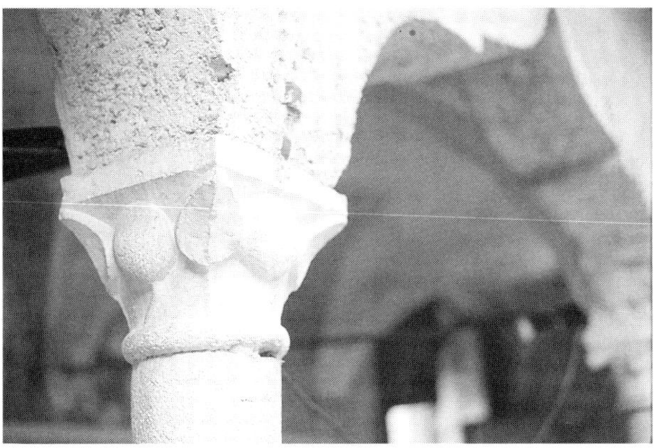

Abb. 38: *Die beiden Erwerbsquellen, die den Mönchen ihr Auskommen sicherten, Zitronen und Fische, sind im Klosterbau als steinerne Zeugen festgehalten. Ob auch symbolische Bedeutung angesprochen ist, läßt sich nicht nachweisen.* Sogenannter Steinerner Zitronengarten, 15. Jh.; Gargnano, Kloster San Francesco, Kreuzgang, Kapitell mit Zitronen.

Das Blumenbild im Laufe der Jahrhunderte

Blumen haben überall und zu allen Zeiten die Herzen der Menschen erfreut. Sie sind Zierde der Landschaft, der Gärten, der Häuser. Sie werden gepflegt und veredelt, als Schmuck, als Gleichnis oder Symbol abgebildet. In unverwelkter Frische stehen sie uns so vor Augen.[1]

Antike: Schon in Hellas und im alten Rom vermittelten sie durch ihre Schönheit und ihren Duft Lebensfreude. Zu Kränzen gewunden, wurden sie bei Festen und Gelagen getragen. Sie schmückten die Tempel, die Altäre, die Götter- und Heroenstatuen. Auch im Totenkult waren die Blumen unentbehrlich. Man verwendete sie zur Bekränzung der Verstorbenen und zum Schmuck der Gräber. Bei Prozessionen und Kulthandlungen trugen nicht nur die Priester Kränze, sondern auch die Opfertiere.
Manche Blumen sind Göttinnen – selten Göttern – zugeordnet. Die Lilie ist die Blume der Hera, die Rose ist der Aphrodite zugehörig, der Asphodeles, ein Liliengewächs, der Persephone und weiteren Erdgottheiten.
Die Sterblichen führen nach ihrem Ableben im Hades ein trauriges Schattendasein, während die Trefflichen unter ihnen ein herrliches Leben erwartet im Jenseits auf der Insel der Seligen (Pindar) beziehungsweise im Elysium (Homer). Dort herrscht immerwährender Frühling. »Goldene Blüten flammen da …«[2]
Das zyklische Sterben und Wiederaufblühen der Flora wurde laut beklagt und ekstatisch gefeiert im Tod und Wiedererstehen der Vegetationsgötter (Attis, Adonis, Osiris). Sie sind die Kultpartner der Großen Mutter (Cybele, Aphrodite, Isis).
Rom übernahm nicht nur die griechische Tradition, es fügte noch weitere Gebräuche hinzu, beispielsweise die Totenfeste Rosalia und Violaria, an denen die Angehörigen Rosen oder Veilchen zu den Gräbern der Verstorbenen brachten.
Sehr geschätzt wurden im Altertum die Darstellungen der vier Jahreszeiten in Jahreszeitkränzen (vgl. Abb. 16) und -girlanden oder Bilder von rührigen Eroten, die sich mit saisonbedingten Tätigkeiten beschäftigen. Der Frühling pflückt Blumen (Abb. 39), der Sommer erntet Korn, der Herbst bringt die Trauben ein und der Winter die Oliven.

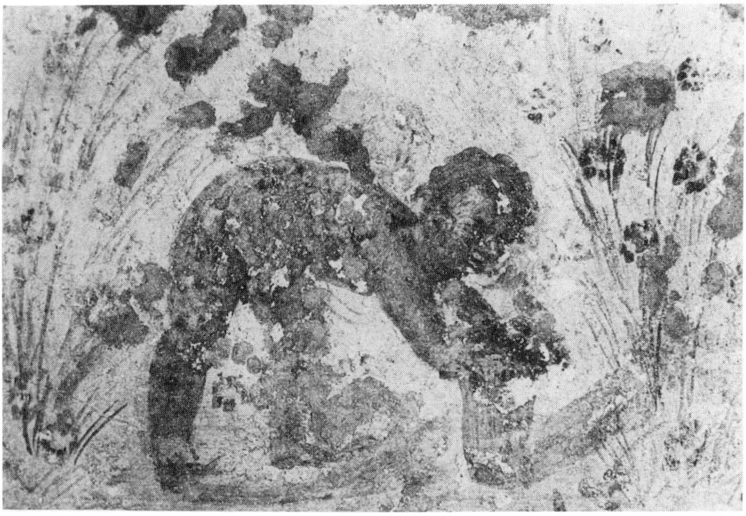

Abb. 39: *Frühlingsdarstellung mit einem Blumen pflückenden Eros.* Wandmalerei, Mitte 3. Jh.; Rom, Domitilla-Katakombe, Flavierkrypta (Ausschnitt).

Die jüdisch-christliche Tradition: Das Alte Testament kennt beides: die Blüte sowohl als Sinnbild der Liebe und des Lebens wie auch als Gleichnis der Vergänglichkeit. »Zu seinen Zeiten soll blühen die Gerechtigkeit ...« (Ps 72, 7) und: »Ein Mensch ist in seinem Leben wie Gras, er blüht wie eine Blume auf dem Felde. Wenn der Wind darüber geht, so ist sie nimmer da und ihre Stätte kennet sie nicht mehr« (Ps 103, 15 und 16). Im Hohenlied nennt sich die Braut »eine Blume von Scharon« (Hld 2,1). Der Bräutigam rühmt seine Geliebte, sie sei »eine Lilie« (Hld 2,2).

Das Paradies, das Gott dem Menschen als Lebensraum zuweist, wird mit seinen Pflanzen zu einem der Gleichnisbilder für das Himmelreich, das den Gläubigen erwartet.

Die junge Christenheit hatte den Ort der ewigen Seligkeit in Wort und Bild als Garten dargestellt. Saturus berichtet von einer Vision: Er wird mit der mitverurteilten Perpetua nach bestandenem Martyrium gen Osten getragen. »Da öffnet sich ein Lustgarten, darin wachsen Rosenbäume und Blumen aller Art. Sie waren so hoch wie Zypressen und ihre Blätter fielen ohne Unterlaß herab.«[3]

Die Kirchenväter verwarfen die Blumenkränze der Gelage und der heidnischen Feste. »Was hast du mit den todgeweihten Blumen zu schaffen? Du hast ja die Blume aus dem Reis Jesse ... die unversehrte, unverwelkliche ewige Blume.«[4] Doch bald gehören bestimmte Blumen auch zu Engeln, Märtyrern und Heiligen, der Gottesmutter und Christus, ja sie werden mitunter sogar zu deren Sinnbild.

Im 3. Jahrhundert beginnt man, Altäre und Märtyrergräber mit Blumen zu schmücken. Auf den Wandbildern der Katakomben[5], später auf den Mosaiken der Kirchen (Abb. 40) breiten sie sich in reicher Fülle aus. In Codices illustrieren sie Geschichten, etwa die vom Sündenfall (Abb. 51) oder schmücken die Architektur- und Kanonbögen, Initialen und Randleisten der spätantiken und mittelalterlichen Handschriften.[6]

Im Altertum und ebenso im frühen und hohen Mittelalter werden

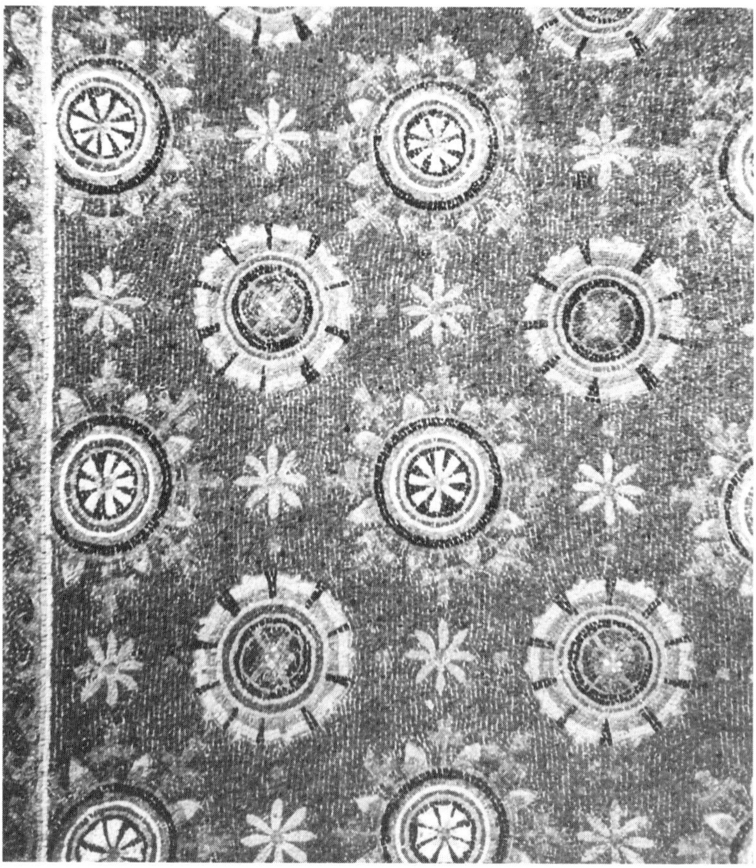

Abb. 40: *Von dem tiefblauen Grund heben sich Sternblumen und große leuchtende Blüten ab.* Mosaik im Gewölbe, 5. Jh.; Ravenna, sog. Mausoleum der Galla Placidia.

Blumen selten mit bestimmbaren Artmerkmalen dargestellt, ausgenommen Lilien und Rosen und ganz besonders diejenigen Blumen und Kräuter, die die Hersteller von Arzneimitteln in ihren Schriften abbilden und die an äußerster Sorgfalt nicht zu überbieten sind.[7] Aber in der Regel handelt es sich bei den diversen Arten der künstlerischen Darstellung um schlichte, stilisierte Blüten[8], später auch um üppige Phantasiegewächse.[9]
Das gleichnisfreudige Mittelalter benützt Blumen und Gärten häufig als Metaphern. Hartmann von der Aue nennt das Kreuz, das ihn zum Kreuzzug (1189–92) verpflichtet, »Christi Blume«[10]. Die Wunden Christi erfahren die sprachliche Verwandlung in rote Blüten (vgl. auch Rose).[11] Für Meister Eckhart ist es die Geisteskraft der Seele, in deren Vermögen »aller Enden Gott blüht und grünt«[12]. Der Ackermann von Böhmen rechtet mit dem Tod, der ihm seine Frau entrissen hat: »Ihr habt meiner Wonne lichte Sommerblume mir aus meines Herzens Anger jammervoll ausgejätet.«[13]
Auch Bücher schmücken sich mit einschlägigen Blumennamen bzw. nehmen Bezug auf den Ort des Wachsens und Blühens. »Hortus deliciarum«, Lustgarten (1170), heißt das umfassende theologische Werk der Äbtissin Herrad von Landsberg. Andachtsbücher nennen sich »Gilgengarten«, »Fiori di virtù«, »Rosarien«, »Unser Jungfrau Maria Rosengärtlein«. In den »Fioretti di San Francesco«, also den Blümlein des heiligen Franziskus, sind die Legenden gesammelt, die sich um seine Gestalt ranken. Selbst die Sprache wird blumig. Aus »rosenfarbigen Sprüchen« und »veilchenfarbigen Worten« will Konrad von Würzburg der Madonna ein Krönlein »blümeln und flechten«[14]. Die Theologen stehen nicht zurück. Anfang des 12. Jahrhunderts vergleicht Honorius von Autun jeden einzelnen geistlichen Stand mit einer Blume: »Sie alle haben gleich den verschiedenen Blumen den Garten Gottes geschmückt ... (Sie) sind die verschiedenen Arten der Gerechten, aus denen die Patriarchen wie die Narzissen im Glauben grünten, ... die Märtyrer leuchteten in ihrer Geduld wie die Rose, die Bekenner glänzten in ihrer Weisheit wie der Krokus ...«[15]

Das Hohelied und die Marienverehrung: Das Hohelied, *Canticus Canticorum*, ist eine Sammlung von Liebesliedern. Als ihr Verfasser und als der Geliebte (Hld 3,6–11) wird Salomo genannt. Die Braut Sulamith ist ein Hirtenmädchen aus Sulam. Gegenseitig besingen Braut und Bräutigam bildreich ihre Schönheit, ihre Liebe, ihre Vereinigung. Garten, Weinberg, Haus und Ortschaft sind die Stätten ihrer Begegnung. Aus ihnen schöpfen sie die Gleichnisbilder ihrer Liebe.
Die Überzeugung, daß das Hohelied von dem weisen König

Salomo stammt, mag ihm den Platz im Alten Testament verschafft haben. Die Zahl der Lieder, die man dem großen Herrscher zuschrieb (1 Kön 5,12), wird mit 1005 angegeben. »Das Hohelied Salomos« galt als sein schönstes.

Auf eine Besonderheit soll noch hingewiesen werden. Es ist auffallend, daß die Braut den Geliebten sucht und nicht er sie, ja sie ist es auch, die meist die Initiative ergreift. Das weist bis in den Wortlaut Ähnlichkeit mit dem sumerisch-akkadischen Mythos der Heiligen Hochzeit – *hieros gamos* – auf. Auch dort sucht die Göttin, Ishtar, den Geliebten, Tammuz. Sie ist die Handelnde. Ähnliche Göttergeschichten finden sich, wie auch sonst im Vorderen Orient, in Kanaan. Hier ist es das Götterpaar Baal und Anat oder Ashera. Eine spätere Zeit profaniert die einst im Kult vollzogenen und besungenen Mysterien zu Liebes- und Hochzeitsliedern.

Früh schon ist der *Canticus Canticorum* von den jüdischen Schriftgelehrten allegorisch-theologisch verstanden und zum Bund Gottes mit Israel in Beziehung gesetzt worden. Auch die Propheten haben diesen Bund im Bild des Braut- und Ehestandes gesehen und beschrieben (Jes 62,5; Hes 16,8–14; Jer 2,2).

Die Kirche hat die geistige Bedeutung des Hohenliedes übernommen und sich der entsprechenden Auslegung dieser Schrift angeschlossen. Für sie ist und bleibt unaustauschbar Christus der Bräutigam, der *spons*. Die Frage jedoch, wer mit der Braut gemeint ist, wird unterschiedlich beantwortet.

Zunächst gilt die Ecclesia, die Kirche, als Braut. Die Mystik des 12. Jahrhundert bringt eine neue, intensive Beschäftigung mit dem Hohenlied. Den Platz der Braut nimmt nun die Seele ein, die sich in der *unio mystica* mit Christus vereinigt. Bernhard von Clairvaux hat nicht weniger als 86 Auslegungen über diese Thematik in seinen Predigten über das Hohelied gefunden.

Im gleichen Jahrhundert tritt Maria als *sponsa* in den Vordergrund. Die Freundin ist sie auch schon vorher; in der Zeit der Kirchenväter wird sie immer wieder so angesprochen. Doch jetzt wird diese Identifikation allgemein anerkannt, übernommen und ausgeschmückt. Heinrich von Laufenberg schildert die Jungfrau so: »Dies ist die wahre Sulamith und unsere Saitenspielerin, ein edl Reb, ein Wegelied, ein zarte Zell und Wein darin.«[16]

Im 12. und 13. Jahrhundert werden außer Lilien und Rosen auch andere Blumen des Hohenliedes zum Sinnbild für die Jungfrau. Sie gelangen in die Marienhymnen, so etwa die »Lilie im Tal« (siehe Maiglöckchen), die »Rose ohne Dornen« (siehe Pfingstrose), die Feldblume.

In dieser Zeit kann Maria als herausragende Gestalt der Kirche mit dieser gleichgesetzt werden und deren Wesenszüge als *sponsa* übernehmen. Klassisch formuliert Honorius von Autun: »Wird in Maria selbst der Typus der Kirche dargestellt, kann ebenso alles, was von der Kirche gesagt ist, auch von der Jungfrau selbst als Braut und Mutter des Bräutigams ausgesagt werden.«[17] Keine andere Interpretation hat so bestimmend wie das Hohelied die Vorstellungen der Zeit geprägt und das Bildgut beeinflußt.

Durch diesen Wandel entsteht ein ganz neues Bild Mariens. Die hieratisch würdevolle Gottesgebärerin der Romanik, auf deren Schoß der Christusknabe thront, die edle *frouwe* der Hochgotik, deren anmutige Gestalt die Kirchen bereichert: Sie weichen der zarten, mit allem Liebreiz begabten, mädchenhaften – *tota pulchra* – Königsbraut.[18] Dieser Einfluß wirkt sich auch auf das Bild der »schönen Madonnen« aus, dessen Entstehungszeit in der Spätgotik liegt. Sie, die Liebliche, ist vom schwungvollen Faltenwurf ihrer Gewänder umspielt. Auf ihrem in weichen Wellen fallenden Haar trägt sie oft eine Krone. Die Schönheit ihrer Seele suchen die Künstler in der äußeren Gestalt sichtbar zu machen.

Vielfältig sind die Einschriften und Spruchbänder mit Hohelied-Zitaten (Abb. 41). Sie kommentieren die Bildszenen, welche die Muttergottes und ihren Sohn und Bräutigam Jesus darstellen. So wird bei der Verkündigung an Maria dem auf einem Strahlenband vom Himmel herabkommenden Christuskind das Wort beigegeben: »Ich bin herabgestiegen in meinen Nußgarten.« *Ascendi in hortum*[19] (Hld 6,10). Die Madonna spricht zu ihrem Kind, bei dem sie anbetend kniet: »Siehe, wie schön du bist, mein Auserwählter, und holdselig gestaltet.« *Eccit tu pulchra et delecte me decorus.*[20] Zu der in den Himmel auffahrenden Gottesmutter sagt Christus: »Komm, meine Auserwählte.« *Venit, electa me*[21] (Hld 2,13). Ihre königliche Throngemeinschaft mit dem *spons* faßt die *sponsa* in die Worte: »Seine Linke liegt unter meinem Haupt und seine Rechte herzt mich.« *Liber eius sub capite meo et dextra illius amplex arbiter me* (Hld 2,6; vgl. Abb. 41). Im Glorienbild Marias steht auf einem von Engeln gehaltenen Band: »Sehet hier die, welche die Heiligen Schriften rühmen. Im Glanz der Sonne, den Mond unter ihren Füßen, ist sie würdig, mit zwölf Sternen bekrönt zu werden.« *Hic est illa canone eulogia sole amicia lunam habens sub pedibus stellis mervit coronari duodenis*[22] (vgl. Hld 6,10 – liturgisch abgewandelt).

Doch wichtiger noch als die Zitate aus dem Hohenlied sind die Blumen, die Bäume und Früchte, die sich anbieten, wenn die Liebenden nach Metaphern suchen. Sie blühen, wurzeln und reifen künftig um Maria, die Mutter und Braut Christi, und spiegeln ihre Tugenden. Dichter und Theologen finden noch weitere Blüten, in denen sich ihr Lobpreis ausdrückt.

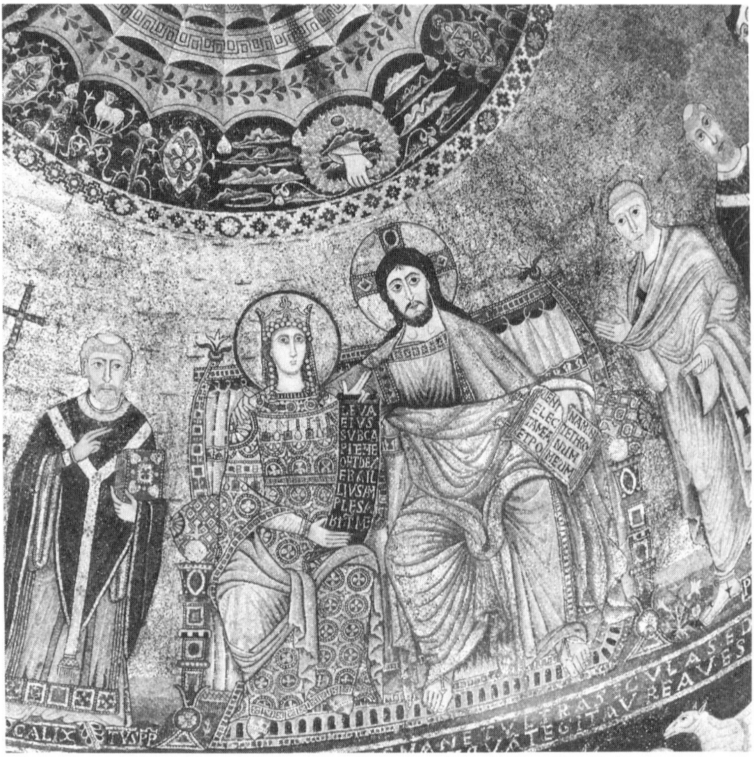

Abb. 41: *Die Throngemeinschaft von Jesus und Maria, verdeutlicht durch die Worte in dem aufgeschlagenen Buch: »Veni electa mea et ponam in te thronum meum« (Komm, meine Erwählte, ich werde meinen Thron in dir aufrichten). Es sind liturgisch abgewandelte Worte des Hohenliedes. Zu Christi Füßen erblühen Blumen, und die ganze Szene überwölbt der breite Apsisbogen mit Blüten, Laub und Früchten.* Apsismosaik, 1140; Rom, Santa Maria in Trastevere.

Blumen, die zum Sinnbild für die Jungfrau werden, sind die Akelei, das Veilchen, der Märzenbecher. Die hl. Birgitta von Schweden findet in Blatt und Blüte der Schwertlilie Gleichnisse für Maria und ihre Tugenden.[23] Um die Jungfrau bildet sich ein fester Bestand ihr zugeschriebener Pflanzen, die ins Bildgut eingehen.
Darüber hinaus haben die Maler auch andere anschauliche Vergleiche gefunden. Maria wird als Weltenarzenei[24] bezeichnet und mit Heilkräutern[25] verglichen: Sie wird »ein blühender Wald«[26], »ein Blumenschein im grünen Klee«[27], eine »blühende, duftende Gnadenhecke«[28], ein »wohlgeblümter wasen« (d. h. Anger)«[29] genannt – Bilder, die zum Nachvollziehen einladen.

Eine neue Sicht: Anfangs wird dieser ganze Blumenflor zwar viel besungen, aber noch nicht dargestellt. Erst müssen die heiligen Geschichten vom transzendenten Goldhintergrund der Ewigkeit gelöst und in die diesseitige Landschaft hineingestellt werden, die als ganz Neues in das Blickfeld des spätmittelalterlichen Menschen tritt. Das Auge des Künstlers muß die Pflanzen dieser Erde in ihrer Eigenart und Besonderheit wahrnehmen.

Das geschieht in der ausgehenden Gotik und der beginnenden Renaissance. Die heiligen Erzählungen finden nun in der irdischen Landschaft unter dem blauen Himmel statt. Am Rain, im Garten, auf der Wiese sprießen genau zu identifizierende Blumen. In Vasen bilden sie bedeutungsvolle Sträuße (Farbbild 9).[30] Des weiteren werden sie in Abbildungen Heiligen, Engeln, Maria und dem Jesuskind beigegeben. Sie wollen nicht nur schmücken, sondern vor allem veranschaulichen, was Schriften und Hymnen schon längst zuvor über sie geschrieben und von ihnen gesungen haben.

Nach bescheidenen Anfängen Ende des 14. Jahrhunderts – hier sei an Meister Bertrams Grabower Altar mit Erdbeeren und Maßliebchen[31] erinnert – blüht auf einem kleinen Tafelbild eines oberrheinischen Meisters ein ganzer Blumengarten auf (Farbbild 10). Dieses Paradiesgärtlein ist ein Paradebeispiel für den Stellenwert, den die Flora nun auf Gemälden eingeräumt bekommt. Als sei der fröhliche Sommer ausgebrochen, so drängen sich die Blumen ins Bild, unbekümmert um die verschiedene Zeit ihrer Blüte. Im zinnenumwehrten Gärtlein, wohl ein Burggarten, weilt die Jungfrau, in die Heilige Schrift vertieft, umgeben von Heiligen. Das Jesuskind spielt eifrig auf dem Psalterium, das ihm Cäcilie hinhält. Es wetteifert mit den vielen Singvögeln. Dorothea pflückt im himmlischen Garten Kirschen vom Baum. Es ist wohl die emsige Martha, die Wasser aus dem Brunnen schöpft. Ins Gespräch vertieft sind die männlichen Heiligen, die an ihren Attributen zu erkennen sind: der Erzengel Michael mit einem Äffchen, das den Teufel darstellt, St. Georg mit einem Miniatur-Drachen und der heilige Oswald mit einem winzigen Raben. Über und über blüht der Garten, keine der Marienblumen ist vergessen worden. Es sind die Lilie und die Schwertlilie zu sehen, das Maiglöckchen, bekannt als Lilie im Tal, dazu Rose, Pfingstrose und Stockrose, ferner Schneeglöckchen, Veilchen, Erdbeere, Nelke und Feldblumen, auch Maßliebchen und schließlich Küchen- und Heilkräuter. Die Pflanzen gedeihen im Gras und im Hochbeet. Es ist ein sehr zierliches und liebliches Gärtlein, von höfischem Zuschnitt und anmutig sind alle, die sich in ihm ergötzen dürfen.

Diese üppige Vielfalt, die da im Paradiesgarten sprießt und blüht, teilt nicht jedes Tafelbild, aber immer selbstverständlicher finden

Blumen dort ihren Platz. Die Maler sind vertraut mit ihrer Symbolbedeutung. Sie nehmen ihre neuentdeckte Schönheit und Eigenart wahr und vermitteln sie dem zeitgenössischen Betrachter. Dem sind die Blumenmotive wohl ebenfalls bekannt. Er weiß, weshalb das Jesuskind eine Nelke im Händchen hält und warum neben Maria Iris, Pfingstrosen oder Maiglöckchen ihre Blüten entfalten.

Aber nicht nur die sinnbildliche Auslegung wird weiter gepflegt. Das wache Interesse gehört auch den Blumen und Kräutern, die Ärzte und Apotheker verwenden oder die im Haushalt benötigt werden. Es sind dies die Nutz- und vor allem die Heilpflanzen, die in den illustrierten Hausbüchern Italiens, später in den Kräuter- und Sanitas-Büchern des Nordens beschrieben sind.[32] Ihre Autoren gründen ihr Wissen auf antike, arabische und mittelalterliche Naturforscher und Heilkundige. Die Pflanzenabbildungen – anfangs stark stilisiert – werden etwa um 1400 naturgetreu wiedergegeben. Viele dieser Pflanzen gehen in die Tafelbilder ein (Farbbild 13). Dabei ist nicht immer klar, was die dargestellten Heilpflanzen aussagen sollen. Verdeutlichen sie das Bild der Muttergottes als Weltenarzenei? Oder beziehen sie sich auf die Darstellung von Kranken und Geheilten? Möglich ist aber auch, daß der Maler sich einfach der Kräuterbücher als Vorlage bedient hat.

Daß Heilkräuter mit der Thematik einer Darstellung im Zusammenhang stehen können, scheint beim Einsiedlerbild des Isenheimer Altars offenkundig.[33] Zu Füßen der beiden Eremiten Antonius und Paulus breiten sich Arzneipflanzen aus, die zur Heilung des Antoniusfeuers (*ignis sacer*) hilfreich sind. Die Antoniter widmeten sich besonders der Pflege, der von dieser Krankheit Betroffenen. Wahrscheinlich stellten sie aus den hier dargestellten Pflanzen ihre Arznei her.

Blätter und Blüten nimmt auch die Buchmalerei in ihr Repertoire auf. Zunächst stilisiert, sind sie eingebettet in die Umrahmung der Bilder, zu deren Themen sie allerdings selten in direkter Beziehung stehen.[34] Überwiegend wollen sie nichts anderes als schmücken und erfreuen. Im späten Mittelalter füllen bunte, naturnah gemalte Streublumen die breiten Ränder.[35] Das im 15. Jahrhundert aufkommende fachkundige Interesse an Gestalt und Art der Pflanzen teilen auch Künstler der Renaissance, wie Albrecht Dürer[36] und Leonardo da Vinci.[37] Die Blumen sind es ihnen wert, nicht nur im Bildzusammenhang, sondern auch für sich allein mit wissenschaftlicher Akribie dargestellt zu werden.

Andere Kunstgattungen stehen nicht zurück. Bunte Blumenkränze aus Majolika[38], Reliefs mit Blumen- und Früchtegirlanden werden geformt.[39] Wandteppiche weltlicher und geistlicher Art, deren

Erzählungen sich in blumenreichen Wald- oder Wiesengründen abspielen, werden gewirkt.[40]
In der zweiten Hälfte des 16. Jahrhunderts beginnt man Vasensträuße als selbständiges Bildthema darzustellen. Sie sind noch, etwa in der Pflanzenauswahl, der sinnbildlichen Überlieferung verpflichtet.[41] Diese tritt jedoch immer mehr zurück. Gottes Sein und Wirken in der ganzen Schöpfung wird wahrgenommen. So lautet ein aus dem Umkreis des Paracelsus stammender Spruch: »*In verbis in herbis in lapidis deus est.*« (In Worten, in Pflanzen, in Steinen ist Gott.)
Der Maler Ludger van Thomring d. J. hat diesen Ausspruch auf drei zusammengehörigen Blumenbildern in die Vasenflächen eingeschrieben.[42] Noch sind es die altbekannten Blumen Lilie und Iris, die in diesen Gefäßen erscheinen. Sie werden künftig, auch ohne szenischen Bezug allein um ihrer selbst willen abgebildet. Zugleich deutet der Spruch auf eine neue Sicht in der Blumenmalerei hin. Nicht mehr die einzelne Blume soll durch ihre Symbolik die Aussage eines Bildes vertiefen, nein, die ganze Fülle der von Gott geschaffenen und durchwirkten Gewächse, der Reiz ihrer Gestalt, ihrer Farbe und Schönheit, will vom Künstler an den Betrachtenden weitergegeben werden.

1. Akelei

Als beliebte Zier- und Arzneipflanze wurde die Akelei im Mittelalter in Gärten kultiviert. Schon früh verbindet sich mit dieser Blume eine reiche Ikonographie. Hymnen vergleichen die Akelei mit Maria: »Gott grüß dich, Akeleie schön, Maria Jungfrau wohlgetan, um unserer willen kam Gott her, menschliche Form in dir zu empfahn.«[1]
Die Form der Blüten der Akelei erinnerte die Betrachter an eine Taube. Diese Ähnlichkeit trug ihr in England den Namen *columbine flower* ein. In der Oststeiermark wird sie »Fünf Vögerl z'samm« genannt, und in Mähren hat man die Akelei »Tauberln« geheißen.[2] Dies wiederum läßt die Annäherung an das Symbol des Heiligen Geistes, die Taube, zu.

Auf eine andere symbolische Deutung der Akelei spielt möglicherweise ein Detail auf dem Genter Altar an.[3] Aus der Zeichnung der Fliesen auf der Tafel mit dem himmlischen Chor der singenden Engel kann das Wort *AGLA* im Wechsel mit stilisierten Akeleiblättern und -blüten wahrgenommen werden.[4] *AGLA* gleicht nicht nur dem mittelalterlichen Blumennamen *aglei,* die vier Buchstaben können auch als Anfangsbuchstaben eines Gebetsspruches der Kabbala gesehen werden. Er lautet: *Atha Gibbor Leolam Adonai* = »Du Held in Ewigkeit mein Herr«. In dieser Lesart versinnbildlicht die Blume die Anrufung und das Lob Gottes.[5] In den Darstellungen auf Tafelgemälden, Miniaturen, in der Buchmalerei oder als Trinkgefäße[6] spiegeln sich die vielen Bezüge, die mit der Akelei verknüpft sind. Am häufigsten ist die Verbindung mit Maria. So hebt die Blumenzier aus eingeflochtenen Akeleien mit Lilien und Maiglöckchen den Strahlenglanz der goldenen Krone der Himmelskönigin auf dem Genter Altar hervor.[7] Bei einem anderen Motiv, der Einhornjagd, in der der Jäger (Gabriel) das Einhorn (Christus) in den Schoß Mariens treibt[8], erblüht die Akelei zu ihren Füßen. Das Bild der Einhornjagd allegorisiert die Menschwerdung Christi durch die Jungfrau Maria.

Die Anzahl der Blüten – sieben – weist auf die sieben Geistesgaben hin, so wie sie in Jes 11,2 beschrieben sind.[9] Darauf könnte auf dem Portinari-Altar des Hugo van der Goes Bezug genommen sein. Dargestellt ist die Anbetung des neugeborenen Heilands, des Trägers der Geistesgaben, durch die Hirten. Das Kind liegt in der freien Bildmitte nackt auf dem bloßen Boden, umgeben von einem Strahlenkranz. Im Vordergrund ist ein Blumenstilleben zu sehen. In einer bemalten Vase stehen drei Lilienarten – weiß, blau und gold – und daneben in einem Glasgefäß drei rote Nelken zusammen mit blauen Akeleien (Farbbild 9). Ringsherum am Boden sind Veilchen verstreut. Dahinter liegt demonstrativ eine Garbe, die zusammen mit dem Traubenmotiv auf der Porzellanvase auf die Eucharistie hinweist.

Auf dem Pendant zum Portinari-Altar, dem Monfort-Altar in Berlin, stellt van der Goes die Anbetung der Könige dar. In der rechten vorderen Ecke ist auch hier ein Akeleienstock mit blauen Blüten abgebildet.[10]

Auf verschiedenen Madonnenbildern (Farbbild 11) ist sie anzutreffen, mitunter greift das Kind nach der Blume oder hält sie in der Hand.[11]

Ähnlich wie beim Genter Altar versinnbildlicht die Akelei in der Darstellung des Marientodes von Hans Mutschler die Anrufung

Gottes. Vor dem Bett der sterbenden Gottesmutter steht ein Krug mit Akeleien und Maiglöckchen. Auf dem Krug ist der Gebetsruf »Gott hilf« zu lesen. Um das Lager sind die Apostel versammelt, die die Sterbegebete lesen. Mariens mädchenhaft gestaltete Seele wird von Christus in den Himmel getragen.[12]

2. Erdbeere

Im Mittelmeerraum war die Erdbeere als Heil- und Gartenpflanze bereits in der Antike bekannt. Sie galt in Rom als Speise des Goldenen Zeitalters. Als solche bezeichnet sie Ovid in seinen im Mittelalter vielgelesenen »Metamorphosen«.[1]
In der Bibel wird sie nicht genannt, und die Kirchenväter erwähnen sie nur beiläufig. Dagegen verknüpfte sie der Volksglaube mit dem Jenseits als Speise der Seligen, besonders der frühverstorbenen Kinder. Am Johannistag, so wird erzählt, geht die Gottesmutter oder der Täufer Johannes mit den Kleinen in die Erdbeeren, vorausgesetzt, daß deren Mütter auf Erden sich bis zu diesem Tag des Beerensammelns und -essens enthalten haben. Noch die Brüder Grimm erzählen von der Gottesmutter, die für das Jesuskind Erdbeeren pflückt: »Schlaf sanft, ich will derweil in den Wald gehen und eine Handvoll Erdbeeren für dich holen; ich weiß wohl, du freust dich darüber, wenn du aufgewacht bist.«[2]
Eine Himmelsspeise und ein Zeichen der Liebe Gottes sind die Erdbeeren auch für den Mystiker Heinrich Seuse. Er berichtet von einem Jüngling, dem ein Knabe ein Körbchen mit diesen Früchten mit den Worten bringt: »dis roten fruht hat dir din frunt und din himlischer herr gesendet. Ach wie hat er dich so recht liep.«[3]
Doch nicht ausschließlich der himmlischen Liebe zugeordnet, zeigt sich die rote Erdbeerfrucht, sondern auch als erotisches Sinnbild in der Literatur. So träumt eines der weltlichen Gedichte des Georg Rudolf Weckherlin von den »wärzlein erdbörglich«[4].

Ikonographie

Mehr noch als die Schriftquellen sagen die bildlichen Darstellungen über die Bedeutung der Erdbeere für den mittelalterlichen Menschen aus. Dabei ist auffallend, daß die Blüten und Blätter fast immer in Aufsicht wiedergeben werden, die Beeren aber von der Seite. Mit der sehr betonten Dreizahl der ausgebreiteten Blätter wollten die Maler offenbar an die Dreifaltigkeit erinnern.

Als im Paradies beheimatet, tritt die Erdbeere auf einem Tafelbild Meister Bertrams in Erscheinung. Er war unseres Wissens der erste Künstler, der sie naturnah bildlich erfaßte. Auf seinem Grabower Altar sprießen Erdbeeren am Boden vor Adam und Eva. Das Paar ist in unbekümmerter Nacktheit dargestellt. Gott weist warnend auf den Baum der Erkenntnis.[5]

Am häufigsten erscheint die Erdbeere jedoch in der Nähe der Jungfrau Maria.[6] Obgleich die Pflanze nicht in den Hymnen und Liedern auftaucht, mischt sie sich in der spätgotischen Tafelmalerei ganz selbstverständlich unter die altbekannten, vielgenannten und oft dargestellten Marienblumen (Farbbild 10 und 13). Bei Stefan Lochners Bildtafel sitzt die »Madonna im Rosenhag«, die eine prächtige Krone trägt, auf einem Kissen im Rasen, der mit einer Vielzahl von Erdbeerpflanzen bedeckt ist. Damit wollte der Künstler gleichermaßen Marias Verherrlichung und Demut ausdrücken, ebenso ihre Tugenden, die durch die Blumen versinnbildlicht werden. Dem gleichen Bildtypus zugehörig ist ein weiteres bekanntes Bild, die »Maria im Rosenhag« von Martin Schongauer. Auch hier breiteten sich einst, bevor das Bild beschnitten wurde, blühende und tragende Erdbeerstauden zu Füßen der Muttergottes aus (Farbbild 12). Der Madonna zugeordnet wurde die Erdbeere wohl aufgrund der Beobachtung, daß sie zur selben Zeit Blüten und Früchte trägt. In dieser Gleichzeitigkeit liegt die Verknüpfung. Einer der grundlegenden Pfeiler der Marienverehrung basiert auf dem Status *mater et virgo*, d.h. zugleich Jungfrau und Mutter (Farbbild 8).[7]

Die erotische Sinngebung zeigt sich ebenfalls im Bild. Besonders eindrücklich bei Hieronymus Bosch in seinem »Garten der Lüste« (Abb. 42). Dort stehen sich zwei nackte junge Menschen gegenüber. Der Mann, der eine Riesenerdbeere in den Händen hält, beugt sich zu dem Mädchen hin. Die sexuelle Anfrage und die Antwort hierauf ist aus beider Gesicht leicht zu entnehmen.

Bei einem Bild von der natürlichen Zeugung schickt Gottvater ein kleines Kind zu dem sittsam nebeneinander im Bett liegenden Ehepaar hinab. Zwei pralle Erdbeeren neben der Inschrift darunter zeigen an, daß der Zeugungsakt nicht nur aus reiner Pflichterfüllung geschieht.[8]

Ansonsten finden sich Erdbeeren in der Buchmalerei auch immer wieder als offenkundig dekoratives Element.[9]

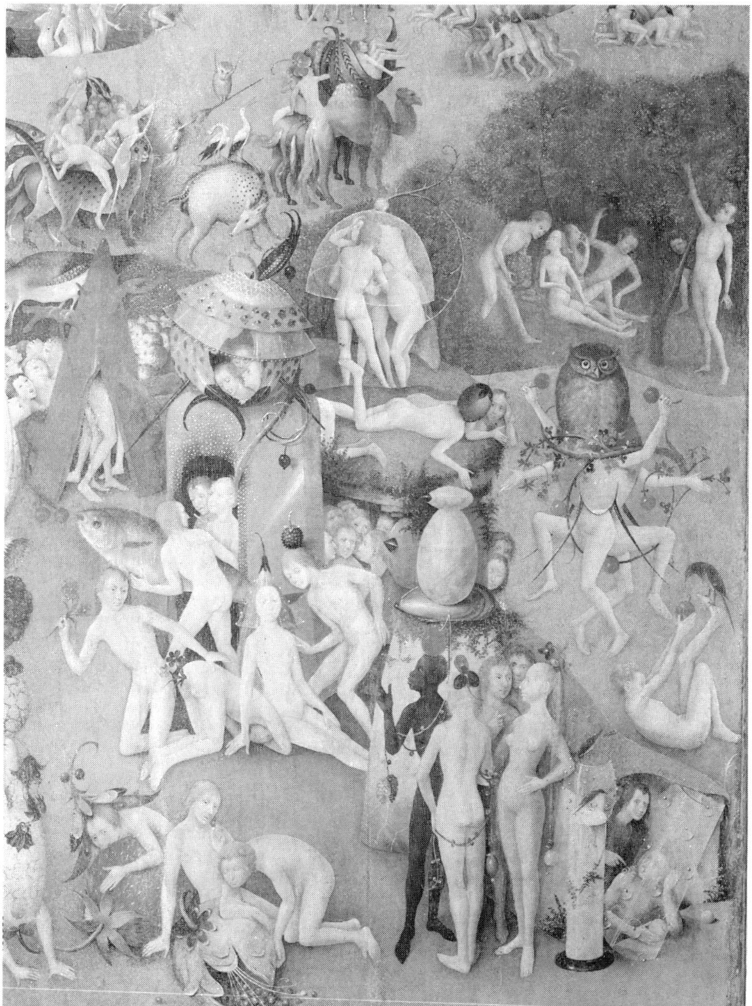

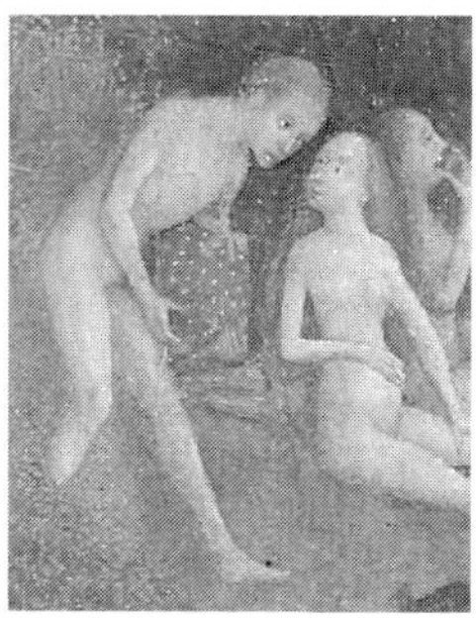

Abb. 42: *In diesem Lustgarten irdischer Freuden, der in vielerlei Variationen die Menschheit im Taumel sinnlicher Begierden zeigt, fallen wiederholt überdimensionale Beeren ins Auge. Der riesigen Erdbeere, die der junge Mann seinem weiblichen Gegenüber – im Ausschnitt rechts – anbietet, ist hier eindeutig erotische Bedeutung unterlegt.* Garten der Lüste, Tafelbild, Mittelteil des Triptychons, Hieronymus Bosch, um 1510; Madrid, Prado (Ausschnitt).

3. Lilien – Madonnenlilie, Feuerlilie, Schwertlilie

Antike: Liliengewächse gehören zu den ältesten Gartenpflanzen. Zur Zeit der antiken Hochkulturen fanden sie Verwendung in Salben und Ölen und wurden zu Kosmetika und Arzneien verarbeitet.
In Persien scheint man der Lilie eine große Bedeutung beigemessen zu haben. Der hebräisch-akkadische Name der Hauptstadt Susa war *Schusa* = Lilie. Diesen Namen trug auch eine fromme Jüdin, Susanna, die in dem von den Persern eroberten Babylon lebte. Ihre Keuschheit war ihr teurer als ihr Leben (Apokryphen, Die Geschichte von Susanna und Daniel).
In Griechenland erfuhr die weiße Lilie besondere Wertschätzung. Sie war der lilienarmigen Hera zugehörig. Die Überlieferung erzählt, die Blume sei aus Heras Milch entstanden, die den Herakles nährte. Dagegen war sie der Aphrodite verhaßt. Deshalb soll sie ihr einen gelben, keulenförmigen Stempel eingesetzt haben, der an den Phallus eines brünstigen Esels erinnerte.
Die Musen trugen Lilienkränze, und den goldenen Mantel des Zeus in Olympia zierten Lilien. An der Tholos des Asklepios in Epidaurus brachte der Baumeister, vermutlich Polyklet, plastische Lilien an.
Den Römern galt die Lilie als Sinnbild der Hoffnung. Sie war der Göttin Juno heilig, die die magische Lilie verwendete, um ihren Sohn Mars ohne männliches Zutun zu empfangen.[1]

Altes Testament: Die Bibel erwähnt die Lilie um ihrer Schönheit willen. Sie diente als Schmuck für Kultgegenstände im Tempel. So glich der Rand des »ehernen Meeres«, wie das Becken für kultische Waschung genannt wurde, einer aufgeblühten Lilie.
Des weiteren symbolisiert sie Schönheit und Gedeihen »... die Steppe wird jubeln und wird blühen wie die Lilien« (Jes 35,1). »Ich will für Israel wie ein Tau sein, daß es blühen soll wie eine Lilie ...« (Hos 14,6).
Anders die im Hohenlied genannte Lilie. Das Gleichnis bezieht sich allein auf die Wohlgestalt der Braut. Sie ist »... eine Lilie im Tal« (Hld 2,1) und ihr »... Leib ist wie ein Weizenhaufen, umsteckt mit Lilien« (Hld 7,3). »Wie eine Lilie unter den Dornen, so ist meine Freundin unter den Mädchen« (Hld 2,2).
In dieser Eigenschaft, als Sinnbild für die Schönheit und Reinheit wird sie in Hymnen, in der Literatur und der bildenden Kunst von der Nachwelt übernommen.

Neues Testament: In der Bergpredigt preist Jesus die Blumen als ein wunderbares Beispiel unbekümmerten Gottvertrauens: »Schaut die Lilien auf dem Feld an, wie sie wachsen … Ich sage euch, daß auch Salomo in aller seiner Herrlichkeit nicht gekleidet gewesen ist wie eine von ihnen« (Mt 6,28f.).

Kirchenväter: Die Ablehnung der Lilie im Aphrodite-Kult und die Geschichte von Susanna in den Apokryphen dürften dazu beigetragen haben, daß die Blume in christlicher Zeit zum Keuschheitssymbol wurde. Die Kirchenväter unterlegten der Lilie die verschiedensten Bedeutungen. Sie sahen in ihr ein Sinnbild Christi, der Engel, ein Zeichen der Gnade und eine Blume der Märtyrer.
Ambrosius bezieht sich auf das Hohelied (Hld 4,12): »Denn wo Reinheit, wo Keuschheit, wo Frömmigkeit … wo der lichte Glanz der Engel herrscht, da duften … die Lilien der Jungfrauen.« Für ihn ist es Jesus, nicht Maria, der sich im Hohenlied als Lilie bezeichnet. Er begründet es so: »Und mit Recht ist Christus eine Lilie, denn wo Märtyrerblut fließt, da ist die erhabene, makellose, schuldlose Blume.«[2]
Cyprian nennt sie eine Paradiesblume, aus der für die Streiter Christi der himmlische Lohn für die guten Werke geflochten werde.[3]
Vor allem aber ist die Lilie die Blume der Jungfrau Maria. Ihr leuchtendes Weiß ist das Abbild Mariens und aller ehelos »jungfräulich« Lebenden.[4]

Mittelalter: Das Schrifttum des Nordens tradiert die überkommenen Auslegungen der Kirchenväter und ist sich dessen auch bewußt. Walahfrid Strabo, Abt von der Reichenau (804–849), weist in seinem Gartenbuch auf die Tradition von Lilie und Rose hin: »Denn diese beiden Blumen, berühmt und gepriesen, sind Sinnbild seit Jahrhunderten schon.« Die Kirche pflückt »im Blut des Martyriums die Geschenke der Rosen« und »trägt Lilien im Glanz des strahlenden Glaubens«. Er fährt fort: »Reinheit der Jungfrau, selig gepriesen, strahlt aus der Blume.«[5]
Immer eindeutiger zeigt sich im Mittelalter, daß das makellose Weiß der Lilie zum Inbegriff der Keuschheit wird. Ihre elegante Form befriedigte die menschliche Sehnsucht nach Ebenmaß und Harmonie und verkörperte gleichzeitig die Vollkommenheit der göttlichen Schöpfung. Damit erhebt sie sich zur auserwählten Blume Mariens. Nur noch die Rose mit ihrem Symbolgehalt kommt ihr gleich.
Durch die »Personalunion« in der mittelalterlichen Mystik von Maria mit der Braut des Hohenliedes, erfährt die Lilie in Wort und Bild die volle Entfaltung (vgl. S. 101 f.).

In der Kirche des Westens wird die Jungfrau als Lilie bezeichnet, bedichtet und besungen. Bonaventura nennt sie »... eine Himmelslilien Zier«[6] und Adam von Saint-Victor sieht ihre Erscheinung gekleidet in »der Lilie Lichtgewand«[7]. Noch heute preist sie ein Marienlied als »Lilie ohnegleichen, dir selbst Engel weichen«[8].
Auch die Ostkirche verbindet die Lilie mit der Theotokos. In dem alten Marienhymnus Akathistos (6.–8. Jahrhundert) klingt es: »Freue dich, süßduftende Lilie, Herrin, erfülle mit Düften die Gläubigen.«[9]

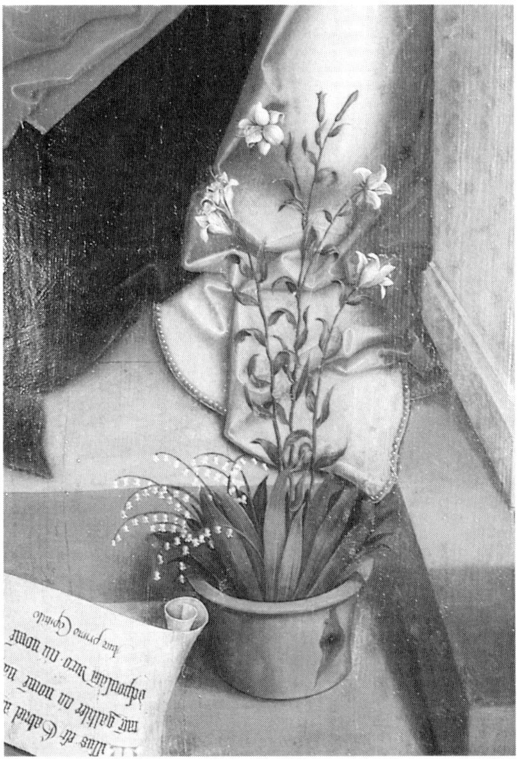

Abb. 43: *Die im Hohenlied genannte Lilie im Tal – mittelalterliche Botaniker verstanden darunter das Maiglöckchen – gehört ebenfalls zu den Marienblumen. Hier blüht das Maiglöckchen zusammen mit der großen Schwester in einem Topf.* Verkündigung an Maria, Altargemälde, Bernhard Strigel, Memmingen, 1507–8; Karlsruhe, Badisches Landesmuseum (Ausschnitt).

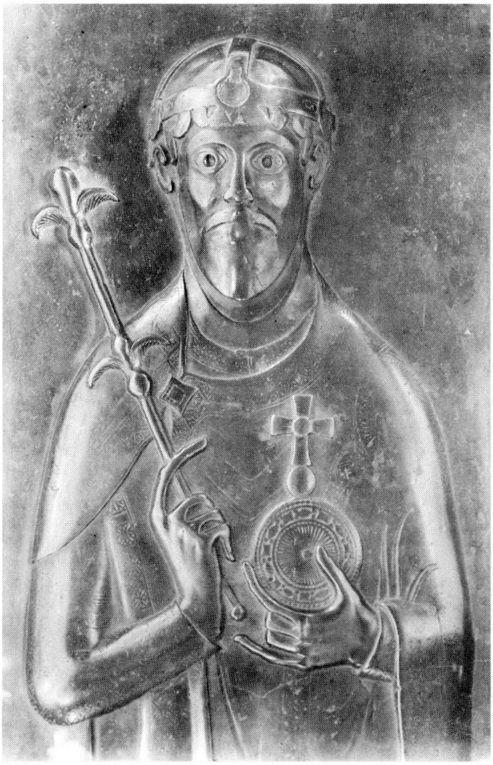

Abb. 44: *Lilienzepter als Herrscherinsignie in der Hand eines weltlichen Fürsten.* Grabplatte Rudolfs von Schwaben († 1080); Bronze, ziseliert, ursprünglich vergoldet, Merseburg, Dom.

Ikonographie

Schon aus sehr früher Zeit sind uns erkennbare und naturgetreue Darstellungen von Lilien überliefert. Im minoischen Kulturkreis sind sie auf Fresken und Vasen erhalten.[10]

In der Kunst der frühen Christenheit ist die Lilie vornehmlich die Blume des Paradieses.[11] Sie blüht auf immergrünen Himmelsauen, auf denen Jungfrauen, Märtyrerinnen und Märtyrer der Muttergottes und dem erhöhten Christus entgegenziehen[12] oder ein Heiliger seine Herde weidet.[13]

Die Buchmalerei der Karolingerzeit verwendet die Lilie als dekoratives Ornament.[14]

Im Bild erscheint die Blume seit dem 14. Jahrhundert bevorzugt in der Verkündigung an Maria[15] (Abb. 43). Unzählige Male hält sie –

einem Zepter oder Heroldsstab gleich – der Erzengel Gabriel in der Hand.[16]

Als Altarbild[17] und in Szenen des Marienlebens (Farbbild 9, 10, 11 und 13) findet sie sich. Sie blüht in einer Vase, oft mit anderen Marienblumen zusammen (Farbbild 6, Abb. 43). Lilien bedecken den Boden auf dem Gabriel steht[18], sie schmücken die Teppichwand hinter der Madonna.[19] Ein Lilienfeld erwächst bei der Heimsuchung[20], und die Krone der Jungfrau kann mit Lilien besteckt sein.[21]

Auch die »um Gottes willen« ehelos und »jungfräulich« lebenden Männer und Frauen zeichnet die Lilie als Sinnbild der Keuschheit aus, z. B. den Nährvater Joseph[22], Johannes den Täufer[23] oder weibliche Heilige.[24] Ebenso wird Susanna (vgl. Apokryphen), wegen ihrer Keuschheit und um ihres Namens willen mit der Lilie in Zusammenhang gebracht.[25]

Als königliche Blume steht die Lilie den Herrschern zu. Bereits in der Antike trugen die Kaiser Zepter mit lilienartig geformtem Abschluß. Das Zepter, aus der kultischen Verehrung des Baumes entstanden, ist Zeichen der Macht und Würde. Der dreiblättrige Abschluß stellte wohl stilisiert und vereinfacht einen Baum dar. Wie auch immer der ursprüngliche Sinn gewesen sein mag, dieses Machtsymbol wurde als Lilienzepter angesehen. Gottvater, Christus[26], Maria[27] und Engel tragen es, aber auch Fürsten und Könige. Das Zepter mit dem krönenden Lilienknauf hat eine Parallele im Lilienstab, der – soweit er von Engeln getragen wird – die Vorstellung des Heroldsstabes eines Friedensboten mit einschließt.[28]

Wie Zepter und Stab kann auch der Reichsapfel von einer Lilie überhöht sein.[29] Die Blüte bleibt nicht nur ein dem Kaiser zustehendes Symbol, auch Fürsten, der Adel und geistliche Würdenträger übernahmen sie (Abb. 44). Streng stilisiert wandelte sie sich zum beliebten heraldischen Zeichen. Das bekannteste Beispiel ist die weiße Bourbonenlilie auf blauem Grund.[30]

Die königliche Machtbefugnis, Gnade zu gewähren, hat sich durch diese Sinngebung auf die Lilie übertragen. Dadurch verband sie sich mit diesem Begriff, den ihr schon die Kirchenväter zuerkannt hatten. Diese Bedeutung zeigt das Lilienzepter eindeutig im Sachsenspiegel auf. Es schwebt zwischen dem König und den Personen,

▷

Abb. 45: *Im Endzeitgericht thront Christus mit dem Schwert als Symbol des Gerichts und der Lilie als Gnadenzeichen auf dem Regenbogen.* Christus als Weltenrichter und zugleich Schmerzensmann mit dem Erzengel Michael als Seelenwäger, Tafelgemälde, Mitteltafel des Altars mit dem Jüngsten Gericht, Rogier van der Weyden (1399/40–1464); Beaune, Hotel-Dieu.

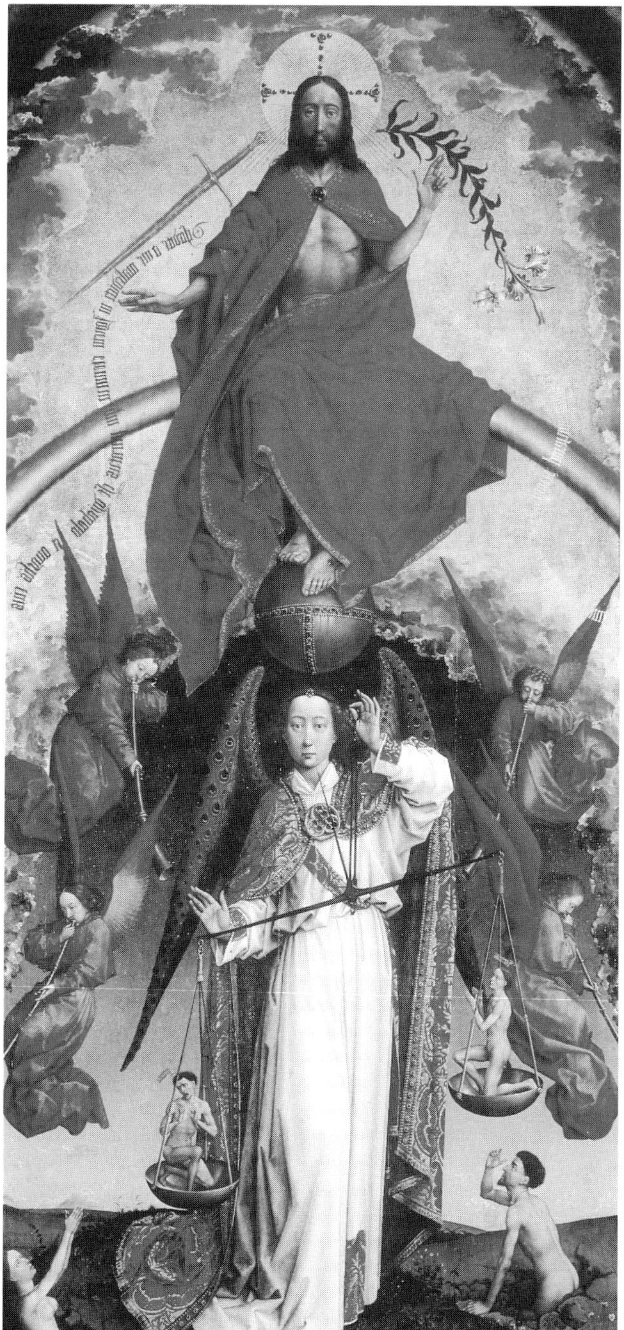

denen er Königsfrieden gewährt: »... den Pfaffen und Geistlichen, Weibern und Mägden und Juden an ihrem Gut und Leben.«[31] Gnade bedeuten auch die lilienförmigen Endungen der vier Kreuzesbalken[32] und das Kreuzeszeichen im Nimbus.[33]

Weltgerichtsbilder, wie sie seit dem 15. Jahrhundert dargestellt werden, zeigen den Weltenrichter, von dessen Mund Schwert und Lilie ausgehen[34] (Abb. 45 und Abb. 8, linke positive Seite). Das Schwert, Sinnbild des Zornes, (Offb 1,16), ist hin zu den Verdammten gerichtet. Die Lilie, Zeichen der Gnade, weist auf die Gegenseite zu den Geretteten. Inschriften oder Spruchbänder unter Schwert und Lilie können das Gerichtsurteil anzeigen. »Geht weg von mir, ihr Verfluchten, in das ewige Feuer...« (Mt 25,41) und »Kommt her, ihr Gesegneten meines Vaters, ererbt das Reich, das euch bereitet ist ...« (Mt 25,34).

Die Verknüpfung von leidendem Christus und *Judex*, unterstrichen durch die Attribute Lilie und Schwert, verknüpft für den Betrachter die Passion mit dem Gerichtsgeschehen am Jüngsten Tag.[35]

Lilien erscheinen auch in der Bauornamentik romanischer Kirchen. Die Friese der Außenwände zeigen sie streng stilisiert und in Reihen miteinander verbunden.[36] Sie können aber auch in die Bildabfolge hineingenommen sein oder als einzelne Blume auftreten. Zusammen mit religiösen Motiven gewinnen sie über ihre ornamentale Funktion hinaus Aussagekraft. Auch auf Kapitellen, Taufsteinen und Tympana finden sich Lilienornamente.[37] Hier sind sie meist einzeln und übergroß dargestellt. Manchmal ist die ursprüngliche Baumsymbolik wieder aufgenommen worden. Der Stengel wird zum Stamm, die Größe nimmt zu, das Dreiblatt weitet sich zur Baumkrone. Rechts und links eines Kreuzes stehend, gleichen sie Lebensbäumen.

Feuerlilie

Vermutlich kam die Feuerlilie, auch Goldgilgen genannt, erst im 15. Jahrhundert in die Gärten Europas. Versinnbildlicht die weiße Madonnenlilie die Reinheit der Jungfrau, so scheint ihre goldfarbene Schwester von der strahlenden Kraft Gottes zu künden, der Maria zur Mutter des Mensch gewordenen Gottessohnes bestimmte (Farbbild 12). Deshalb kann die Feuerlilie wie alle Lilienarten den Marienpflanzen zugeordnet werden.

Vereint mit andersfarbigen Lilien erscheint sie in Gefäßen (Farbbild 9) oder blüht im Garten. [38]

Auf Memlings Altar des Jüngsten Gerichts erhebt sich leuchtend die Feuerlilie auf den Stufen des Felsenhangs der Seligen.[39]

Die Schwertlilie, auch als Königslilie oder Iris bekannt, gehört – wie der Name sagt – gleichfalls zur Familie der Liliengewächse. Auch sie dient als Gleichnisblume und symbolisiert Mariens Erhabenheit. Die hl. Birgitta von Schweden (1303–1373) deutet die Merkmale der Iris in allen Einzelheiten auf Maria aus.[40] Der hohe Wuchs weist auf die Würde und Macht der Himmelskönigin hin. In den scharfen Kanten der Blätter sieht sie sowohl den Schmerz und die Trauer der Gottesmutter um ihren Sohn als auch deren Kampfbereitschaft gegen das Böse ausgedrückt. Die schmal zulaufende Spitze schließlich versinnbildlicht die Demut der Jungfrau[41] (Farbbild 9, 10 und 11).
In der Darstellung des Sündenfalls des Hugo van der Goes kann die Schwertlilienblüte als symbolischer Hinweis auf Maria verstanden werden.[42]
Wie erwähnt, gilt die Lilie auch im weltlichen Bereich als königliches Wahrzeichen. In Frankreich ist die Wappenlilie der Bourbonen – *fleur de lys* – eine stilisierte Iris. Seit 1179 findet sie sich auf dem französischen Lilienbanner. Allgemein zum heiligen Symbol des Königstums geworden, erscheint sie auf Kronen, Zeptern, Wappen und Kleidung und weist die Träger als Fürsten königlicher Abstammung aus.

4. Märzenbecher, Schneeglöckchen oder »Zeitenlose«

Für Blumen, die außerhalb der üblichen Jahreszeit blühen, findet sich früh der mittelhochdeutsche Begriff »Zitenlose«. Heute ist der Name nur noch im Bezug auf eine Pflanze geläufig: auf die *Herbst*zeitlose. Im Mittelalter nannte man Blumen, die vor der eigentlichen Wachstumsperiode erschienen »Tidenlose«. Im Dialekt blieb der Name bis in die Gegenwart erhalten, z. B. Tidlösecken im Plattdeutschen.[1] Gänseblümchen und Osterglocken wurden so genannt, vor allem aber der Märzenbecher, das große Schneeglöckchen. Die Zeitenlose, die als Hoffnungszeichen auf den kommenden Frühling durch Eis und Schnee hervorbricht, wird zum vielverwendeten Gleichnis der Zuversicht auf die kommende Gnadenzeit.
Vor allem ist es Maria, die immer wieder als »Zitenlose« angesprochen wird. Vielfach geschieht dies in den spätmittelalterlichen Liedern. Der Mystiker Johannes Tauler nennt sie »Maria, du edle rose, aller saelden (= Güte) ain zwy (= zweifach), du schöner zitenlose, mach uns von sünde fry«[2].

Die Farbbilder

9 (S. 121): *Akelei, Lilien und drei rote Nelken verteilen sich auf die beiden Gefäße, von denen das linke, irdene mit Trauben verziert ist, während das lichtdurchlässige Glas Symbol für die jungfräuliche Gottesmutterschaft ist. Am Boden verstreut liegen Veilchen. Die Garbe hinter diesem Stilleben deutet auf die Erlösung und den Opfertod Christi.* Portinari-Altar: Anbetung der Hirten, Tafelbild, Hugo van der Goes, 1476–1478; Florenz, Uffizien (Ausschnitt).

10 (S. 122/123): *Maria sitzt im überreich blühenden und grünenden Garten, umgeben von Heiligen. Die Thematik der Darstellung offenbart sich in der Fülle der abgebildeten Mariensymbole. Der beschlossene, d. h. mit Mauern umgebene Gartenbereich, der* hortus conclusus, *mit dem Brunnen verweist auf die Jungfräulichkeit der Gottesmutter. Die Blumen und Pflanzen, die hier wachsen, unter anderem Maiglöckchen, weiße Lilien und Schwertlilien, die verschiedenen Rosenarten, Nelken, Schneeglöckchen, Maßliebchen, beziehen sich in ihrem Sinngehalt auf die Madonna.* Paradiesgärtlein, Tafelbild, Oberrheinischer Meister, 1410; Frankfurt a. M., Städelsches Kunstinstitut.

11 (S. 124): *Im mauerumschlossenen Garten hat die Madonna mit dem Kind auf der Rasenbank Platz genommen. Der kostbare Teppich, der den Sitzplatz bedeckt, bildet den Thron. Engel halten die Krone über ihrem Haupt. Königliche Blumen, Feuer- und Schwertlilie links und die weiße Madonnenlilie rechts, sowie Akeleiblüten vervollständigen die ikonographische Aussage, die auf die jungfräuliche Mutter und Himmelskönigin deutet.* Unsere Liebe Frau mit Kind, von zwei Engeln gekrönt, Tafelbild, anonymer Meister, ca. 1490; Brügge, Groenningemuseum.

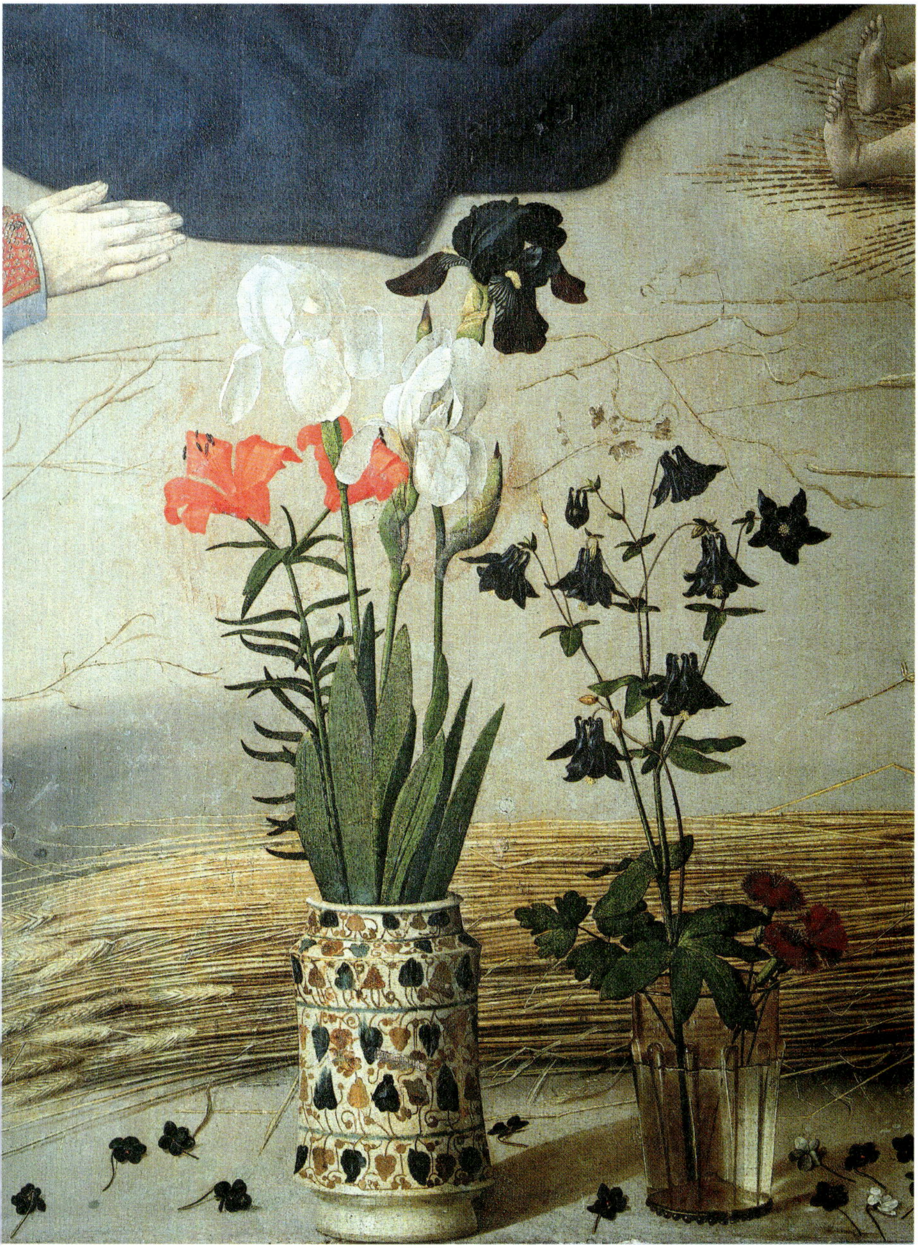

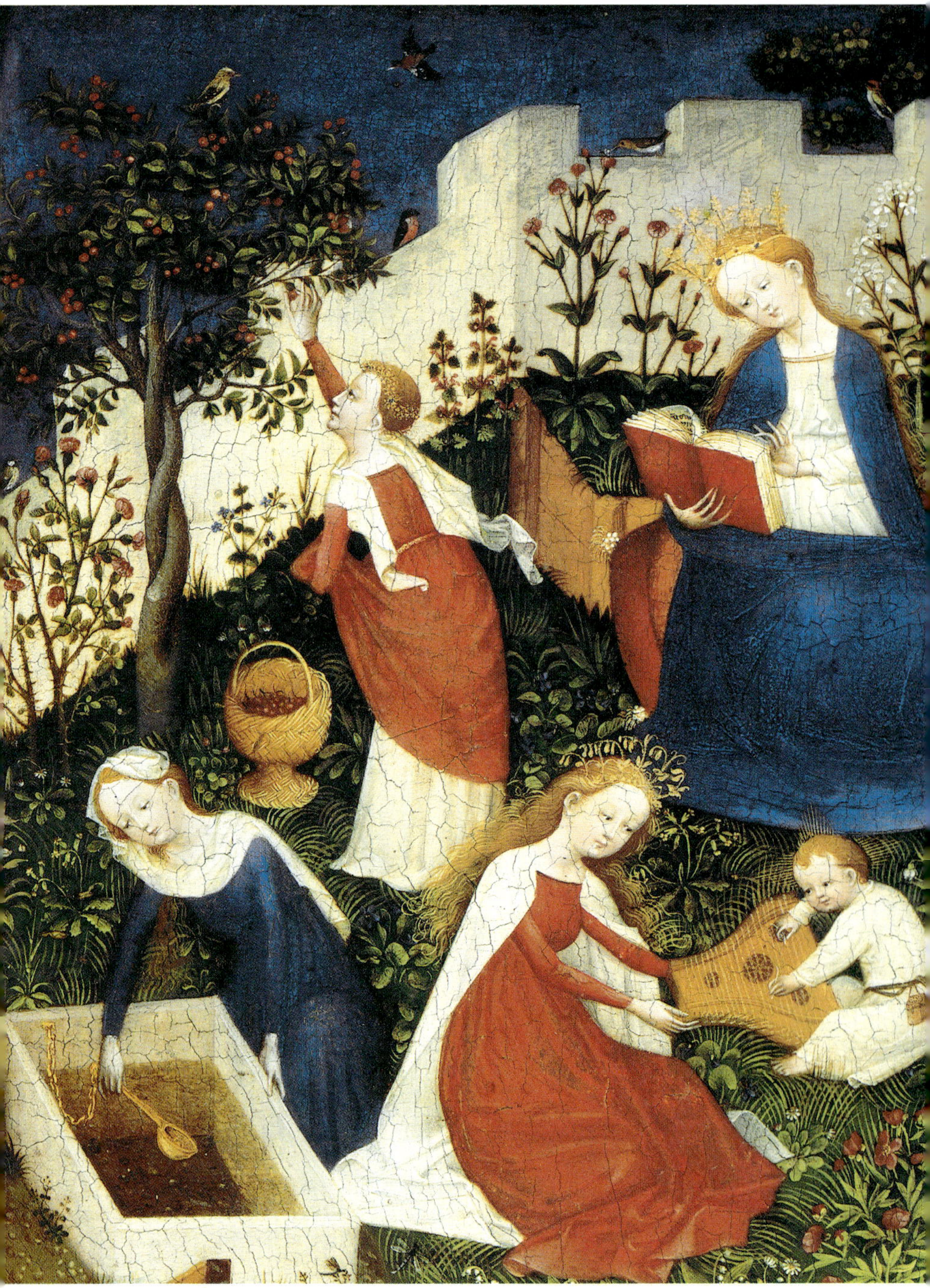

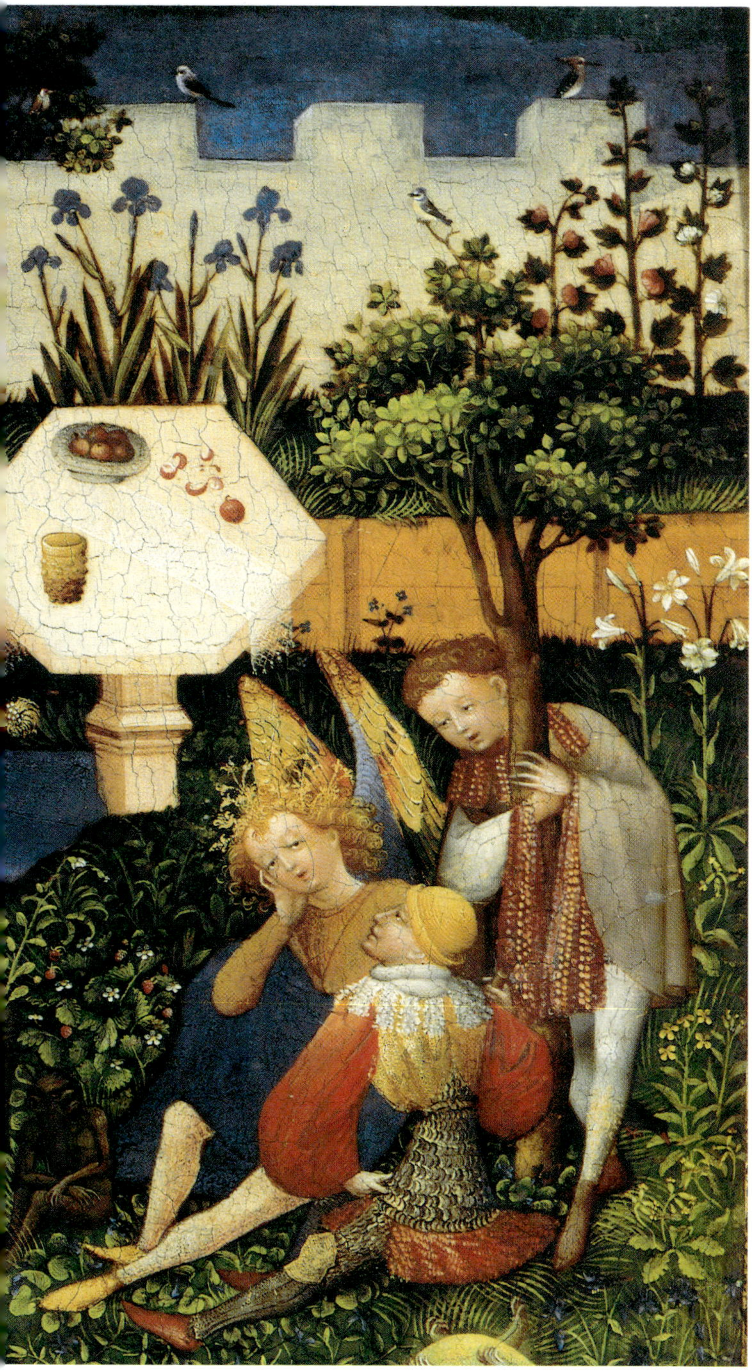

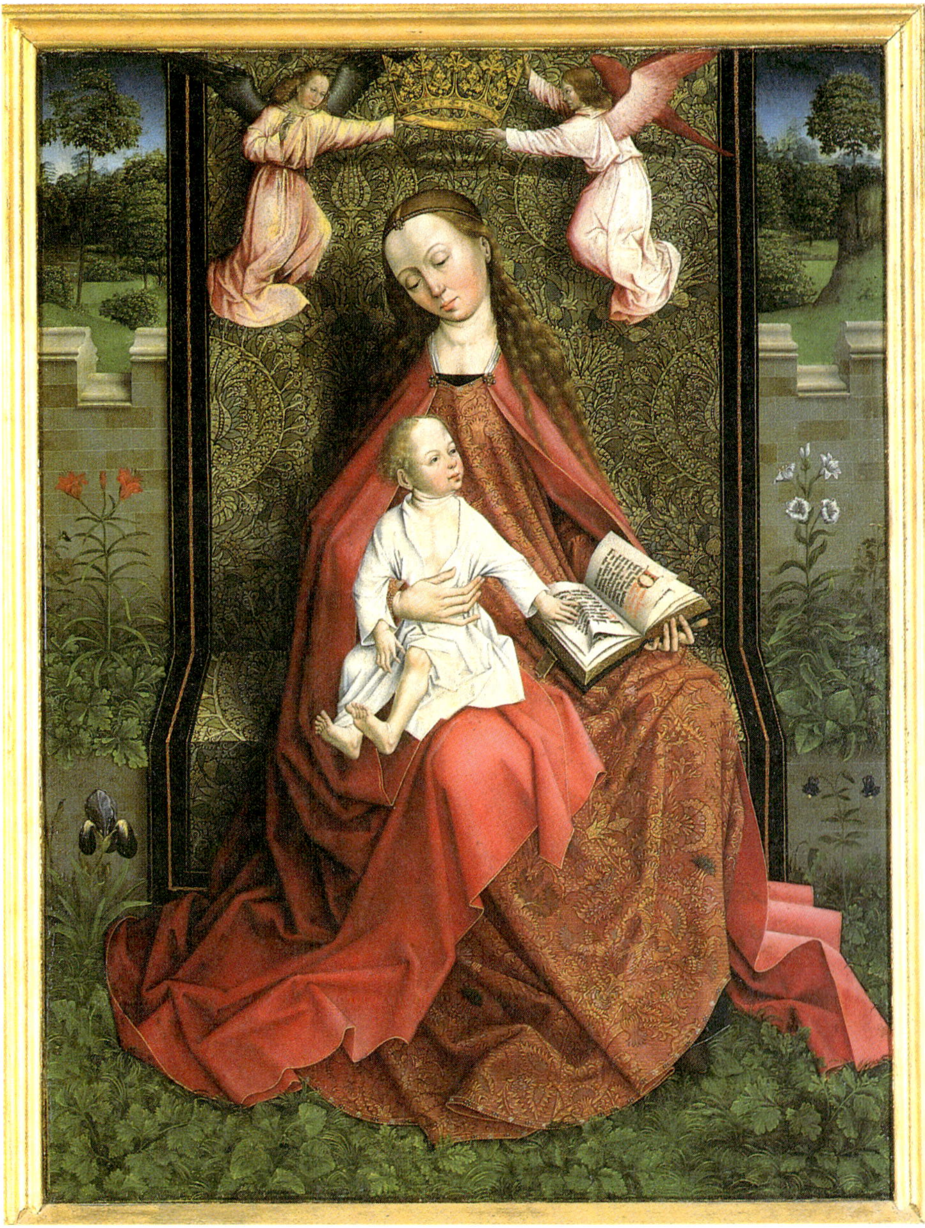

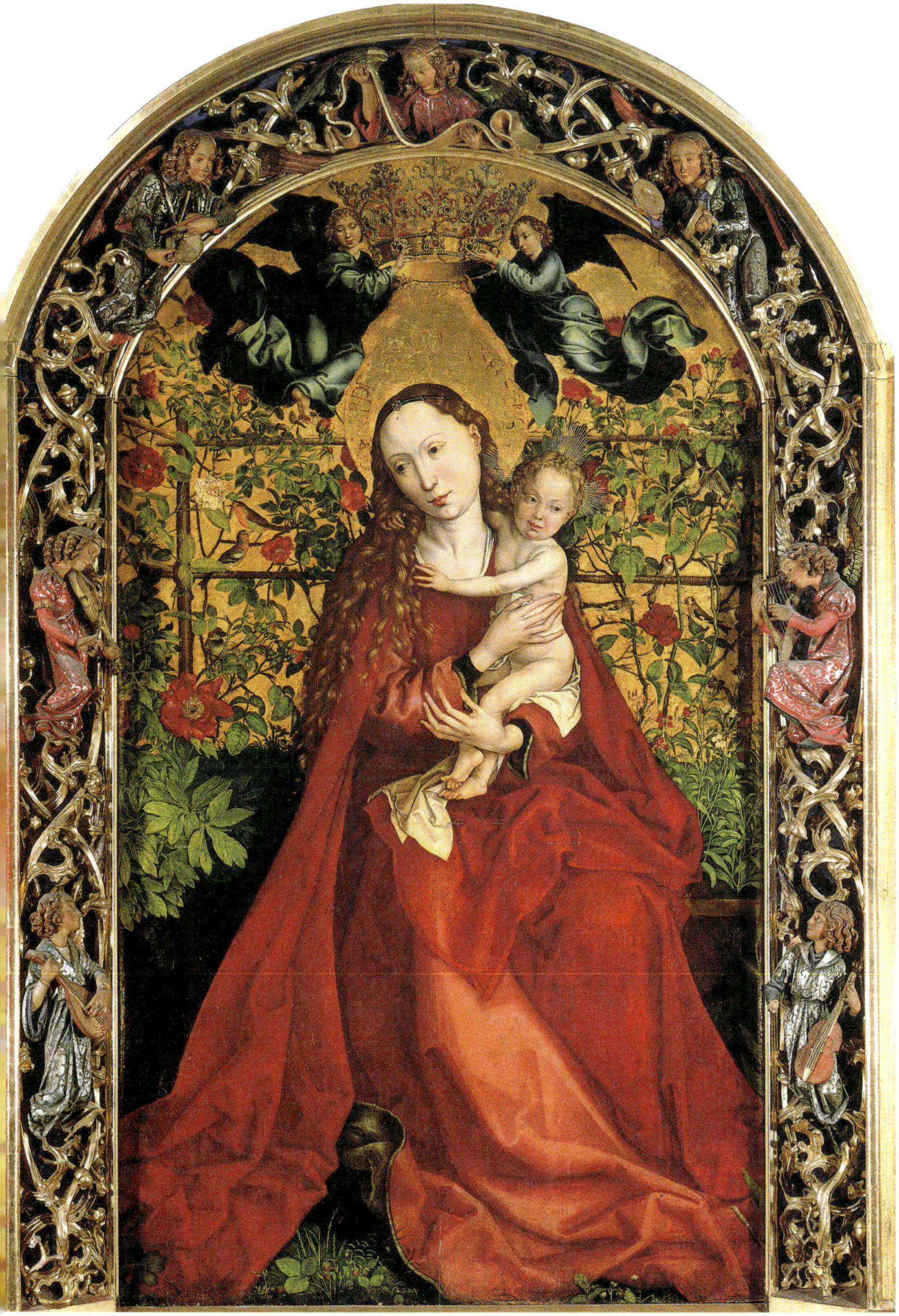

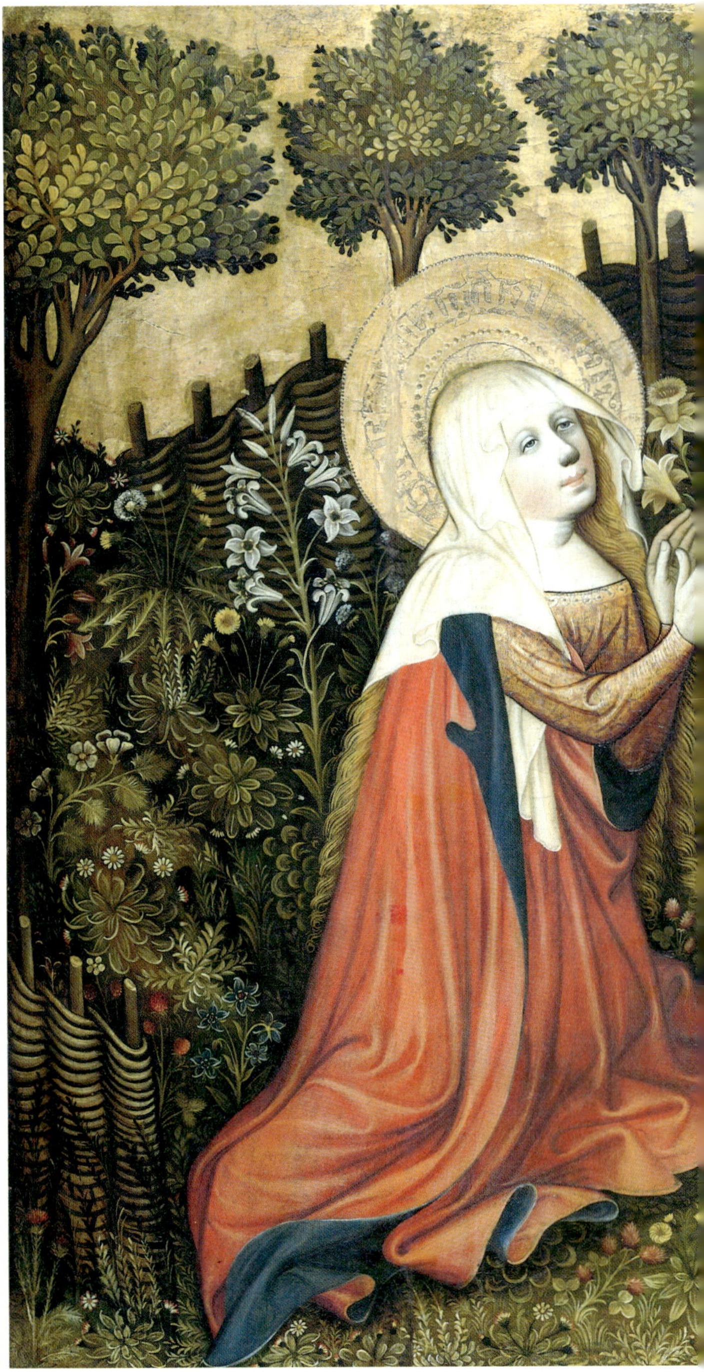

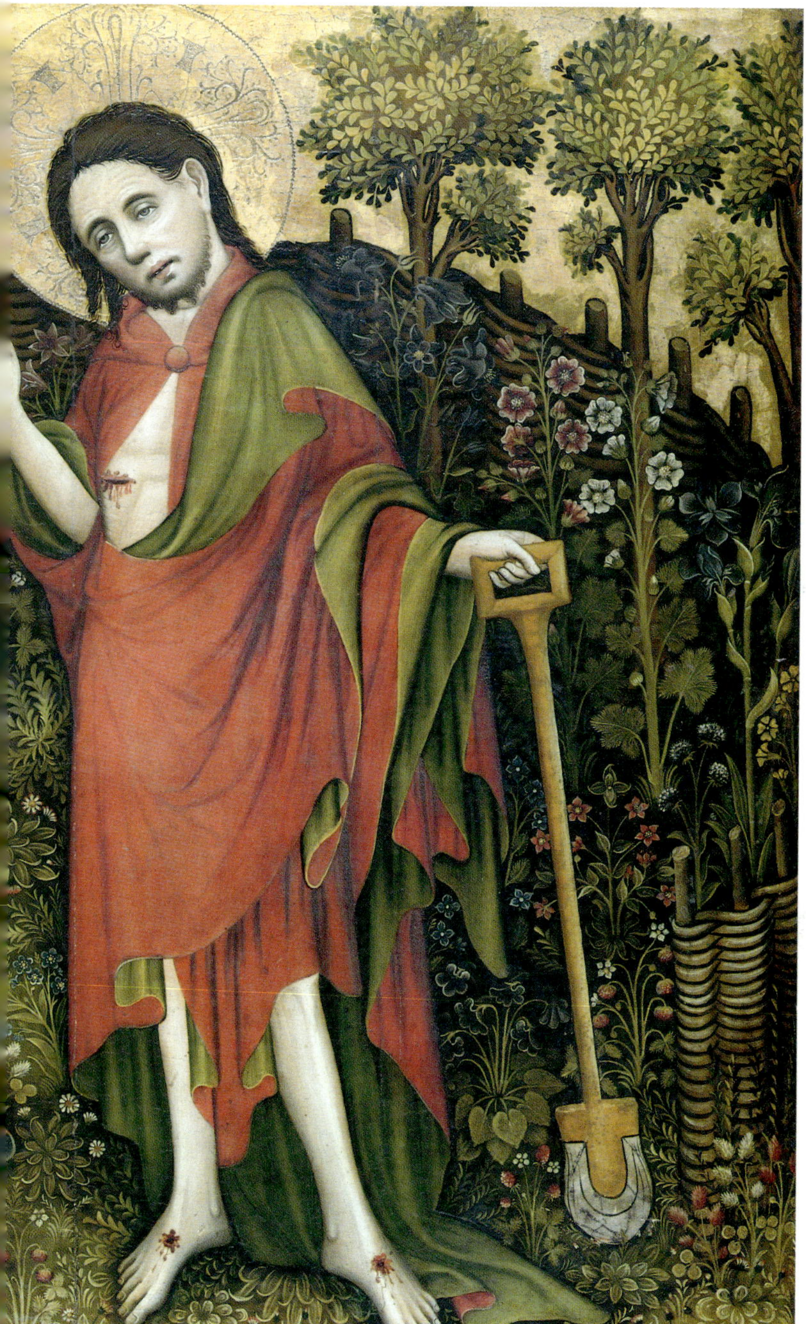

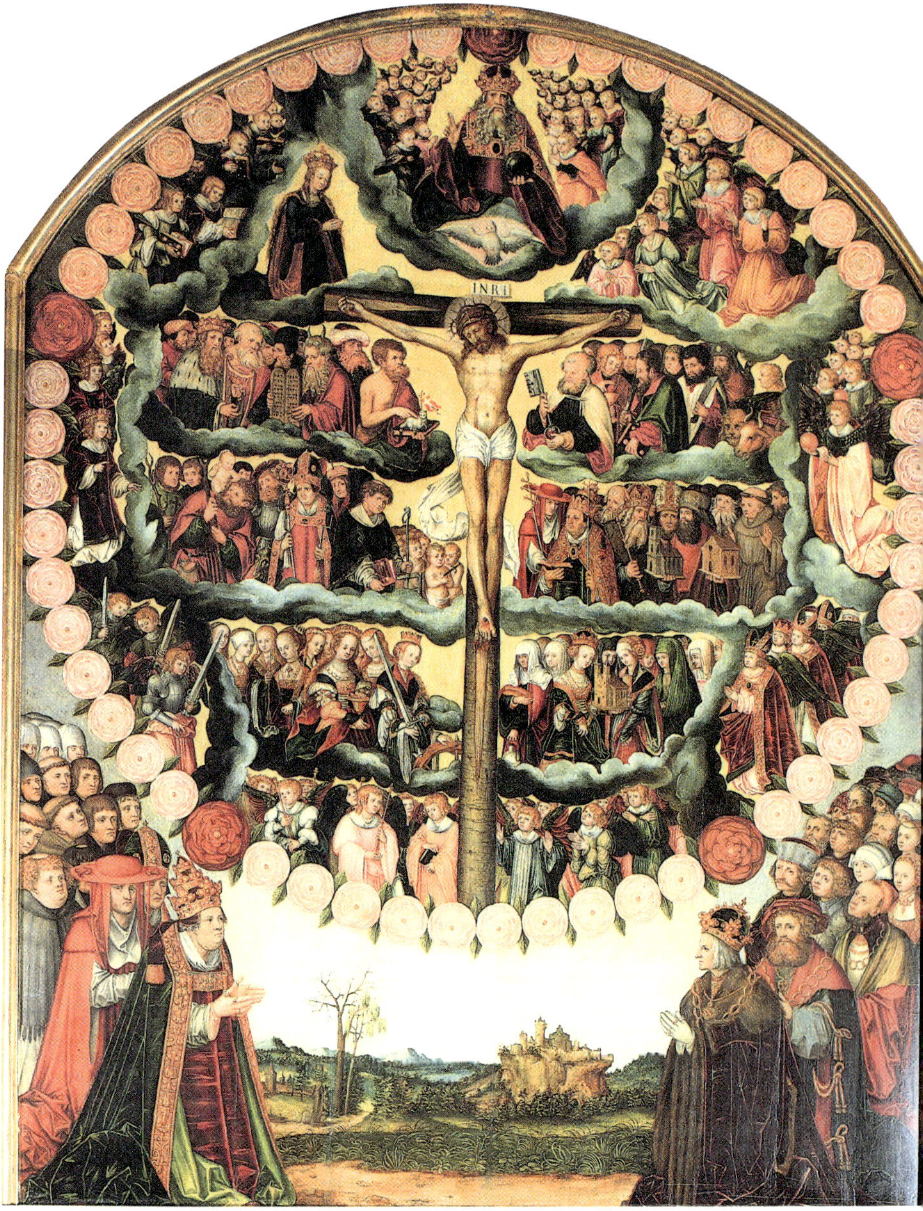
INRI

12 (S. 125): *Auf der Rasenbank vor einer blühenden Rosenhecke hat sich die Madonna mit dem Kind im Arm niedergelassen. Schwebende Engel auf Goldgrund krönen die himmlische Rose Maria. In königlichem Purpur, wie die Pfingstrose neben ihr, leuchtet ihr rotes Gewand, dessen Farbnuancen sich in den Blüten der Rosenhecke wiederholen und spiegeln. Im Gebüsch stimmen Distel- und Buchfink, Pirol und Rotkehlchen ihr Lied an. Im Bostoner Gardner Museum hängt eine Kopie aus dem 16. Jahrhundert, die zeigt, daß das Colmarer Bild offenbar beschnitten wurde. Am oberen Rand sind Gottvater und die Geisttaube und unten Pfingstrose, Lilie, Schwertlilie und ein Bodenstück mit Erdbeeren dem Beschnitt zum Opfer gefallen.* Maria im Rosenhag, Tafelbild, Martin Schongauer, 1473; Colmar, Dominikanerkirche St. Martin.

13 (S. 126/127): *Der auferstandene Jesus erscheint Maria Magdalena im österlichen Garten. Großen Anteil an der Aussagekraft des Gemäldes hat die Vielzahl von Blumen und Pflanzen, deren mystische Sprache auf die Auferstehung und das ewige Leben verweist.* Noli me tangere, Gemälde des Meisters des Göttinger Barfüßeraltars, erstes Viertel 15. Jahrhundert; Stuttgart, Staatsgalerie Stuttgart.

14 (S. 128): *Schmerzensreicher Rosenkranz: Die Bildmitte beherrscht das Kruzifix, das Apostel und Heilige umgeben. Darüber erscheinen Gottvater, die Geisttaube, Engelchöre und Maria. In den Kranz aus weißen Rosen sind fünf rote eingefügt, die die Wundmale Christi symbolisieren.* Rosenkranzbild, mitteldeutsch (?), 1515–1520, Tafelbild; Bamberg, Dom.

Ikonographie

Im Bild hat das vielbedichtete Schneeglöckchen nicht die gleiche Aufmerksamkeit gefunden. Die seltenen Beispiele zeigen den Märzenbecher stets zusammen mit anderen Marienblumen zu Füßen der Muttergottes[3] (Farbbild 8 und 10).

5. Maiglöckchen

»Ich bin eine Feldblume und eine Lilie im Tal«: *Lilium convallium,* so nennt sich die Braut des Hohenliedes nach dem Vulgatatext. Das Maiglöckchen gehört zur Gattung der Liliengewächse, und sein botanischer Artname, *convallaria majalis,* weist darauf hin, daß die alten Botaniker in ihm die Lilie der Täler sahen. Die verschiedensten Abschleifungen, die vom Norden bis zum Süden im Volksmund erhalten blieben: »Lilkenfall« in Schleswig-Holstein oder »Lilumlalum« bei den Steiermärkern[1] gehen darauf zurück.
Als Blume aus dem Hohenlied wird das Maiglöckchen vor allem zum Gleichnis der Maria *sponsa,* der Braut. Als eines ihrer Sinnbilder soll es auf beides hinweisen, auf ihre Demut und auf ihre Bereitschaft, die Mutter des Erlösers zu werden. Die »Lilie im Tal« ist die »Zier der schlichten Eltern«[2], wie sie Honorius von Autun bezeichnet. Den Scholastiker Adam von St. Victor regt sie zu folgendem Vergleich an: »Wie im Tal die Lilie glüht, so ist Christ aus dir erwacht.«[3]

Ikonographie

Diese Aussage illustrieren jene Maiglöckchen, die auf einer Altartafel mit der Darstellung der Geburt Jesu (ehemals im Nürnberger Katharinenkloster) leuchten.[4]
Der enge ikonographische Bezug zu Maria zeigt sich in einer Vielzahl anderer thematischer Zusammenhänge.[5] Bei der Verkündigung erscheint das Maiglöckchen zusammen mit seiner großen Schwester, der Lilie (Abb. 43) und kann sogar deren Platz einnehmen.[6]
Weilt Maria mit dem Kind im Grünen, fehlt das Maiglöckchen selten (Farbbild 8 und 10). Eingesteckt in die goldene Krone, ziert die Blume die Himmelskönigin.[7] Selbst am Totenbett der Gottesmutter kann sie hoffnungsvoll erblühen.[8] Auf Gemälden findet sich das Maiglöckchen immer wieder unter den Wiesenblumen, mit Hinweis auf Demut und Unschuld[9], oder auch ohne konkrete Symbolik.

6. Maßliebchen oder Gänseblümchen

Im Volksmund heißt das Maßliebchen auch Marienblümchen und umgekehrt wird Maria Maßliebchen genannt. »God gruet di, schone matelieve / dat bistu vrouwe sonder beraet / geworden ons want moeder Eve / ter hellen bracht mit haer misdaet.«[1] (Gott grüß dich schön Maßliebchen, / das bist du Fraue ohne Zweifel / geworden uns als Mutter Eva / zur Hölle uns bracht mit ihrer Missetat).
Besser bekannt ist das Maßliebchen unter dem Namen Gänseblümchen. Das unauffällige Pflänzchen, das bis in den Herbst hinein blüht, gehört nicht zu den großartigen Gleichnisblumen der Madonna. Es zählt vielmehr zu dem beim Erwachen der Natur neu aufsprießenden blühenden Schmuck der Heide und Aue. »Du Blumenschein im grünen Klee«[2], so wird es sehnlichst nach des Winters Zwang erhofft, erwartet und besungen. »Auf dem Rain, Blümelein groß und klein, neu erschein, weiße, rote, gelbe samt den blauen. Rings im Gras sind schnell sie aufgesprungen …«[3], so beschreibt Neidhardt von Reuenthal die Maienwiese.

Ikonographie

Auf das Bildthema ist das Maßliebchen oder Gänseblümchen, selten bezogen. Doch wo der Wiesenplan sich ausweitet und Platz für heilige und weltliche Szenen bietet, da fehlt die kleine, bescheidene Blume nicht. Mit anderen Blumen zusammen verwandelt es die im Winter erstarrte Natur zur sommerlichen Aue. In der neu aufkommenden, naturgetreuen Pflanzenschilderung hat das Maßliebchen einen Platz gefunden. So malte es, unter anderen, Meister Bertram auf dem Grabower Altar. Es blüht bei ihm allüberall, im Paradies[4] ebenso wie auf den Bildfolgen des Lebens Jesu.[5] Aber auch für spätere Maler gehört das kleine Blümchen zur Wiesenflora[6] (Farbbild 10).

7. Nelke

Im Mittelmeerraum kannte man während der Antike zahlreiche Arten der Nelke. Die als Schmuckpflanze kultivierte Blume wand man zu Kränzen. Im Götterkult war sie Zeus zugeordnet.
In mittelalterlichen Aufzählungen von Blumen und Heilpflanzen

sucht man die Gartennelke zunächst vergebens. Doch in den Kräuterbüchern des 15./16. Jahrhunderts wird sie beschrieben und abgebildet. Die allegorische Pflanzenauslegung dieser Zeit hat sich allerdings kaum mit ihr befaßt.
Gelegentlich wird Maria als Gewürznelkenbaum bezeichnet: »Du bist ein Karioffelreis (Nägelibaum) und ein muschatbluome«.[1] Der Vergleich wurde bald von dem aromatisch riechenden und schmeckenden Gewürz auf die gleichnamige duftende Blume übertragen.
Die Form der Nelkenblüte und ihres Fruchtstandes gleicht einem altertümlichen Nagel. Dies brachte der Blume den Namen »Nägelin« ein. Er hat sich im Volksmund bis heute erhalten, z. B. Nägele in Schwaben und Nagele in Südtirol. Auch in anderen Sprachen dokumentiert sich die Assoziation von Nelke und Nagel. Im holländischen Sprachgebrauch heißt sie *nagelbloem,* und die Spanier nennen sie *clavel.* In Italien ist es nicht die Nelkenblume *garo fano,* sondern die Gewürznelke *chiodi,* die sich klanglich an Nagel *chiodo* anlehnt. Die englische Bezeichnung *carnation* wiederum verweist auf die Menschwerdung Christi.
Wenn auch die Nelke in der geistlichen Literatur wenig Beachtung findet, so spielt sie doch eine große Rolle in Liebesangelegenheiten, wie es sich in Brauchtum, Lied oder Spruch ausdrückt. Der handfeste Gebetsseufzer eines Mädchens hört sich so an: »O du liaba Gott, schenk mer an Nagelstock, der auf zwa Füeßen steht und mit mir schlaf'n geht.«[2]

Ikonographie

Die Nelke gehört zu den Blumen, deren Bedeutung nicht aus dem spärlichen Schriftgut zu entnehmen ist. Am unmittelbarsten läßt sich ihre Aussage durch das Bild entschlüsseln.
Viele Darstellungen zeigen, wie dem Jesuskind von der Mutter[3] oder von Engeln[4] Nelken dargeboten werden. Das Kind streckt sich mitunter verlangend danach aus oder hält die Blume(n) bereits im Händchen. Dieser Gestus sowie Name, Form und die blutrote Farbe, gelegentlich auch die Dreizahl der Blüten (Farbbild 9) ist verdeckter Hinweis auf den bevorstehenden Kreuzestod. Die gleiche Aussage in offener Symbolik teilt ein Engel mit, der dem Jesusknaben die Kreuzesnägel zeigt.[5]
Es sind diese Bilder der Offerte, des Darreichens und des willigen Annehmens vom künftigen Leiden und Sterben, welche die Nelke auffallend in den Blickpunkt rücken.[6] Immer sind beide, Mutter und Kind, die Empfänger der Botschaft[7] (Farbbild 6).

Als Blume der irdischen Liebe erscheint die Nelke auf den Bildern des 15. und 16. Jahrhunderts (Abb. 46). Im sinnenfrohen »Goldenen Zeitalter« von Cranach (Abb. 36) ist die ganze Wiese, auf der sich die nackten Paare vergnügen, mit roten und weißen Nelken bedeckt.[8]
In der Hand einer Braut darf die rote Nelke sicher auch als Sinnzeichen ihrer Liebe gelten.[9] Am eindeutigsten zeigt sich die Liebessymbolik auf den gewirkten Basler Teppichen.[10]
Darüber hinaus kann angenommen werden, daß die Nelke als vornehme und edle Blume galt. Sie findet sich seit dem 16. Jahrhundert auf Porträts in der Hand der dargestellten Person[11] oder als beigeordnetes Stilleben.[12]

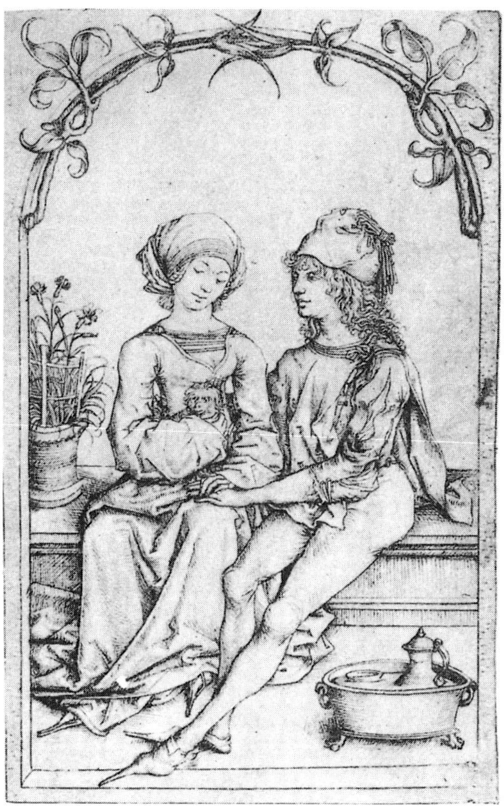

Abb. 46: *Als Blume der Liebenden gilt die Nelke, hier im Topf, beim Stelldichein des Liebespaares, das sich unter einem überrankten Bogen eingefunden hat.* Kaltnadelradierung, Meister des Hausbuchs, letztes Viertel 15. Jh.

8. Pfingstrose

Der von den Kirchenvätern so oft gerühmten und erwähnten »Rose ohne Dornen« entsprach nach mittelalterlicher Sicht die Pfingstrose. Schon seit dem Altertum war sie als *Paeonia* – die Heilende – bekannt und geschätzt. Selbst bei so hintergründigen Krankheiten wie Fallsucht, Besessenheit und Alpdrücken erhoffte man sich von ihr Genesung.
Ihre durch keinerlei Dornen beeinträchtigte Schönheit bot sich als Sinnbild Mariens an. Dementsprechend rühmt Konrad von Würzburg die Gottesmutter: »Du pfingestrose an allen stift (Dorn)«[1]. Ein späterer Lobpreis aus dem 14. Jahrhundert grüßt die Jungfrau als »purpurschöne Paeonie«[2].

Ikonographie

Die großen roten Blüten der ungefüllten Paeonie, die sich durch die schön gegliederten Blätter auszeichnet, entfalten sich prächtig in der Nähe Mariens. Die Staude wächst mit anderen Marienblumen in den Gärten[3] oder Lauben, die die Madonna mit dem Kind umgeben (Farbbild 10 und 12). In der beginnenden Renaissance erweckte die Pfingstrose das botanische Interesse. Albrecht Dürer hat sie, wie übrigens auch die Schwertlilie, unter seine Pflanzenaquarelle aufgenommen.[4]

9. Rose

Antike: Das Ursprungsland der Rose ist wahrscheinlich Persien. Von dort aus gelangte sie im 7. Jahrhundert v. Chr. nach Griechenland und Italien.

Griechenland: Einem griechischen Mythos zufolge entsproß die Rose dem Blut des Vegetationsgottes Adonis. Er ist der Jünglingsgeliebte der Aphrodite (Venus). Daher ist die Blume eng mit der Liebesgöttin verbunden. Sie ist ihr Sinnbild und eines ihrer pflanzlichen Wahrzeichen.
Darüber hinaus kann die Rose wohl die am meisten geliebte und gerühmte Blume des Altertums genannt werden. Sie erhielt die Bezeichnung »Wonne der Erdgeborenen«, »Wohlgeruch der Göt-

ter« und galt als die Lieblingsblume der Musen, des Bacchus, des Eros. Beim Festmahl und beim Trinkgelage darf die Rose nicht fehlen. Sie bringt den Kranken Heilung, hindert die Verwesung der Toten, und selbst wenn sie altert, strömt sie noch Wohlgeruch aus. Alle diese Eigenschaften rühmt ein anakreontisches Lied.[1]
Wie sie die Gärten dieser Erde schmückt, so blüht sie nach Pindar auch auf den Inseln der Seligen. Er schreibt über die dort Weilenden: »Ihnen leuchtet die Kraft der Sonne, während hienieden die Nacht herrscht, und auf Wiesen von roten Rosen leben sie vor ihrer Stadt.«[2]

Rom: Bis in die frühe Kaiserzeit zurück reicht in Rom der Bericht von den Rosarien oder Rosalien, dem Fest der beginnenden Rosenblüte. An diesem Freudenfest wollte man auch die toten Angehörigen teilnehmen lassen. Deshalb schmückten die Lebenden deren Gräber mit Rosen und hielten dort Gastmähler zu Ehren der Verstorbenen.
Die Rose symbolisierte beides, Liebe, Freude, Lust, aber auch Vergänglichkeit und Tod.

Altes Testament: Die Bibel erwähnt die Rose in den nachexilischen Apokryphen. Die Ewige Weisheit sagt von sich: »Ich bin aufgewachsen wie ein Palmbaum in En-Gedi und wie die Rosenstöcke in Jericho« (Sir 24,18). Als Zeichen für die Vergänglichkeit des Lebens heißt es: »Unsere Zeit geht vorbei wie ein Schatten … Laßt uns Kränze tragen von Rosenknospen, ehe sie welk werden« (Weish 2,5 und 8). Im Hohenlied 2,2 wird die Freundin eine »Lilie unter Dornen« genannt. Schon früh wurde sie zur »Rose unter Dornen« abgewandelt und vornehmlich auf Maria bezogen. Unter den Dornen, die ihrer Schönheit keinen Abbruch tun, verstand man die Abkunft Marias von der Urmutter Eva oder vom Volk Israel.

Frühes Christentum: Wegen ihrer engen Verbindung mit den Göttermythen wollten die Christen zunächst nichts mit dem Rosenkult der Heiden zu tun haben. Sich mit Rosen zu bekränzen galt als Sünde, da der Heiland eine Dornenkrone getragen habe. Diese Auffassung änderte sich jedoch bald, und der Rosendorn erinnerte fortan an das Leiden Jesu und seine himmlische Blüte an die Farbe des Blutes. So kam die Blume wieder zu Ehren und fand mit neuer Sinngebung erstaunlich früh Eingang in das Gedankengut der Kirche.

Die Rose und die Märtyrer

Die rote Rose wurde auch auf den blutigen Tod der Märtyrer bezogen. »Ihr Märtyrerblüten, seid gegrüßt, die schon beim ersten Schein des Lichtes Christi Verfolger hingemäht wie Rosenknospen im Wirbelwind.« Mit diesen Worten geht Aurelius Prudentius Clemens im 4. Jahrhundert auf den Tod der unschuldigen Kindlein beim Bethlehemitischen Kindermord ein.[3]
Bischof Cyprian von Karthago schreibt an die Verfolgten im Jahr 250 in Rom: »Möge jeder durch gute Werke den weißen oder durch sein Leiden den purpurnen (Rosen-)Kranz empfangen.«[4]

Die Rose und das Paradies

In visionären Träumen kann die Rose als Paradiesblume erscheinen. Der Märtyrer Saturus sieht sich und seine Leidensgenossin Perpetua nach bestandenem Märtyrium (202 n. Chr.) in der jenseitigen Welt: »Vor uns tut sich ein weiter Raum auf wie ein Lustgarten mit Rosenstöcken. Die Höhe der Rosenstöcke war die von Zypressen und ihre Blätter rieselten fortwährend herab.«[5] Diese Zusammenschau von Rose und Paradies in der frühen Christenheit bleibt die Jahrhunderte hindurch in der theologischen Literatur lebendig. »Winterstarre, Sommerglut, sie wüten dort nie, der Purpurflor der Rosen lebt dort einen ewigen Frühling.« So klingt die Beschreibung des Paradieses im 11. Jahrhundert bei Petrus Damiani.[6]

Die Rose und Maria

Bereits im 5. Jahrhundert taucht die Rose als Sinnbild Mariens auf. Einer der ersten, der diesen Vergleich zog, war der Dichter Sedulius. »Wie unter spitzigen Dornen / die Rose so arglos erblüht, / die ohne verletzenden Stachel / den Mutterstrauch ehrenvoll krönt, / so kam aus dem Stamme der Eva / Maria ganz heilig hervor. / Es sühnte die Jungfrau die neue / der früheren Jungfrau Vergehn.«[7] Sedulius geht von der Vorstellung aus, daß die Rose einst dornenfrei im Garten Eden blühte.
Diese Überzeugung vertraten auch die Kirchenväter. Die »Rose ohne Dornen« erscheint vielen in den kommenden Jahrhunderten als das vollkommene Abbild der Jungfrau. Walther von der Vogelweide dichtet: »Nu senfte, uns frowe sinen (Gottes) Zorn / barmherzic muoter uz erkorn / du frier rose sunder dorn / du sunnenvarwin clare.« (Nun besänftige uns Fraue seinen Zorn, barmherzige Mutter auserkorn, du freie Rose ohne Dorn, du sonnenfarbige Klarheit.) [8]

Mittelalter: Immer umfassender spiegeln sich im hohen und späten Mittelalter die Tugenden Mariens in der Rose. Dazu trägt wiederum ganz wesentlich die neue Auslegung des Hohenliedes bei. Dieses schon immer allegorisch interpretierte Buch des Alten Testaments wird vom 12. Jahrhundert an als Gleichnis für Christus und Maria gedeutet – auf Maria als Personifikation der Ecclesia, der Kirche (vgl. Blumenbild). Die ganze Garten- und Blumensymbolik des an Metaphern reichen Liebesliedes wird beispielhaft für sie. Zwar ist die Rose im Hohenlied nicht namentlich erwähnt, doch hat das blumenreiche Umfeld den Boden bereitet, auf dem sie sich in schöner Fülle entfalten kann. Unzählige Male wird die Madonna hinfort als Rose gepriesen.

Rose in Jericho, Rose der Weisheit also, heißt sie im Melker Marienlied.[9] Der Text beruht auf Sirach 24,18, dem Hohenlied der Weisheit, die dort mit den Rosenstöcken, die in Jericho gezogen werden, verglichen wird.

Ihre Liebe und ihr Mitleiden lassen die Gottesmutter für Hugo von Saint-Victor zur »Rose der Geduld« werden.[10] Die »geheimnisvolle Rose« nennt sie im 16. Jahrhundert die Lauretanische Litanei und übernimmt damit den Ausdruck *rosa mystica*, der ältesten Theotokien (Mariengebete) der Ostkirche. So rühmt der Akathistos-Hymnus: »Sei gegrüßt, du mystische Rose, daraus uns Christus entströmt.«[11] Die Schönheit beider, der Blume und der Frau, lobt Konrad von Würzburg: » Du rosenbluot, du liljenblat, du künegin in der hohen stat… du bist so gar ein paradis der wünne, ein blüendez rosenris.«[12]

Als eine unendlich große Rose beschreibt Dante den himmlischen Ort, in dem die Muttergottes »als Königin, der dieses Reich ergeben ist, …« die Mitte einnimmt. »Ins gelbe Innere der Himmelsrose, die aufgestuft und duftig sich entfaltet zu Lob und Ehr der ewigen Gnade, zog Beatrice mich, den Redewilligen.«[13]

Auch in andere Themenzusammenhänge werden Rose und Rosenstock einbezogen.

Die Wurzel Jesse

Der Zweig aus dem Stamm Isai, der aus einer Wurzel Frucht bringt (Jes 11,1f.), wird oft als Rosenstrauch oder -zweig wahrgenommen und damit zum Gleichnis Mariens. Die Frucht wird zur Blüte, zum Christuskind, wie das Kirchenlied »Es ist ein Ros' entsprungen« sagt.[14]

Der Rosenkranz

Gebetsketten, an deren aufgereihten Perlen der Gläubige die zu betenden Paternoster abzählt, sind seit dem 8. Jahrhundert bekannt. Im 12. Jahrhundert wird das »Vater unser« um das »Ave Maria« erweitert. Diese Ketten werden zuerst Rosarien – Rosengärtlein – genannt. Später heißen sie Rosenkränze, da die Gebete als »Kranz geistlicher Rosen« aufgefaßt wurden. Um die Entstehungsgeschichte ranken sich verschiedene Legenden. Eindeutig ist die Zuordnung der Farben. Für Mariens Freuden standen die weißen Rosen, die roten Rosen symbolisierten ihre Schmerzen und die goldfarbenen ihre Glorie. Im 15. Jahrhundert bildeten sich zur verstärkten Pflege der Gebetsausübung die Rosenkranz-Bruderschaften, die einen enormen Zulauf von Personen aus allen Ständen hatten.

Die Rose und die Passion Christi

Wie schon darauf hingewiesen, war bereits im frühen Christentum ein enger Bezug zwischen Rose und Blut hergestellt worden. Im Hoch- und Spätmittelalter gewinnt diese Vorstellung neue Bedeutung. Die Rose erscheint als Sinnbild der Leiden Jesu. Schon Bernhard von Clairvaux vergleicht die fünf Blütenblätter der Rose mit den fünf Wunden Christi. Auch später bleibt die Gleichsetzung von Blume und Wundmalen erhalten, etwa bei Heinrich von Freiberg: »Und der die roten rosen truoc mit bitterlichen smerzen durch uns an seinem herzen, an vüezen und an henden …«[15] In einem geistlichen Lenzlied singt die gläubige Seele: »Da gehn wir zu dem Kreuze und nehmen des Maien wahr. Der hat gar rote Blüten, den uns die Magd gebar. Sehn ihn an sein Houbet, das ist von Dörnen wund: Wer Jesum Christum lieb hat, fürwahr der wird gesund.«[16]

Der schmerzensreiche Rosenkranz

Im 15. Jahrhundert wurde in die Rosenkranzandachten, die ursprünglich der Gottesmutter galten, die Fünf-Wunden-Meditation einbezogen. Diesem neuen Gebetsanliegen gilt künftig der zweite, schmerzensreiche Rosenkranz.

Die Rose als Synonym für die Liebe

War die Rose im Altertum die Blume der Venus, so erfreute sie sich auch im Mittelalter besonderer Wertschätzung als Blume der Liebenden. Die Troubadoure besangen sie in der Liebeslyrik. Als

gebräuchliche Metapher für die Jungfräulichkeit blieb *la rose* im Französischen bis in die Gegenwart erhalten.[17]
Volkslied, Vagantenlied und Minnesang machen, jeder nach seiner Weise, fröhlichen Gebrauch von dieser Blume. Da vergleicht der Freund die Blüte mit der Geliebten. Ihre Wangen, ihr Mund, ihr Kleid, ja sie selbst wird ihm zur Rose: »Sie gleicht wohl einem Rosenstock, drum gliebt sie mir im Herzen. Sie trägt auch einen roten Rock, kann züchtig, freundlich scherzen. Sie blühet wie ein Röselein, die Bäcklein wie das Mündelein. Liebst du mich, so lieb ich dich, Röslein auf der Heiden« (Volkslied).[18] »Es stand ein Mädchen in rotem Kleidchen, wer sie berührte, das Kleidchen knisterte. Ei, ja! Es stand ein Mädchen wie ein Röschen, ihr Antlitz strahlte, ihr Mund der blühte. Ei, ja!« (Vagantenlied).[19]
Mit Rosen geschmückt zeigt sich das Lager der Liebe. »Da het er gemachet also riche von bluomen eine bettestatt, / des wird noch gelachet innecliche, kummt iemen an daz selbe pfat. / An den rosen er wol mac tandaradei / merken wa mirz houbet lac.« So vergegenwärtigt sich das Mädchen die verschwiegene Liebesstunde unter den Linden (Walther von der Vogelweide, Minnesang).[20]
Der nicht gebrochenen Rose gleicht die Liebste, deren Frauenehre der Liebhaber – es ist König Wenzel von Böhmen – nicht verletzen will. »So hab er Dank, der seine Liebe also pflegt, wie ich der reinen, sanften Frucht. Ich brach die Rose nicht und hatte doch die Macht«(Minnesang). [21]
In Liebesdingen galt die Rose auch als Orakelblume. »Wollt Gott ich fänd im Garten drei Rosen auf einem Zweig, ich wollte auf sie warten, ein Zeichen wär mir' s gleich. Das Morgenrot ist weit, es streut schon seine Rosen, ade, du schöne Maid.«[22]
Der Bedeutung der Rose als Symbol steht ihr Gebrauch als Gleichnisbild und als Attribut gegenüber. Sie symbolisiert die menschliche wie die göttliche Liebe, die leidenschaftliche Liebe ebenso wie die Liebe, die jenseits aller Leidenschaft liegt.

SUB ROSA

In der Antike schrieb man dem Tragen von Rosenkränzen eine abkühlende Wirkung zu. Sie sollten unkontrolliertes Geschwätz verhindern. In die gleiche Richtung tendiert eine im späten Mittelalter allgemein übliche Redewendung *sub rosa dictum* = »unter der Rose geredet«. Sie warnte vor dem Weitersagen intimer Gespräche und anvertrauter Geheimnisse. »Was sie bereden über Tisch, von der edlen Rose frisch …«, das durfte nicht über die Tischgenossenschaft hinaus bekannt werden.[23]

Ungewöhnlich vielfältig – was ihre verschiedenen Bedeutungen betrifft – entwickelt sich das Bild der Rose. Die frühe Kunst der Christenheit übernimmt sie aus dem paganen Bereich und erfüllt sie mit neuem Sinn.
Nicht nur als allgemein üblicher Grabschmuck, sondern wohl auch als Sinnbild der Märtyrer und als Blume des Paradieses mögen Rosenstöcke, -sträuße, -kränze und -girlanden in den Katakomben und Kirchen gemeint sein. Unter Rosenstöcken weidet der Gute Hirte die Schafe und unter denselben Rosenbüschen weist Bileam der Gottesmutter den Stern der Verheißung.[24] Märtyrer mit ihren Kronen schreiten über rote Rosen dem himmlischen Jerusalem zu.[25]
Auch die mittelalterliche Kunst kennt das Motiv der Rose. Ihre paradiesische Herkunft stellte das Spätmittelalter immer wieder vor Augen. Dies läßt sich aus vielen Darstellungen ersehen, die Engel mit Rosen zeigen. Der Hofstaat der Himmelskönigin, liebreizende Mädchenengel, pflücken sie, flechten sie zu Kränzen und Girlanden[26] und reichen sie der Madonna oder dem Kind.[27] Auch die Engel selbst tragen oft Rosenkränze.[28]
Bei den Mystikern des 13. Jahrhunderts ist nachzulesen, daß man sich die Erlösten im Jenseits Kränze windend und tragend vorstellte. Mit Rosenkränzen geschmückt, so erscheinen sie auch in der Vorstellung der Künstler.[29] Ganz ähnlich beschrieb im 5. vorchristlichen Jahrhundert Pindar das Leben auf der Insel der Seligen: »Gewinde flechten sie um ihre Arme und kränzende Zweige.«[30]
Weite Verbreitung fand in der mittelalterlichen Ikonographie wiederum die Verbindung mit Maria. Das beginnt in der Gotik, doch vor allem das 15. Jahrhundert vereint die Muttergottes mit dieser Blume (Farbbild 10). Rosen werden der Jungfrau in Sträußen[31] oder Schalen[32] dargebracht oder wachsen mit anderen Marienblumen in ihrer Nähe. Manchmal tragen Maria oder das Knäblein Rosenkränze. Befinden sich Mutter und Kind in der freien Natur, so blüht oft ein Rosenstock neben ihnen (Farbbild 8). Auch Maria selbst, in ihrem roten, in weichen Falten sich ausbreitenden Gewand, kann einer Rose gleichen.[33]

▷

Abb. 47: *Eine kräftige, trotz Krone bürgerlich anmutende Gottesmutter steht neben einem Rosenstock. In dessen Zweigen thront als edelster Sproß auf einem Kissen das Kind. Zärtlich berührt es das Kinn des ihm zugewandten Gesichts der Mutter.* Rosenstrauch-Madonna, Holzplastik aus Straubing, um 1220/30; München, Bayerisches Nationalmuseum.

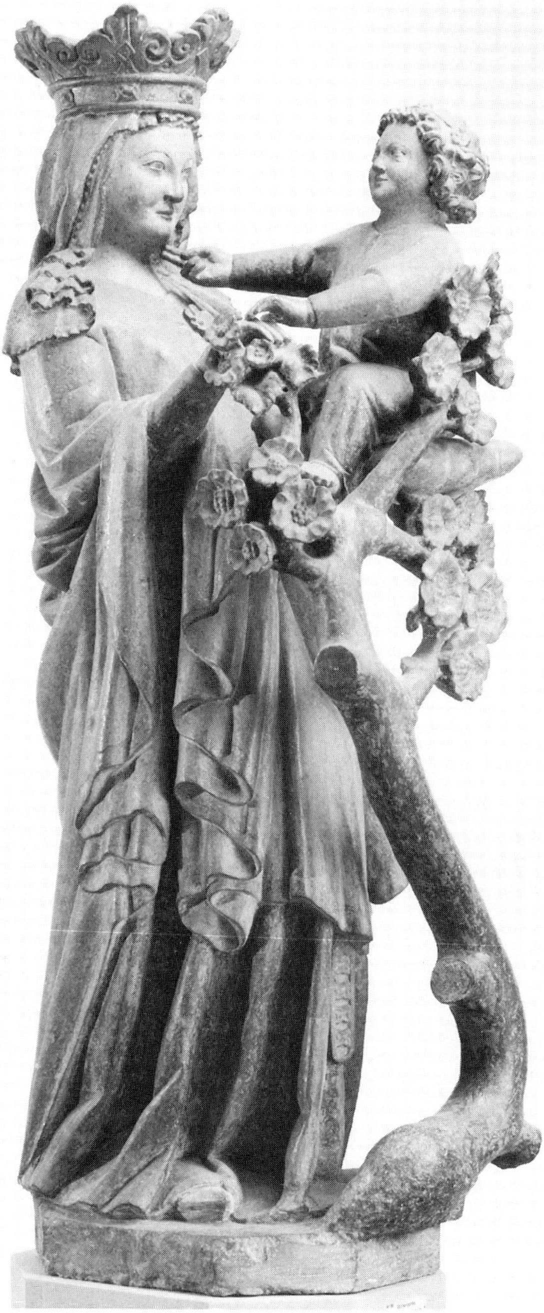

Die zunehmende Bedeutung, die die Rose gewinnt, läßt ein neues Bildthema entstehen. Der im Mittelalter so farbig beschriebene Paradiesgarten und der »verschlossene Garten« des Hohenliedes mit all seinen allegorisch gedeuteten Blumen und Früchten, dazu der Vergleich der Madonna selbst mit der Rose, führen zum Bildtypus »Maria im Rosenhag« (Farbbild 12).[34] Licht und hell, aber auch dicht verzweigt voll blühender roter oder weißer Rosen, grenzt der Hag[35] den heiligen Bereich vom irdischen ab[36]. Hier weilt die Gottesmutter mit dem Jesusknaben auf der Rasenbank oder hat sich als Demutsmadonna[37] auf dem Wiesenboden niedergelassen. Engel sind eifrig zu ihrem Dienst bereit. Manchmal umgeben Rosenhecken wie ein Zaun den Bezirk und verwandeln ihn in einen Garten.[38]

Aber auch auf altbekannten Motiven breiten sich die Rosen aus, beispielsweise bei der Wurzel Jesse (Jes 11,1f). Nicht im monumentalen Jessebaum, der sich ja ebenfalls auf diese Stelle bezieht, sondern im intimen Bereich der Marienbildnisse wächst der Blütenstrauch empor. So weist ein Rosenzweig, den Maria einem Zepter gleich in Händen hält, auf die Wurzel Jesse hin.[39] Aus dem schlafenden Urvater steigt ein Rosenstrauch auf und umrankt die über ihm stehende Pfeilermadonna[40] – ein eindeutiger Hinweis auf den Stammbaum Jesse. Eine weitere Darstellung, die auf diese Abkunft hindeutet, zeigt Maria hinter einem kräftigen, blühenden Rosenbusch. In den Blüten hat das Kind seinen Platz eingenommen (Abb. 47).

Die schon lange als Rosenkranz bezeichneten üblichen Gebetsketten werden in den Bildtafeln der Rosenkranzbruderschaften als reale Kränze wiedergeben.[41] Sie umrahmen das dominierende Bildmotiv, das je nach dem Gebetsanliegen des Rosenkranzes die Gottesmutter[42] oder den Gekreuzigten darstellt. Zwei bedeutende Schnitzwerke finden sich im Fränkischen, das als »Englischer Gruß« bekannte Meisterwerk von Veit Stoß und die gleichfalls von einem Rosenkranz umrahmte Riemenschneider-Madonna in Volkach.[43] Ist es der Kruzifixus, den Rosen umgeben, so werden in den Kranz oft fünf rote Rosen eingefügt (Farbbild 14) oder an deren Stelle die fünf Wunden Christi an Händen, Füßen und am Herzen.[44] Der Gründer der Rosenkranz-Bruderschaft, Jakob Sprenger,

▷

Abb. 48: *Gramgebeugt hält die Gottesmutter den toten Sohn auf den Knien. Wie Rosen blühen seine Wunden und gleich Blütenblättern fallen die Blutstropfen herab. Die Symbolik verstärken die Rosen auf dem Sockel der Plastik.* Pietà Röttgen, Holzplastik, um 1370; ehemalige Sammlung Röttgen, Bonn, Rheinisches Landesmuseum.

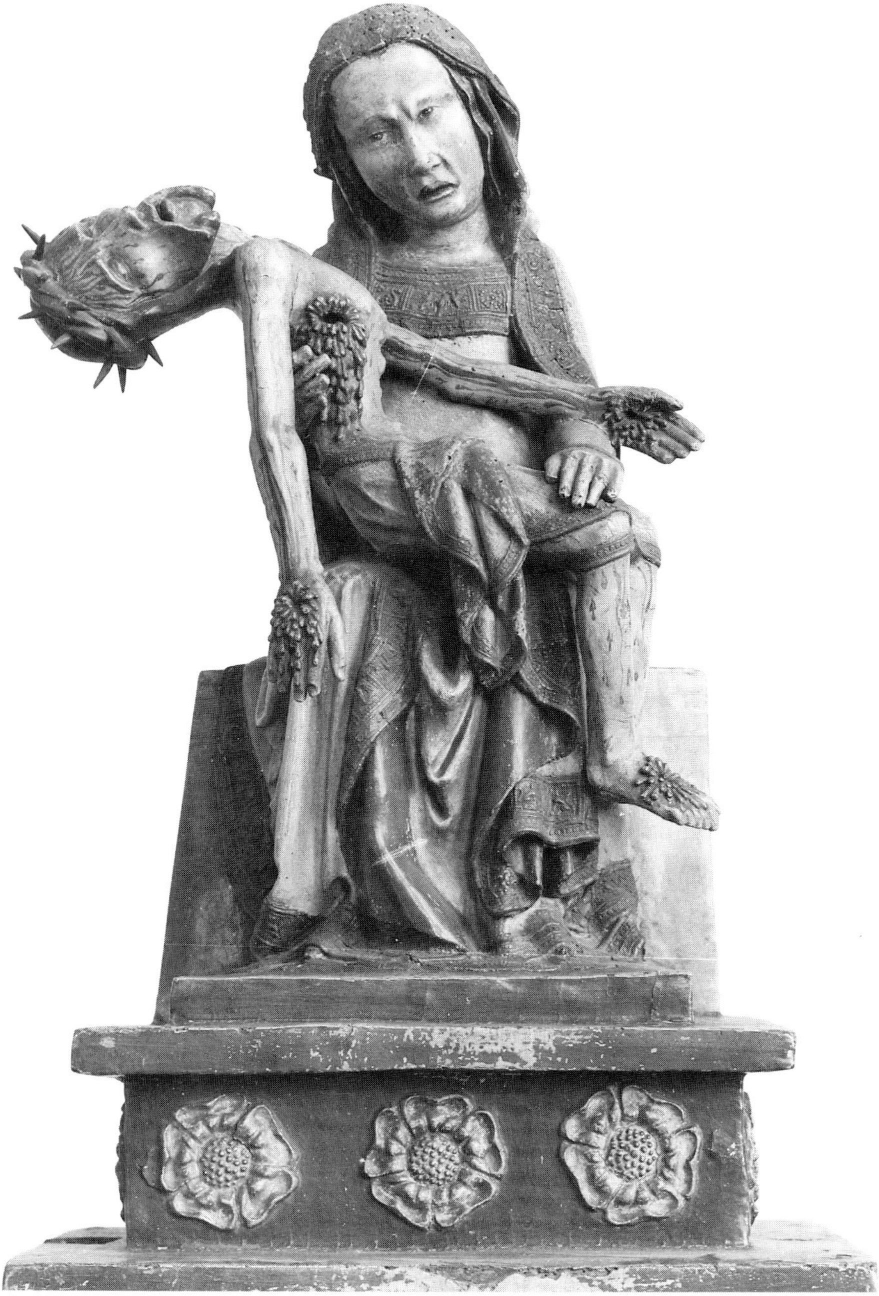

weist die kunstschaffenden Brüder an »... nach zehen weißen rosen setzt er eine rote rosen entzwischen, welche in dem Paternoster bedeuten wird, in dem ein mensch betrachtet das rosenrote plut Christi Jesu«.[45]
Die Analogie zur Rose entsteht durch das Rot der Wunden des Heilands oder seine Wundmale, die Rosen nachgeformt sein können. Am eindrucksvollsten ist dies bei der Röttgen-Pietà erkennbar (Abb. 48). Die herabfließenden Blutstropfen sind in der Form von Blütenblättern gestaltet. Wie bei vielen anderen Vesperbildern ist der Sockel, auf dem die Pietà steht, zudem ebenfalls mit Rosen besetzt. Auch das Kreuz selbst kann die Form eines Rosenstrauches annehmen. Aus seinem Stamm und den Armen wachsen und sprossen Blütenzweige. Solche Kruzifixe können von einem Rosenkranz umgeben sein, der sich über dem Fegefeuer erhebt. Denn es sind ja vor allem die Rosenkranzgebete, die die Zeit der armen Seelen im Purgatorium verkürzen sollen.[46]

Rosa aurea, die Goldene oder Papstrose

Unter diesem Namen wurde eine vom Papst als Sinnbild Christi, »der Blume des Feldes«, geweihte Rose aus Gold bekannt. Hohe Persönlichkeiten, Korporationen, Städte usw. bekamen sie als Auszeichnung verliehen, damit sie »in aller Tugend durch Christus geadelt werden«. Daher wurde sie auch Tugendrose[47] genannt. Der Brauch der Verleihung – am 4. Sonntag Laetare – geht bis ins 12. Jahrhundert zurück.[48]

Die Lutherrose

Das persönliche Siegel Martin Luthers zeigt eine weiße Rose auf blauem Grund. Innerhalb der fünfblättrigen Rosenblüte erwächst aus einem Herzen ein schwarzes Kreuz. Luther nennt seine Petschaft ein »Merkzeichen meiner Theologie«. Die »weiße, fröhliche Rose« selbst ist ihm ein Zeichen dafür, daß der Glaube Freude, Trost und Frieden schenkt.[49]

Gelegentlich findet sich die Rose als Attribut der Tugenden – *caritas*[50] und *sapientia* oder auch des Lasters *luxuria*.[51] Versinnbildlicht sie im ersten Fall die göttliche Liebe oder Weisheit, so im anderen Wollust und hemmungslose Sexualität.

Von den Heiligen, deren Kennzeichen die Rose ist, sind Dorothea und Elisabeth von Thüringen die bekanntesten. Die gemarterte Dorothea erhält auf ihre Bitte hin ein Körbchen mit Rosen und Äpfeln aus dem Garten Christi.[52]

Die im späten 15. Jahrhundert entstandene Legende um die hl. Elisabeth berichtet, daß sie, wenn sie die Wartburg verließ, in einem Korb Brot für die Armen bei sich trug. Ihr Mann, der Graf von Thüringen, der befürchtete, daß sie sein Hab und Gut durch ihre Mildtätigkeit verschwende, lauerte ihr eines Tages auf. Doch als er den Korb aufdeckte, erblickte er nur Rosen darin. Ein Glasfenster in der Elisabethkirche in Erfurt zeigt dieses Rosenwunder.
Als Liebeszeichen hat die Rose im Bild wenig Entsprechung gefunden. In Büchern, die sich mit dem Thema Liebe befassen, kann sie als Textillustration erscheinen. In der beginnenden Renaissance wird ihre Zusammenschau mit der Liebesgöttin wieder aufgenommen. Umgaukelt von Blüten wird die Venus auf ihrer Muschel ans Gestade geweht.[53]
Eine Ausnahme bildet die zwischen 1300 und 1340 entstandene Manessische Handschrift. In ihr ist die Rose in schöner Vielfalt als Sinnzeichen der Liebe vertreten. Ein großer Rosenstrauch mit roten fünfblättrigen Blüten kann den reizvollen Hintergrund der Minneszenen bilden. Vor ihm reicht sich das Paar die Hand.[54] Vor ihm trinken Verliebte aus einem Glas und lauschen der Musik des jungen Psalteriumspielers (Abb. 49). In seinem Schutz birgt der Geliebte den Kopf im Schoß seiner minniglichen *frouwe*.[55] Kränze aus Rosen sind eine willkommene Gabe. Mit ihnen zeichnen edle Frauen die tapferen Ritter aus.[56] Den duftenden Kranz reicht die Dame ihrem Minnesänger, der auf einer Leiter ihre Kemenate erklimmt.[57]

Rosette

Als ornamentale Form soll noch die Rosette genannt werden. Sie gehört zu den ältesten und am meisten verbreiteten Ornamenten, die als Kreisbogenblume, häufig sternartig stilisiert, dargestellt ist. Die Rosenform mit Blütenblättern, die rund um den Mittelpunkt angeordnet sind, kristallisiert sich erst nach und nach heraus. Im baulichen Bereich wurde sie vielfach als Füllelement benutzt.
Im mesopotamischen Reich gab es bereits Blumen-Rosetten, deren pflanzliche Vorbilder erkennbar waren. Das Rosettenmotiv erscheint in der mykenisch-kretischen Kunst und verbreitete sich in der Ägäis und später im ganzen Mittelmeerraum.
In der christlichen Kunst könnte die Rosette schließlich neben ihrem Schmuckcharakter noch im Sinne der Rosensymbolik ikonographische Bedeutung haben. So etwa fügt sie sich beispielsweise in das byzantinischen Elfenbeindiptychon ein. Die Rückseite zeigt ein Kreuz, dessen End- und Schnittpunkte in der Mitte und an allen vier Enden mit Rosetten abschließen. Im abendländischen

Bereich würde dies eindeutig auf die fünf Wunden Christi verweisen, während diese Annahme für die byzantinischen Kunst eher fraglich ist.[58]
Angelehnt an die antike Form benützten auch die Architekten der Renaissance die Rosette wieder öfter als dekoratives Element.

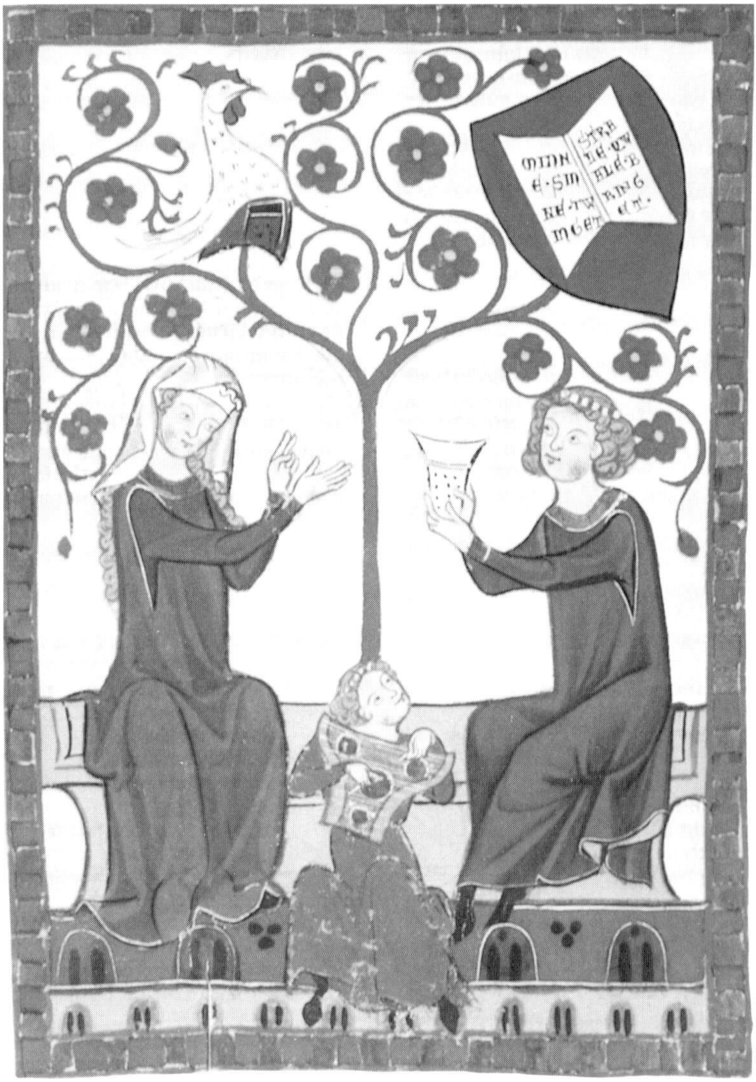

Abb. 49: *Unter einem blühenden Rosenbaum, beim Klang des Psalteriums verkostet ein verliebtes, höfisches Paar ein Glas Wein.* Manessische Liederhandschrift, Anfang 14. Jh.; Heidelberg, Universitätsbibliothek.

Wort und Schrift gehen üblicherweise einem Bildmotiv voraus. Anders ist dies bei den Fensterrosen, die ohne literarische Vorgabe entstanden. Der Name hat sich für den Betrachter aus ihrem grazilen Maßwerk, aus ihrer Schönheit und ihrem funkelnden Glanz ergeben. Die früheren, bereits in der Romanik gestalteten Radfenster mit Speichen und Nabe verändern sich Mitte des 12. Jahrhunderts in blumenartige, leuchtende Gebilde. Sie verbinden beides, die vegetabilen Formen der Natur und die Geometrie der Architektur. Das bunte Glas, das jetzt zur Verfügung stand, ermöglichte ein reiches Bildwerk, in dem sich Theologie und Wissenschaft der Zeit widerspiegeln können. Etwa seit Beginn des 13. Jahrhunderts ist der Name dafür »Rosenfenster«. Die bekanntesten Beispiele finden sich in den Kathedralen von Paris, Chartres[59], Amiens, Reims und Straßburg. In Deutschland gehört der »Stern von Sankt Lorenz« in Nürnberg, ein Radfenster über der Portalzone, zu den bemerkenswerten sakralen Kunstwerken dieser Art.[60]

10. Veilchen

In der Antike bereits bekannt und beliebt, diente das wohlriechende Veilchen als Duftmittel und Schmuck für Götterbilder. Die Römer verwendeten es als Grabblume beim Gedenkfest, das nach ihm benannt war: *dies violaris.*

Der süße Duft des Veilchens, sein niedriger Wuchs und die königliche Farbe forderten Theologen und Dichter immer wieder zu Vergleichen heraus: »Es hat nicht Stamm, nicht Art, nicht Zweig und ist doch purpurn köstlich«.[1]

Seit der frühen Christenheit galt das Blümchen als Sinnbild der Demut, die auch im Mittelalter als Ursprung und Wurzel sämtlicher Tugenden geschätzt wurde.[2] Witwen, Mönchen und Bekennern sprach man die hochlöbliche Eigenschaft der Demut zu.

Vor allem aber ist es Maria, »des Herrn Magd« (Lk 1,38), in der sich Hoheit und Demut vereinen. Zugleich wird sie, mit aller Schönheit begabt, als hohe Himmelskönigin verehrt. Das Veilchen in seiner zweifachen Bedeutung konnte deshalb zu einem ihrer Sinnbilder werden.

»Sie (Maria) ist eine Blume durch ihre Schönheit, ein Veilchen durch ihre Demut«, preist sie Hugo von Saint-Victor[3], und Konrad von Würzburg nennt sie einen »violbusch im merzen«.[4]

Das Veilchen war eine vom mittelalterlichen Menschen sehnlichst erwartete Frühlingsblume. Vom Wiener Hof des 13. Jahrhunderts wird berichtet, daß der ganze Hofstaat hinauszog, sobald die erste Blüte gesichtet wurde. Das sittsamste Mädchen wurde erwählt und durfte das Veilchen pflücken.[5]

Ikonographie

Auf den Bildern des späten Mittelalters ist Maria oft von Veilchen umgeben. Sie wachsen vor ihr auf dem Rasen (Farbbild 10), sie sind ausgestreut am Boden (Farbbild 9) oder die Jungfrau hält sie in der Hand.[6] Auf einem Jahreszeitbehang mit Verkündigung, Kreuzigung und Auferstehung blühen sie zwischen grünem Klee, zusammen mit Nelken, einer lilienartigen Glockenblume und jungen Eichenpflänzchen.[7]

11. Flora ohne eindeutige Symbolik

Nicht durch eine klare Beziehung zu einer biblischen Gestalt oder einer heiligen Geschichte stehen die nachfolgenden, bisher unerwähnt gebliebenen Pflanzen. Auch wenn sie nicht durch ein ikonographisches Programm gebunden, zum Teil auch nur seltener dargestellt sind, lassen sie dennoch bei aufmerksamem Betrachten vermuten, daß ein Bezug zum Bildthema vorhanden ist. Deshalb sollen sie nicht unerwähnt bleiben.
Der im Volkslied oft genannte Klee erscheint wiederholt erkennbar auf den Bildwerken inmitten von Gras im Rasen.[1] Sein dreizähliges Blatt erinnerte die Menschen an die göttliche Dreieinigkeit.[2] Der hl. Patrick erläuterte den Iren am Beispiel dieser Pflanze die Trinität.[3]
Das kräftige Blau der Kornblume und ihre zart gefiederten Blätter verwendeten die Maler gern zur Ausschmückung in Gebetbüchern.[4] Ein niederländisches Gedicht rühmt die Blume, die mitten im Korn steht (Eucharistie) wegen ihres »lezure«-(lapislazuli)blau und vergleicht sie mit der Jungfrau.[5] Die Künstler des Mittelalters kleiden die Madonna nicht umsonst oft in Umhänge oder Gewänder mit der Farbe des Himmels.[6]
Goldene Osterglocken sind nicht nur typische Frühlingsblumen[7], die das Wiedererwachen der Natur anzeigen. Auf Passionsbildern[8]

läuten sie darüber hinaus die österliche Freude *(Farbbild 13)* über die Auferstehung des Herrn ein. Konrad von Megenberg nennt die gelbe Schlüsselblume die »veltblume« des Hohenliedes.[9] Unter der Bezeichnung Frauenschlüssel, Himmelschlüssel und Fastenblume ist sie ebenfalls bekannt. Die Namensgebung deutet schon auf ihre Beziehung zum christlichen Umfeld hin.[10] Deshalb verwundert es nicht, wenn die Frühlingsbotin auch unter dem Kreuz zu finden ist.[11]

Mitunter ist es auch der Löwenzahn, der als Feldblume bezeichnet wird. Er ist auch unter den Pflanzen des »Paradiesgärtleins« auszumachen (Farbbild 10) und findet sich auf dem Rasen der Altartafel »Anbetung des Lammes«[12]. Die Pflanze mag auf die Auferstehung hinweisen und dem Gekreuzigten zugeordnet werden, dessen Schrei mit dem des Löwen verglichen wird, der die Macht hat, seine Jungen zum Leben zu erwecken.[13]

Das Stiefmütterchen gilt als ein bewährtes Mittel gegen Kinderkrankheiten, vor allem gegen das »Fraischen«[14]. In den Kräuterbüchern des 16. Jahrhunderts wird es wegen seiner dreierlei Farben Dreifaltigkeitsblümchen genannt. An Trinitatis tragen es die Elsässer in die Kirche. Auf einem Gemälde Gerard Davids erblüht das Stiefmütterchen neben dem Jesuskind und seiner Mutter.[15]

Eine sonst nicht erscheinende Blume ist die Wicke. Bei dem Bild »Maria mit der Erbsenblüte«, dürfte es sich daher um eine außergewöhnliche Verbindung der Madonna mit dieser Pflanze handeln. Der kräftige Stengel der Blume trägt außer der Blüte noch eine geöffnete Schote mit Erbsen. Auch der Jesusknabe, den Maria im Arm trägt, hält eine Wickenblüte. Möglicherweise soll auch diese Blume auf die Jungfrauengeburt hinweisen.[16]

Der Garten

Gärten anzulegen und in diesen geschützten Räumen Pflanzen zu kultivieren, ist eine schon in weit zurückliegender Vergangenheit praktizierte Gepflogenheit. Neben der Zucht von Nutzpflanzen bemühte man sich um eine Gartenkunst, die von gesellschaftlichen, religiösen und ästhetischen Gesichtspunkten beeinflußt wurde.

1. Gartenanlagen von der Antike bis zum Mittelalter

Antike: Die alten Ägypter gestalteten ihre Gartenanlagen meist in symmetrischer Form um ein Wasserbassin.[1]
Als berühmtestes Beispiel der Gartenkunst im Altertum dürfen die Hängenden Gärten der Semiramis[2] in Babylon gelten. Die im 6. Jahrhundert v. Chr. vorgestuft übereinander errichteten Terrassen mit künstlicher Bewässerung zählten zu den sieben Weltwundern.
»Paradies« nannten die Perser ihre nach assyrischen und altorientalischen Vorbildern angelegten Gärten.[3]
In Griechenland weihte man den Göttern Heilige Haine. Die Gymnasien und Akademien waren von öffentlich zugänglichen Parkanlagen umgeben. In der Rückschau auf die Zeit der Heroen wird von prächtigen Gärten berichtet.[4]
Die Römer übernahmen Anregungen aus der griechischen Gartenkultur. Dort und in den Vesuvstädten besaßen die Häuser im Innenhof einen kleinen Wirtschaftsgarten. Neben den reinen Nutzgärten gab es aber ebenso Zier- und Lustgärten. Zeugnis davon geben die römischen Wandmalereien, etwa im Haus der Livia in Rom.[5] Zu den großen römischen Villen und Sommerresidenzen, wie beispielsweise der Villa Adriana bei Tivoli, gehörten prunkvolle Gartenanlagen, die mit Wasserspielen, Kanälen und Seen, Alleen, Thermen und Sportmöglichkeiten ausgestattet waren.

Altes Testament: Nicht nur von den einzelnen Blumen und Bäumen, sondern auch von Gärten erzählt die Bibel. Gleich nach Gottes Schöpfungstat wird berichtet: »Und Gott der Herr pflanzte einen Garten ... und es ging von Eden aus ein Strom, den Garten zu bewässern« (1 Mose 2, 8 und 10). »Und Gott der Herr ließ aufwachsen aus der Erde allerlei Bäume, verlockend anzusehen und gut zu essen« (1 Mose 2,9). Er »... nahm den Menschen und setzte ihn in den Garten Eden, daß er ihn bebaute und bewahrte« (1 Mose 2,15). So wunderbar und lieblich ist dieser Ort, daß der Name Paradies, die persische Bezeichnung für die königlichen Gärten, zum Bild und Gleichnis der himmlischen Herrlichkeit wird.

Neues Testament: In der Offenbarung des Johannes ist es die heilige Stadt Jerusalem, die in ihrer von Gold und Edelstein glänzenden Pracht zum Sinnbild des Gottesreiches wird (Offb 21, 18–22). Aber auch in dieser Beschreibung schimmert noch das Paradies hindurch. Der Strom des Lebens fließt auch dort, gesäumt von den Lebensbäumen, »... die tragen zwölfmal Früchte«. Ihre Blätter »dienen zur Heilung der Völker« (Offb 22,1 und 2) und die Seligen haben Anteil am Baum des Lebens (Abb. 50).
In den Evangelien, die aus dem Leben Jesu berichten, ereignen sich

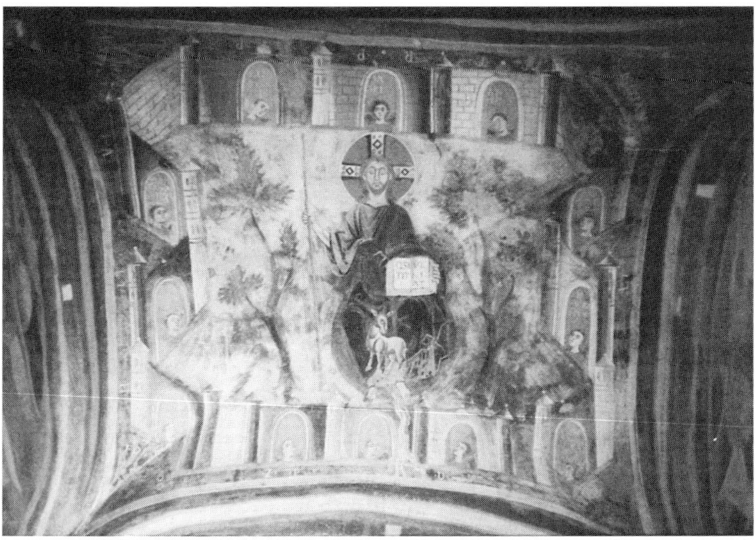

Abb. 50: *Die Mauern des himmlischen Jerusalem, deren zwölf Tore mit Wächterengeln besetzt sind, grenzen hier nicht wie üblich eine Stadt ein, sondern zeigen das Paradies als Garten, der durch zwei große Bäume symbolisiert wird. In der Mitte thront der Erlöser auf der Weltkugel. Seine Rechte hält einen Stab, die Linke umfaßt ein geöffnetes Buch mit den Worten: »Qui sitit veniat« (Wen dürstet, der komme) und verweist damit auf die Quelle des Lebens, die neben dem Christuslamm entspringt.* Fresko, um 1100; Civiate, San Pietro al Monte.

Geschehnisse von großer Tragweite in Gärten. Es ist der »Garten mit Namen Gethsemane« (Mk 14,32) auf dem Ölberg vor den Toren Jerusalems, in dem Christus Todesangst litt und in dem seine Gefangennahme stattfand (Joh 18,1). Vom Ort seines Begräbnisses und seiner Auferstehung steht geschrieben: »Es war aber an der Stätte, wo er gekreuzigt wurde, ein Garten und im Garten ein neues Grab ...« (Joh 19,41).

Mittelalter: Über den Gartenbau in den Pfalzen und Städten des Mittelalters ist wenig bekannt. Zu diesem Thema stehen nur sehr beschränkt Quellen zur Verfügung.
Karl der Große erließ für alle Hofgüter die Vorschrift, Apothekergärtchen anzulegen.
Die Mönche legten in den Nutzgärten der Klöster, streng geordnet und fein säuberlich, ihre Beete an (St. Gallener Klosterplan). Genau orientiert ist die Nachwelt über den Klostergarten der Reichenau durch den Hortulus von Walahfrid Strabo.[6]
In den Städten gab es nur Platz für kleine Hausgärten. Deshalb lagen die größeren Gärten außerhalb der Stadtmauern. Über deren Anlage und Anpflanzung ist nachzulesen bei Albertus Magnus.[7] Seine Schrift befaßt sich mit den zweckmäßigen Gartenanlagen des Bürgertums, geht auf die Rasenanpflanzung und den Baumgarten ein und verbindet Kräuter- und Blumengarten zu einem gemeinsamen Ganzen.
Möglicherweise spielte der Gedanke der an einem geschützten Ort domestizierten Natur, der Ordnung gegenüber dem Wildwuchs in Wäldern und Dickichten, gleichfalls eine Rolle bei der Vorstellung des mittelalterlichen Menschen vom Paradies. Nur ein wunderbarer Garten konnte der Ort himmlischer Seligkeit sein.
Große Bedeutung erlangte das Motiv des Gartens wiederum in der Ikonographie der Muttergottes. »Maria die viel zarte, si ist ein rosengarte, den got selber gezieret hat / mit seiner majestat.«[8] Die Jungfrau Maria erschließt (vgl. Apfel) und verkörpert das Paradies. Im Jesuskind gewinnt die göttliche Frucht Gestalt. Diese Aussage vermittelt bereits im 3. Jahrhundert n. Chr. Dionysos von Alexandrien: »Der eingeborene Gott wurde geboren im jungfräulichen Paradies, das mit allem ausgestattet war.«
Dieser Auffassung sind auch die Dichter des Mittelalters. Der eine nennt sie »ein lebendiges Paradies vil maniger edeler blumen«[9]. Der andere spricht nicht ganz so feierlich, doch ebenso anschaulich von ihr als »lustlicher garten«[10].

Dem Bibeltext entsprechend stellten sich die Künstler anfangs das Paradies als Baumgarten vor. Üppig bepflanzt (Abb. 51) oder nur durch einige wenige Bäume angedeutet (Abb. 50) wird er dargestellt.[11] Während des 6. Jahrhunderts gewinnt er das Aussehen eines offenen Haines mit blumenreichem Wiesengrund.[12] Das Mittelalter charakterisiert den Garten Eden mitunter durch Bäume, die manchmal durch ihre Früchte zu erkennen sind.[13]
Die blumigen Wiesen, auf denen sich Selige, Heilige, Märtyrer und Engel ergehen und unter Palmen wandeln, befinden sich nicht auf dieser Erde. Sie repräsentieren vielmehr himmlische Gefilde, wie sie sich der andächtige Betrachter frommer Bildwerke vorstellte (vgl. Palme und Abb. 29).
Diese paradiesischen Gegenden werden oft in baumreichen Ausschnitten gezeigt.[14] Später weitet sich der Garten zur großzügigen Parklandschaft, in der alle Szenen der biblischen Frühgeschichte von der Erschaffung des Menschen bis zur Vertreibung aus dem Paradies Platz haben können (Abb. 52).

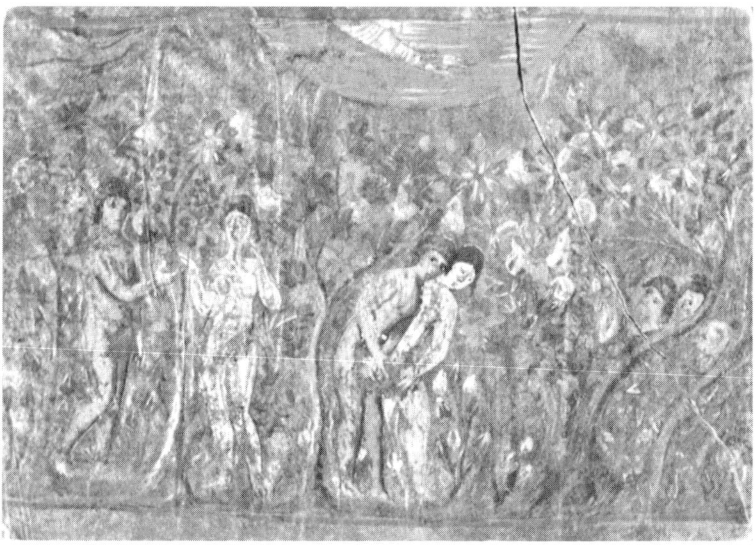

Abb. 51: *Das Paradies, wie es die syrische Bildredaktion schildert, zeigt einen reichen Garten mit Bäumen und Blumen. Keine Mauer, doch ein Tor und der Cherub mit dem Feuerrad, verwehrt dem sündigen Paar die Rückkehr.* Vertreibung aus dem Paradies, Wiener Genesis, vermutlich in Antiochien im 6. Jh. entstanden; Wien, Österreichische Nationalbibliothek, Theol. graec. 3.

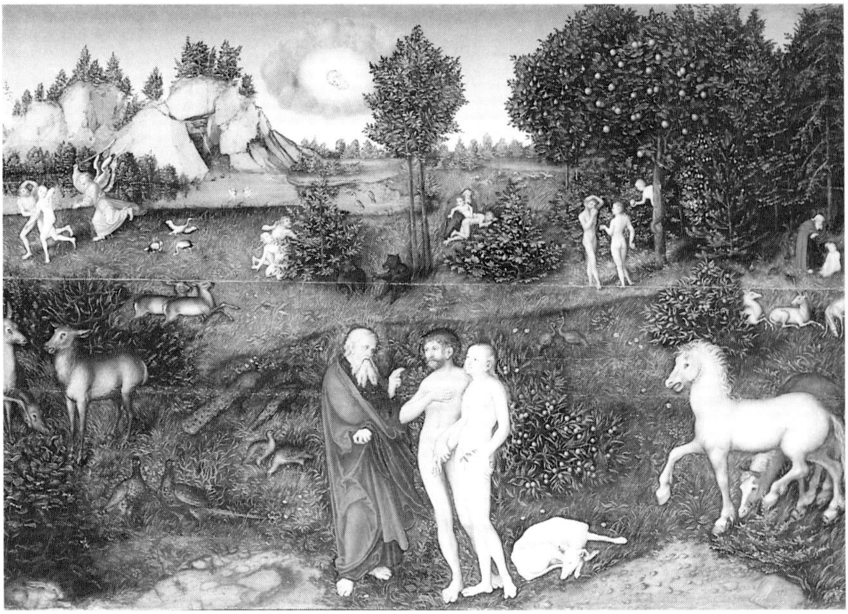

Abb. 52: *Cranachs »Paradies« zeigt die Schöpfungsgeschichte bis zum Sündenfall in weitläufiger Parklandschaft mit reichem Baumbestand und Buschwerk. Das* Paradies, Tafelgemälde, Lucas Cranach d. Ältere, (1472–1553); Kunsthistorisches Museum, Wien.

Die veränderte Gewichtung des Hohenliedes im Mittelalter – die Madonna übernimmt die Stelle der Braut (vgl. Blumenbild) – bewirkt eine Neuorientierung des Marienbildes. Das zeigt sich besonders in der Malerei. Das Bild der jungen, lieblichen Jungfrau löst die Darstellung der feierlich thronende Himmelskönigin ab. Als Paradebeispiel eines verschwenderisch blühenden Gartens, mit Maria als bedeutendster Gestalt inmitten von Heiligen, ist das »Paradiesgärtlein« eines oberrheinischen Meisters zu nennen (Farbbild 10).[15] Hier ist sie mit ihrem Kind im Gras sitzend anzutreffen.[16] Dienstbereite Mädchenengel oder Engelkinder umgeben die beiden. Sie bringen Früchte und Blumen und musizieren. Oft lagert Maria auf einer Decke[17] oder sie hat sich auf der Rasenbank niedergelassen (Farbbild 8, 12). Stets schmückt den Garten eine reiche Blumenzier. Manchmal dürfen heilige Jungfrauen die himmlischen Freuden mitgenießen und teilnehmen an der mystischen Brautschaft. Vornehmlich ist es Katharina von Alexandrien, welcher der Christusknabe der Legende folgend den Brautring ansteckt.[18]

Die Künstler verbinden in ihren Darstellungen den Paradiesgarten mit dem des Hohenliedes. Sie geben ihm die Farben der ihnen wohlvertrauten Haus- und Burggärten. Zinnenbewehrte oder einfache Mauern grenzen ihn ein oder ein Flechtzaun, eine Hecke. Ein kleiner Ausschnitt, eine Rosenlaube oder ein Miniaturgärtchen etwa[19], steht oft für den ganzen Garten.
Die im Neuen Testament genannten Gärten, Gethsemane und der Ostergarten, treten anfangs bildlich wenig in Erscheinung bzw. werden nur durch einige Bäume angedeutet. Im 15./16. Jahrhundert wandeln sie sich zu richtigen Gärten mit Wiesen, Bäumen und Blumen.[20] Ganz besonders gilt dies für die Osterbilder, die das Zusammentreffen Maria Magdalenas mit Jesus festhalten.[21] Nicht ohne Grund sind viele »Noli me tangere«-Bilder[22] in einer an Blumen und Pflanzen reichen Landschaft angesiedelt, hält Maria Magdalena den auferstandenen Christus doch zunächst für den Gärtner (Farbbild 13). Der Garten ist von einem Flechtzaun umgeben und bietet einer Vielzahl von Blumen Platz. Besonders deutlich zu erkennen sind gelbe Narzissen, auch als Osterglocken bekannt. Auffällig ist zudem eine prächtige weiße Madonnenlilie hinter der knienden Maria Magdalena. Neben dem segnenden Jesus blühen rote und weiße Stockrosen, eine blaue Schwertlilie und Akeleien. Daneben beleben den Rasen Löwenzahn, Klee, Erdbeeren, Gänseblümchen, Veilchen und Vergißmeinnicht sowie andere Wiesenpflanzen. Die dargestellten Blumen haben fast alle eine Aussage, die Christus oder Maria betrifft.
Auch im profanen Bereich ist der Garten ein Bildthema. Er kann in den ausgeschmückten Romanen des ausgehenden Mittelalters einer der Orte sein, in die sich der Held versetzt sieht oder zu dem er auf einer abenteuerlichen Reise gelangt.[23] Der aus der Mitte des 13. Jahrhunderts stammende Roman *De la Rose* enthält ein Gartenbild, das dem Lustgarten mit Rasenbank wie ihn Albertus Magnus beschreibt, angenähert ist,[24] wenngleich diese Aussage vielmehr noch für das Paradiesgärtlein gilt.
Unentbehrlich ist der Garten für die im 15. Jahrhundert als Hochzeitsgabe hoch geschätzten gewirkten Bildteppiche. Hier treffen sich die Liebespaare zum Spielen, Speisen, Blütensammeln und Bäumepfropfen (s. Holunder) oder um mit Frau Minne in diesem Bereich ein Stelldichein zu haben.[25]

2. Hortus conclusus

Der im 15. Jahrhundert entstehende neue Bildtypus des verschlossenen Gartens ist besonders vom Hohenlied beeinflußt (Hld 4,12). Das kleine, zaun- oder mauerumschlossene Geviert erweckt zwar nicht eben die Vorstellung einer blühenden Gartenanlage. Vielmehr sind hier die marianischen Gleichnisobjekte zusammengedrängt dargestellt. Sie sind dem Hohenlied, den Weisheitsbüchern, den alttestamentlichen Typologien und den Hymnen entnommen. Der eingegrenzte Garten mit dem verschlossenen Tor wird in dieser Auslegung ebenso zu einem der vielen Keuschheitssymbole Marias, wie die versiegelte Quelle (Hld 4,12), der makellose Spiegel (Weish Ap 7,26), der mit Zinnen und Schilden bewehrte Turm Davids (Hld 4,4) und der elfenbeinerne Turm (Hld 7,4), Bildmotive, wie sie später in der Lauretanischen Litanei zusammengefaßt sind. Der Mittelpunkt im *hortus conclusus* ist immer die Mariengestalt.

Den Präfigurationen im Alten Testament werden ähnliche Aussagen unterlegt. Der Dornbusch, der ohne Feuer in Flammen steht (2 Mose 3,1–5), gleicht Marias Schwangerschaft bei unverletzter Jungfräulichkeit. Das Fell Gideons, das ohne Regen naß wird und trotz Regen trocken bleibt (Ri 6, 26–40), deutet auf die übernatürliche Empfängnis hin. Der blühende Aaronstab (4 Mose 17–23) ist das Zeichen ihres Erwähltseins. Die verschlossene Pforte Hesekiels (Hes 44.1ff) bezieht sich auf den verschlossenen Mutterschoß Mariens, aus dem der Sohn Gottes zur Welt kommt. Wie eine Lilie oder Rose unter Dornen (Hld 2,2; s. Lilie), so rein und auserwählt hebt sich die Jungfrau vom übrigen Volk ab.

Die Zeder des Libanon und der schöne Ölbaum (Sir 24,17 und 19), vor allem Sonne und Mond (Hld 6,10) dienen als Gleichnis für ihre innere und äußere Schönheit. Auf Marias Funktion als Gestirn, das den Menschen den Leitpfad weist, werden der Stern Jakobs (4 Mose 24,17) und der Meerstern der Hymnen ausgelegt.

Eine Szene, die sich im *hortus conclusus* häufig abspielt, ist die Einhornjagd (Abb. 53). Das Sagentier, dessen Existenz nicht angezweifelt wurde, kann von niemand erjagt und gefangen werden. Nach der Überlieferung sucht es nur freiwillig Schutz im Schoß einer reinen Jungfrau. Das 15. Jahrhundert übernahm die Einhornjagd als Allegorie der Verkündigung an Maria. Christus, in der Gestalt des Einhorns, wird vom Engel Gabriel als Jäger in den Schoß der heiligen Jungfrau getrieben.

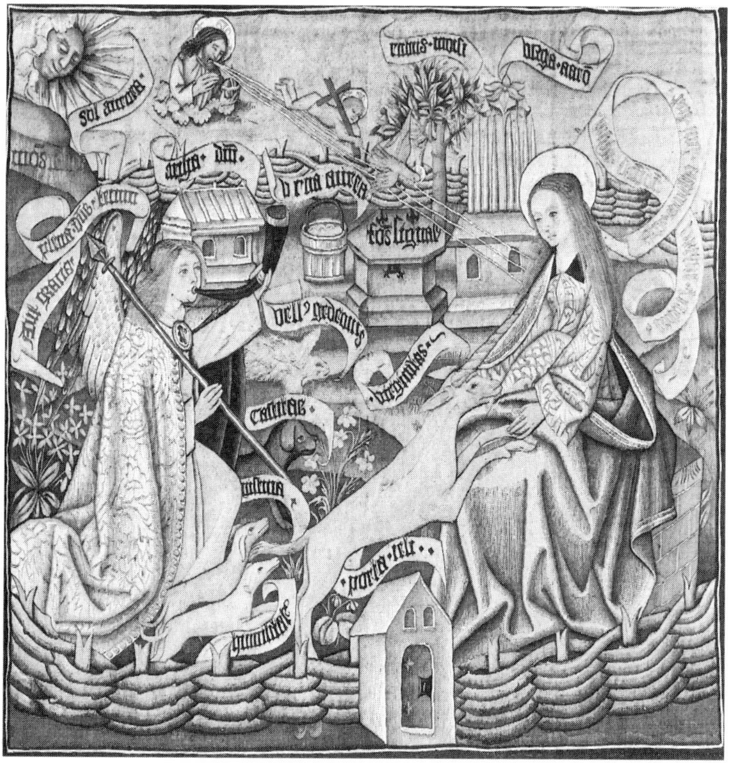

Abb. 53: *Im* hortus conclusus, *dem hier mit einem Flechtzaun umschlossenen Garten, befindet sich die heilige Jungfrau, der freudig das Einhorn in den Schoß springt. Attribute wie das verschlossene Tor, Turm, Brunnen und Marienblumen, die Symbole der Reinheit, verdichten die Aussage des Bildes.* Einhornjagd, Teppich, gegen 1500; München, Bayerisches Nationalmuseum.

Exkurs: Mischwesen zwischen Pflanze, Mensch, Tier

Mischgestaltige Wesen waren seit altersher in Mythen und Religionen bekannt, besonders in der Kombination Mensch und Tier. Im alten Ägypten konnten Götter derartige Gestalt annehmen: So erscheint der Gott Anubis mit Schakalkopf, Isis und Hathor sind in Kuhgestalt oder mit Hörnern dargestellt.
Im griechischen Kulturraum sind es vor allem die niederen Naturdämonen, wie Faune, Satyrn und Harpyen, die Schwänze, Hörner oder Flügel tragen. Der Hellenismus formte Mischwesen verschiedenster Art, nicht nur aus zoomorphen, sondern auch aus vegetabilen Elementen. Sie vermitteln oft einen verspielten, ornamentalen Eindruck.[1]
In Rom stellte Ovid in seinen Metamorphosen die vielen bekannten Verwandlungsmythen zusammen. Im Prolog beschreibt er das Ziel seiner dichterischen Bearbeitung: »Von den Gestalten zu künden, die einst sich verwandelt in neue Körper, so treibt mich der Geist.« An zwei der darin enthaltenen bekannteren Mythen sei erinnert: Um den Nachstellungen Apolls zu entgehen, erbittet sich die Nymphe Daphne von ihrem Vater, dem Flußgott Peneus, die Verwandlung in eine andere Gestalt. Sie wird zu einem Lorbeerbaum: »Es wachsen die Haare zu Blättern, zu Zweigen die Arme.« In der Geschichte von Philemon und Baucis heißt es: »Da sah Philemon, wie Baucis sich umlaubte ... Und als schon über beider Gesichter der Wipfel emporwuchs, tauschten sie Worte, solange sie durften ›Leb wohl, o mein Gatte!‹ riefen sie beide zugleich, und zugleich verbarg und umhüllte Laubwerk ihr Antlitz.«[2]
Man könnte meinen, daß die in der zweiten Hälfte des ersten Jahrhunderts n. Chr. aufkommenden Blattmasken dieses Zwischenstadium der Verwandlung festhalten. Sie zeigen ein menschliches Antlitz oder einen Tierkopf; beides kann aus dem Laubwerk hervorwachsen oder aus Blättern geformt sein. Durch die Mythen mag der Boden für diese Darstellungsform bereitet worden sein.

1. Blattmaske

Wohl durch die römische Provinzialkunst fand die Blattmaske weite Verbreitung auch im Norden. Die Spätromanik bediente sich ihrer in großer Vielfalt, vornehmlich als Schmuck an bestimmten Architekturelementen wie Konsolen, Kapitellen und Schlußsteinen.[3] Blattmasken finden sich vorher schon in der Buchmalerei.[4]

Die Gotik übernimmt die Motive abgewandelt (Abb. 54). Sie läßt oft naturgetreu gestaltetes einheimisches Laub und Früchte von der Maske ausgehen oder umgibt bzw. formt sie damit.[5]

Ab dem 14. Jahrhundert nehmen die Bildschnitzer von Chorgestühlen Blattmasken in ihr Repertoire auf.[6] Berühmt ist vor allem das Blattwerk der Baumeisterdynastie Parler und die Arbeiten aus deren Umfeld. Nur im weitesten Sinne in die Kategorie Blattmasken einzuordnen sind die Konsolen der Parlerschen Büsten.[7] Sie zeigen eine andere Spielart, die gleichfalls durch ihren Naturalismus und vor allem durch ihre individuelle Gestaltung besticht. Hier ist das Blattwerk zwar nicht mit der Figur verwachsen, doch so eng verbunden, daß sie in diesem Zusammenhang nicht übergangen werden sollen.

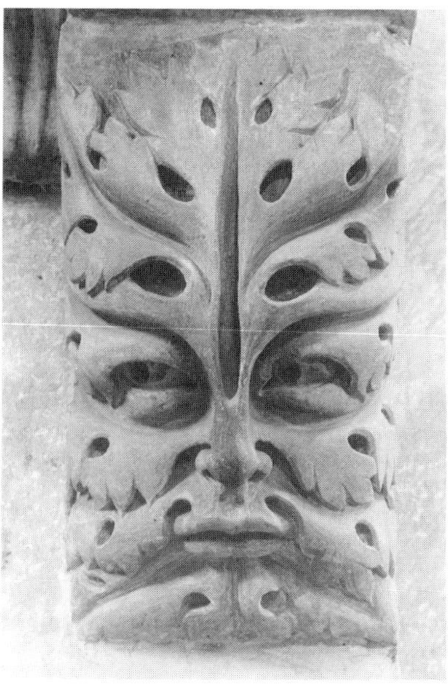

Abb. 54: *Aus Akanthusblattwerk entstehen Augen, Nase und Mund der Maske.* Blattmaskenkonsole des Bamberger Reiters, vor 1237; Bamberg, Dom.

2. Pflanzenspender

Weitgehend unter dem Namen Blattmasken firmieren auch pflanzenspendende Tiere und Menschen. Sie gehören zu den häufig dargestellten vegetabilen Mischwesen. Dem Mund oder Maul einer solchen Gestalt entwachsen Pflanzen, Ranken und Früchte, sehr oft Reblaub mit Trauben.
Sinn und Deutung lassen sich eindeutig aus frühen Miniaturen erschließen. Im Stuttgarter Psalter (um 820) schreibt und malt ein Klosterbruder zum Psalm 136,6 Terra, die Erde (Abb. 55). Sie hält in der rechten Hand Ähren, und links ist ein Feigen- oder Rebenast zu erkennen. Aus ihrem Mund wachsen beiderseitig traubentragende Zweige. Es sind die Wachstumskräfte der Erde, die hier unmißverständlich symbolisiert werden.
Zweihundert Jahre später bekommt die Personifikation der Erde ebenfalls diese Kräfte in den Mund gelegt.[8] Außerhalb eines Kreises, der den Kruzifixus umschließt, befinden sich an den oberen Blattkanten Sonne und Mond, unten Meer und Erde. Dem Mund der Erde entwächst ein stattlicher Baum. Ihr gegenübergestellt ist Okeanos. Seinen Lippen entströmen üppige Wasserwellen. Alle vier kosmischen Kräfte sind personifiziert.

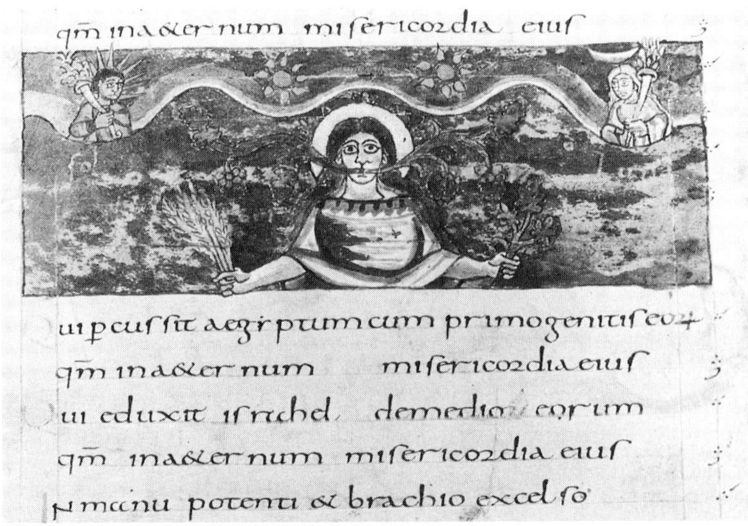

Abb. 55: *Aus dem Mund der personifizierten Erde wachsen Rebenzweige. In der Hand trägt sie weitere Beweise ihrer Fruchtbarkeit.* Terra, Buchmalerei, Stuttgarter Psalter; um 820, Stuttgart, Württembergische Landesbibliothek, Cod. bibl. fol. 23,151v.

Nicht nur neutrale oder positive Wesen[9] verbinden sich in dieser Weise mit der Pflanzenwelt. Auch das Böse kann Wachstumskräfte entwickeln, wie anderen Darstellungen zu entnehmen ist. Ausschlaggebend ist immer die Wesensart des Spenders. Bei einem Teufel oder einem dämonischen Tier bedeutet das von ihm ausgehende Wachstum die sich vermehrende Bosheit, auch wenn sie in Gestalt üppiger Vegetation erscheint. Gelegentlich trägt das Auswürgen statt des Spendens zu diesem negativen Aspekt bei.[10]

3. Metamorphe Gestalten

Die Verbindung von Mensch oder Tier mit Blatt und/oder Zweigen erstreckt sich nicht nur auf Blattmasken und pflanzenspendende Figuren. Daneben gibt es noch andere Mischformen, die pflanzliche Veränderungen in ihr Erscheinungsbild aufnehmen oder sich in einer Zwischenphase der Umformung befinden.
Es sind Tiere gestaltet, deren Schwanz oder Zunge aus Blättern bestehen[11], oder auch menschenähnliche Wesen, deren Arme statt in Händen in Blättern auslaufen (Abb. 56). Ein kleines Köpfchen lugt zwischen großen Blättern hervor[12], oder ein stattliches Blatt wird von einem entsprechendes Haupt überhöht, so daß der Eindruck entsteht, als sei das Laub der dazugehörige Leib (Abb. 57). Eine andere Version zeigt Menschen bis zur Körpermitte.[13] Das Blattwerk ersetzt hier die fehlenden unteren Extremitäten. Den Variationsmöglichkeiten sind fast keine Grenzen gesetzt.
Auch aus Blüten können menschliche Figuren entsprießen.[14] Manchmal ist es sogar die Gottesmutter selbst.[15] Hier mag man sich vielleicht noch an den Jessebaum erinnert fühlen, aus dessen Zweigen die Vorfahren Christi erblühen.
Von anderer Herkunft erweisen sich allerdings die Mischwesen, die den Regelfall bestimmen. Sie möchte man unter dem Aspekt sehen, den der Katalog »Das keltische Jahrtausend« bei der Beschreibung eines Ringes anspricht: »Der weitverbreitete Grundgedanke der Metamorphose menschlichen Seins, der Glaube an die Lösbarkeit und die Verwandlung der Seele (alter Ego)«[16] wurde durch die Überlieferung festgehalten und von Künstlern gestaltet.
Die gleiche Vorstellung begegnet wiederholt in den Märchen. So verwandelt sich die schöne Blume nachts in ein liebreizendes Mädchen.[17] Dem Königssohn mit »wünschlichen Gedanken« gelingt es, seine Liebste zu einer Nelke zu machen und ihr dann wieder ihre ursprüngliche Gestalt zurückzugeben.[18] Das Aschenputtel pflanzt ein Reis auf das Grab seiner Mutter. Zum Baum

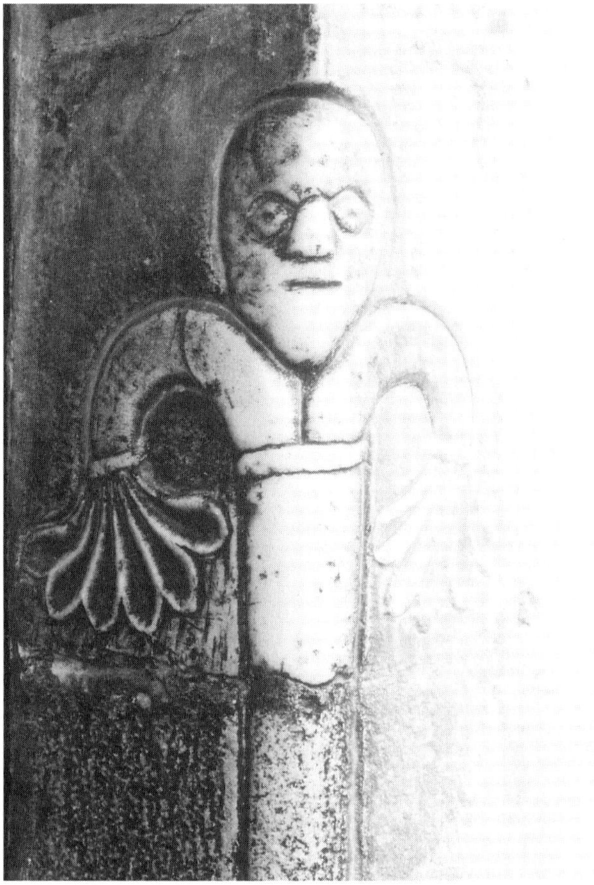

Abb. 56: *Ein Rundstab bildet den Körper, zwei nach außen gebogene Stäbe stehen für Brust und Arme, die in Blatthänden auslaufen. Ein Kopf vervollständigt die Figur.* Relief, 12. Jh.; Burgeis (Tirol), Pfarrkirche, Portallaibung.

geworden, scheint die mütterliche Seele in ihm zu wohnen, die der Tochter Unterstutzung gewährt.[19]
Auch die Literatur kennt Gewächse, die menschliche Fähigkeiten haben. In Dantes Göttlicher Komödie treffen die drei Wanderer durch die jenseitige Welt – Dante, Vergil und Statius – auf ihrem Gang durchs Fegefeuer (24. Gesang), auf einen sprechenden Apfelbaum. Als Ableger des paradiesischen Baums der Erkenntnis warnt er die ihn ungeduldig umlagernde Menge vor Begierde und Maßlosigkeit. Einen solchen Baum könnte man sich sehr wohl mit

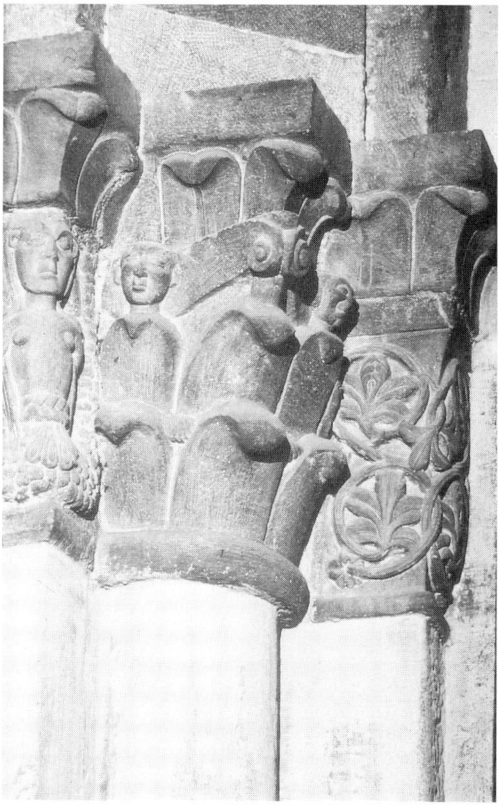

Abb. 57: *Aus großen Zungenblättern wachsen Köpfe hervor.* Kapitell eines Pfeilers, 12./13. Jh.; Chur, Dom St. Marien.

einem oder mehreren Köpfen vorstellen. Entsprechend illustriert ist die Sage vom prophetischen Baum, der Alexander dem Großen auf seinem Eroberungsfeldzug begegnet.[20] Dieser redende Baum, nach dem Orakel befragt, tadelt den Feldherrn wegen seines Ehrgeizes und kündigt ihm einen Tod fern der Heimat an.
Gleichfalls begegnen uns in der darstellenden Kunst Bäume, aus deren dürren[21] oder belaubten Ästen (Abb. 58) die Gesichter von Menschen oder Tieren hervorschauen. Auch Baumstämme, denen Gesichter entwachsen, finden sich. Der Kunsthistoriker Emil Mâle (1862–1954) interpretiert eine solche Miniatur im Stundenbuch von Rohan[22] folgendermaßen: Der Schöpfer bereitet den Garten Eden für die Menschen vor. Der Erkenntnisbaum, von dem die Genesis berichtet, ist schon gepflanzt. Aus seinen Astgabeln sprießen an sechs Stellen Menschenköpfe. Im Mittelalter waren es die freien Künste, die für die Erkenntnis standen (vgl.

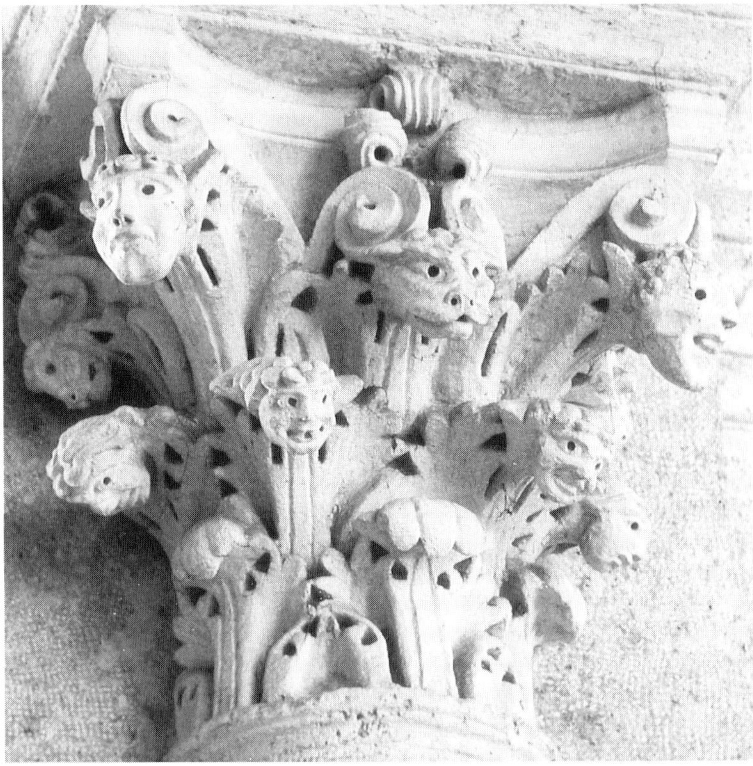

Abb. 58: *Menschen- und Tierköpfe wachsen aus Akanthusblättern hervor.* Kapitell, Anfang 12. Jh.; Saulieu, Saint-Andoche.

Abb. 12). Analog hält Mâle die Häupter – ein siebentes vermeint er im Entstehen begriffen – für die Verkörperung der sieben freien Künste.

Eindeutig der biblischen Erzählung verpflichtet sind die drei Bäume der Holzdecke von St. Michael in Hildesheim (Farbbild 4). Links wird, umschlungen vom Blattwerk des göttlichen Lebensbaumes in der Krone der segnende Christus sichtbar. Den Mittelteil des Deckenausschnitts nimmt der Baum der Erkenntnis ein, von dem sich das erste Menschenpaar die verbotene Frucht pflückt. Rechts, zwischen Erkenntnis- und Lebensbaum, steht Eva. »Und Adam nannte sein Weib Eva, denn sie wurde die Mutter aller, die da leben« (1 Mose 3,20). In diesem dritten Baum, der wohl als der Geschlechterbaum der Menschheit auf Erden verstanden werden darf, präsentieren sich anschaulich und eindrucksvoll von Blättern umhüllte menschliche Gesichter. Man kann in ihnen die noch ungeborenen, künftigen Generationen der Menschheit angedeutet sehen.

Als *lignum vitae* – Holz des Lebens – wird dasselbe Motiv im *Hortus Deliciarum* der Äbtissin Herrad von Landsberg bezeichnet. Die aufschlußreichen Bilder dürften als Vorlage der Hildesheimer Decke gedient haben. Mit diesem Beispiel schließt sich der Kreis, und wir kehren zum Ausgangspunkt unserer Ausführungen zurück.

Nachwort

Ich möchte dieses Buch noch mit einigen persönlichen Bemerkungen abschließen.

Wie in unserem ersten Buch *Die vergessene Bildersprache christlicher Kunst* (Heinrich und Margarethe Schmidt, C. H. Beck, 1981) geht es auch hier um die Interpretation mittelalterlicher Bildaussagen. Mein Mann hat mir den Zugang zur Ikonographie erschlossen. Dafür danke ich ihm von Herzen. Leider hat er die Herausgabe dieses Buches nicht mehr erlebt.

Danken möchte ich darüber hinaus

- ganz besonders Monika Heffels, ohne deren intensiven Einsatz dieses Lese- und Nachschlagewerk nicht erschienen wäre,
- meiner Tochter Evmarei und meinem Schwiegersohn Dr. Gerhard Münderlein für ihre Mitarbeit am ersten Teil des Buches,
- meinen Kindern Hans-Martin Schmidt, Uta Poll und Gotthard Schmidt sowie meinem Schwiegersohn Helmuth Poll, die in unterschiedlicher Weise zur Verwirklichung dieses Projektes beigetragen haben.

Mein Dank gilt auch dem Verlag Schnell & Steiner, namentlich dem Geschäftsführer Herrn Dr. Albrecht Weiland, der dieses Lese- und Nachschlagewerk in sein Programm aufgenommen hat, sowie Elisabet Petersen, die den jetzt vorliegenden Band mit fachkundigem Interesse lektoriert hat.

Margarethe Schmidt — München, im September 1999

Anmerkungen

Bei häufig benutzter Literatur wird nur beim ersten Zitat der vollständige Titel angegeben. Im folgenden wird ein Kurztitel benutzt. Die genauen Angaben sind im Literaturverzeichnis nachzulesen.

Einführung (S. 7–10)

1 Einwurzelung oder fürsorgliche Pflege wird dem Baum zuteil, den eine Frau im Beisein zweier anderer Frauen, vielleicht Priesterin oder Helferin, in die heilige Umfriedung einpflanzt. Die beiden feierlich aufeinanderzuschreitenden Gestalten weisen die Darstellung als ein positives Kultgeschehen aus, wohl als Zeichen des Wiedererwachens der Vegetation. Einpflanzen eines heiligen Baumes, Goldener Siegelring, um 1540–1400 v. Chr.; aus einem Grab auf Kreta; Heraklion, Museum.

2 Die Mystikerin Hildegard von Bingen benutzt den Vergleich in einem Brief an den Erzbischof von Köln, in dem sie von ihren Visionen berichtet. H. Schipperges (Hg.), Hildegard von Bingen, Mystische Texte der Gotteserfahrung, Olten 1978, S. 191.

3 Gurjewitsch, A. J., Das Weltbild des mittelalterlichen Menschen, München [4]1989, S. 59.

4 H. Schipperges, Hildegard von Bingen – Geheimnis der Liebe, Olten 1957, S. 158–161.

Baumdarstellungen aus dem Bereich der Mythologie (S. 11–18)

1 H. Gering, Die Edda, Leipzig 1892, Das Lied von Grimmir, Vers 31, S. 75.

2 A. a. O., Die Sprüche Hars, Vers 138–141, S. 105 f.

3 Duden Herkunftswörterbuch, hg. von G. Drodowski u. a., Etymologie der deutschen Sprache, Mannheim/Wien/Zürich 1963.

4 Der Weltenbaum, Fußbodenmosaik, 1163–65; Otranto, Kathedrale. Vgl. auch C. A. Willemsen, Das Rätsel von Otranto. Das Fußbodenmosaik in der Kathedrale, Sigmaringen 1992.

5 Nadelkopf, Mykene, 16. Jh. v. Chr.; Athen, Nationalmuseum.

6 Eine Landschaftsidylle zeigt auf einer Felseninsel einen heiligen Baum, davor die Säule mit einer sitzenden Gottheit, die Krone und Szepter trägt. Sakral-Landschaft, Wandgemälde aus der Villa von Boscotrecase, um 10 n. Chr.; Neapel, Museo Nazionale.

7 Darbringung eines Baumes. Silberkessel von Gundestrup, 1. Jh. v. Chr.; Kopenhagen, Nationalmuseum.

8 Die Legenda aurea des Jacobus de Voragine, aus dem Lateinischen übersetzt von R. Benz, Köln 1969, S. 28.

9 H. Marzell, Volksbotanik, Die Pflanze im deutschen Brauchtum, Berlin 1935, S. 41, 43, 169 f.

10 H. Gering, Edda, Der Seherin Weissagung, Vers 17, S. 5.

11 Ovid, Metamorphosen, in Prosa übersetzt von G. Fischer, Frankfurt a. M. 1992; 1. Buch Apollo und Daphne, S. 21; 8. Buch Philemon und Baukis, S. 202; 10. Buch Myrrha, S. 251.

[12] Die Fütterung der heiligen Herde der Göttin Inanna durch einen König oder Heros göttlicher Herkunft. Er hält in jeder Hand einen Zweig, an dessen rosettenförmigen Blättern die Tiere fressen. Rollsiegel, um 3000 v. Chr.; Berlin, Staatliche Museen.

[13] Herodot, Historien I, Kleio, Kap. 108, Augsburg 1961, S. 95.

[14] H. Appuhn, Heilsspiegel, Herrenberg 1981, S. 12. In dem 1360 entstandenen Erbauungsbuch *Speculum humanae salvationis* sind auf dem gleichen Blatt beide Begebenheiten gemalt. Der untere Teil zeigt den schlafenden König. Darüber erhebt sich die Traumgestalt der Tochter, von Wein umrankt, der die ganze Szene ausfüllt und so den Untergang des Königs schon andeutet. Im Bild darüber wird Joachim ein Kind verheißen. Das nicht mehr junge Ehepaar, das wegen seiner Kinderlosigkeit bisher ausgestoßen war, wird im Gegensatz zu Astyages erhöht und hat durch Maria Anteil am künftigen göttlichen Reich ihres Sohnes.

[15] Fresko, 1482; Brixen, Kreuzgang des Doms.

Bäume in der Bibel und im christlich-theologischen Denken (S. 19–36)

[1] Apokryphe spätjüdische Bücher: Apk Abr 23,6; Apk Bar 4,8.

[2] Apokryphe Apk Mos 20–21; verschiedene Midraschin.

[3] Die Schlange bietet Eva eine Feige an. Linke Hälfte eines Sarkophags, 4. Jh.; Rom, Museum Pio Christiano.

[4] Über blumige Wiesen unter Palmbäumen bewegt sich die Prozession der hl. Jungfrauen und der Märtyrer auf die Muttergottes und auf Christus zu. Mosaiken an den Mittelschiffwänden, 6. Jh.; Ravenna, Sant' Apollinare Nuovo.

[6] Weltgerichtsrelief auf Tympanon und Türsturz, um 1215; Amiens, Kathedrale Notre Dame.

[7] Hippolyt von Rom (zwischen 170 und 175, † 238), zitiert nach F. Osländer: Eucharistie, Hamburg 1960, Bildbeschreibung 8.

[8] Venantius Fortunatus (513– nach 600), Hofdichter und Freund des Bischofs Gregor von Tours und der Königinwitwe Radegunde dichtete den Hymnus *Vexilla reis prodeunt*, dem der Vers entnommen ist, zu Ehren eines Spans vom Kreuze Christi. Radegunde, die in dem von ihr gegründeten Kloster bei Poitiers lebte, hatte den Dichter dazu veranlaßt. Die Kreuzreliquie hatte sie auf ihre Bitte hin vom oströmischen Kaiser Justinian II. erhalten. Diese Reliquie war ihr größter Schatz. H. Neumann, Herrscher und Heilige, Ernste Dichtung des lateinischen Mittelalters, München o. J., Bd. 952, S. 81.

[9] »O Lamm Gottes, unschuldig, am Stamm des Kreuzes geschlachtet …«, Nicolaus Decius, 1531, nach dem altkirchlichen Hymnus »Agnus Dei«.

[10] Kreuz auf Ölampulle, Metallrelief, Palästina, Ende des 6. Jh.; Monza, Domschatz. Dieses Motiv wird um die Jahrtausendwende wieder aufgenommen, z. B. von Bernward von Hildesheim in der Bronzetür, um 1010; Hildesheim, Dom.

[11] Kreuzigung Christi, Tafelmalerei, Matthias Grünewald, Isenheimer Altar, Mittelteil, 1550 vollendet; Colmar, Musée d' Unterlinden.

[12] Das Astkreuz, an das Christus genagelt ist, steht über dem Schädel Adams. Der Legende nach wurde der Stammvater auf Golgatha (Schädelstätte) begraben. Holzrelief, 15. Jh.; Ellwangen, St. Wolfgangkirche.

[13] Christus am Grünen Kreuz, Missale eines Dominikanerklosters, Oberrhein, 13. Jh.; Karlsruhe, Badische Landesbibliothek, Ms St. Peter, perg. 46.

[14] Gabelkreuz, Holzskulptur, 14. Jh.; Köln, St. Severin. Ebenso: Gabelkreuz, um 1300; Köln, St. Maria im Kapitol.

[15] Aus den Kreuzesbalken wächst Rankenwerk mit Weinlaub und Trauben hervor. Triumphkreuz, 14. Jh.; Nürnberg, St. Lorenz.
[16] Bonaventura, 1221–1274, Tractatum qui lignum vitae dicitur; in: RDK, Bd. 2, Sp. 105.
[17] Tafelmalerei, Pacino di Buonaguida, um 1320; Florenz, Museo Antico e Moderno.
[18] Legenda aurea, aus dem Lateinischen übersetzt von R. Benz, Köln 1969, S. 349 f.
[19] Wandmalerei, Piero della Francesca, 15. Jh.; Arezzo, San Francesco.
[20] Die Berufung des Moses. In dem brennenden Dornbusch (Baum) ist Gott gegenwärtig. Der Maler hat ihn in der Gestalt des Sohnes, jung und mit dem Kreuzesnimbus, dargestellt. Miniatur einer bruchstückhaft erhaltenen Handschrift, 14. Jh.; Berlin, Staatsbibliothek, Preußischer Kulturbesitz, Ms germ. fol. 623 Bl. 9v.
[21] Konrad von Würzburg, Die goldene Schmiede, Z. 449–459, in: Altdeutsche Wälder, ed. Brüder Grimm, Frankfurt 1815, Reprint Darmstadt 1966.
[22] Marzell, Volksbotanik, S. 183.
[23] W. Braunfels, Karl der Große, Hamburg 1972, S. 140.
[24] Ständebaum, Petrarca-Meister, Holzschnitt, 1520; Stuttgart, Staatsgalerie.
[25] Ordensbaum, Dominikaneraltar, H. Holbein d. Ä., 1500/1501; Frankfurt a. M., Städelsches Kunstinstitut.
[26] Tugend- und Lasterbaum, Hugo von St. Victor, um 1100–1141, Opusculum, 12. Jh.; Salzburg, Studienbibliothek.
[27] Tugend- und Lasterbaum, Lambert von St. Omer, Liber floridus, 12. Jh.; Wolfenbüttel, Herzog-August-Bibliothek.
[28] Tertullian (um 160–225), De carne Christi 21,5.
[29] Marienlied aus Stift Melk, 1150.
[30] Sehr frühe Darstellung des sitzenden Isai, der den Baum hält. Buchmalerei, Wys' schrader Krönungsevangeliar, 1085; Prag, Universitätsbibliothek, Cod. XIV AB.
[31] Der tote Jesse im Sarg. Hinter ihm wächst der Stammbaum mit den sieben Geisttauben empor. Buchmalerei, vor 1164, Lektionar für St. Michael, Siegburg; London, British Museum, Cod. Harley 2889 fol. 4r.
[32] Maria mit dem Kind im Wipfel des blütenreichen Jessebaumes, in dem die Propheten ihre Spruchbänder entrollen. Adam und Eva staunen den schlafenden Jesse an. Berthold Furtmeyer, um 1478, Salzburger Missale; München, Bayerische Staatsbibliothek, München, Clm 157 11, fol. 31v.
[33] Glasmalerei, 1145; Paris, Saint-Denis, Kathedrale.
Glasmalerei, 1145–1150/55; Chartres, Kathedrale.
[34] Glasmalerei, 1220–1235; Köln, St. Kunibert.

Exkurs: Wandel der Baumdarstellungen vom frühen bis zum späten Mittelalter (S. 37–42)

[1] Die Spiralform, die sich zu einem kunstvollen *d* schwingt, entwickelt sich weiter zu einem Vogelkörper. Er ist im Kopfbereich von einer Blüte und Ranken umgeben. Initiale d, Buchmalerei, 9. Jh.; St. Gallen, Stiftsbibliothek.
[2] Der Engel weist das sündige Paar aus dem Garten Eden. Der Baum zwischen Engel und Eva drängt die beiden ebenfalls hinaus. Bronzetür, 1015; Hildesheim, St. Michael.
[3] Des Knaben Wunderhorn, Bd. 1, »Das Leiden des Herrn«, S. 158.

Bäume, Sträucher, Früchte und Korn in ihrer ikonographischen Bedeutung

1. Ähre, Garbe, Getreide (S. 43–48)

[1] Kornosiris, gebrannte Tonform, 6.–5. Jh. v. Chr.; Hildesheim, Pelizaeus-Museum.
[2] Ausstellungskatalog »Suche nach der Unsterblichkeit«, Hildesheim 1990; S. 82.
[3] Demeter überreicht dem Triptolemos im Beisein Persephones eine Ähre. Weiherelief aus Eleusis, 430–420 v. Chr.; Athen, National-Museum.
[4] Drei goldene Ähren, vermutlich aus einem Grab bei Syrakus, 4.–3. Jh. v. Chr.; New York, Norbert Schimmel Collection.
[5] Ernte, Wandmalerei, 3. Jh.; Rom, Prätextat-Katakombe, Januarius-Krypta.
[6] Mithras steht im Tierkreis. Im Vordergrund lagert die Erdmutter mit ihren Jahreszeitenkindern. Bodenmosaik, 3. Jh.; München, Glyptothek.
[7] Josephs Träume, Wandmalerei, 3. Jh.; Rom, Katakombe in der Via Latina, Arkosol in der Kammer B.
[8] Kasel mit Ähren und Trauben, spätgotisch; Salzburg, Stift St. Peter.
[9] Eucharistischer Schmerzensmann. Aus seinen Wunden wachsen Trauben und Ähren. Über den Kelch, der neben ihm steht, neigt sich ein Zweig mit einer Traube und einer Ähre. Darüber schwebt eine Hostie. Tafelbild, Epitaph, 1469; Nördlingen, Städtisches Museum.
[10] Mystische Mühle, Mitte 12. Jh.; Kapitellplastik,Vézelay, Saint Madeleine.
[11] Vier Evangelistensymbole leeren die Kornsäcke, zwölf Apostel treiben das Mahlwerk, vier Kirchenväter fangen das Mahlgut in Gestalt des Christuskindes und von Hostien auf. Tafelbild, 1440; Ulm, Museum der Stadt Ulm.
[12] Jacob von Sarug (Batnae), 451–521, Bibliothek der Kirchenväter, VI, S. 287.
[13] Präfation zur Beschneidung des Herrn aus dem Gelasium (Das *Sacrementarium Gelasium* gibt römisches Gebetsgut aus dem 6. Jh. wieder.), Zeugen des Wortes, Das Dankgebet der Kirche, übersetzt von J. Strangfeld, Freiburg 1952, S. 34.
[14] Konrad von Würzburg, Die Goldene Schmiede, Zeile 1289 f.
[15] Niemeyer, M. (Hg.), Kleinere deutsche Gedichte des 11. und 12. Jh. (Altdeutsche Textbibliothek),Tübingen 1972, S. 164 f.
[16] Ährenlager Mariens, über das eine prächtige Decke gebreitet ist. Tafelbild, Kreis Melchior Broederlam, 1381–1409; Antwerpen, Museum Mayer van den Bergh.
[17] Die Madonna mit dem Kind steht in einem reifen Getreidefeld. Von allen Seiten eilen Gläubige herzu. Gottvater in den Wolken sendet die Geisttaube auf Mutter und Sohn herab. Tafelbild, Abbéville, um 1510; Paris, Musée de Cluny.
[18] Madonna der Eucharistie, Tafelbild, Sandro Botticelli (1445–1510); Isabella-Steward-Gardner-Museum, Boston.
[19] Ein Engel hält der in einer Kapelle betenden Jungfrau, deren Gewand über und über mit Ähren bedeckt ist, ein geöffnetes Evangeliar entgegen. Tafelbild aus der Juden-Kapelle, Bamberg, 1430; München, Bayerisches Nationalmuseum.
[20] Maria Virginis, Buchmalerei, Ende 14. Jh.; Florenz, Nationalbibliothek.
[21] Maria als Tempeljungfrau, Holzschnitt, um 1465; Zürich, Eidgenössische Technische Hochschule.
[22] Der Jungfrauenspiegel, *speculum virginum*, Ende des 12. Jh., entstand wohl am Mittelrhein und fand weite Verbreitung. Nach Cyprian, Augustinus und anderen Kirchenlehrern, die der religiös motivierten Askese vor dem weltlichen Leben Vorrang einräumten, stellte der Jungfrauenspiegel ein Regelwerk für gottgeweihte Jungfrauen auf. Das in drei Szenen aufgeteilte Bild zeigt unten die mühsame, armselige Ernte zweier Ehepaare. In der Mitte rechen und säen vier Witwen und tragen Garben heim. Oben schneiden Jungfrauen das Getreide, binden die Garben und bringen reiche Ernte ein. Fragment eines Jungfrauenspiegels, 12. Jh.; Bonn, Rheinisches Landesmuseum.

[23] Ein junger Mann hält mit einer Hand ein Getreidebüschel zusammen, die andere umfaßt die Sichel. Monatsbild des Juni, Steinrelief, Benedetto Antelami, ab 1195; Parma, Baptisterium.

[24] Ernte und Schafschur vor den Mauern des Wasserschlosses von Poitiers. Monatsbild des Juli, Très Riches Heures der Gebrüder Limburg, Stundenbuch des Herzogs von Berry, 1411–1416; Chantilly, Musée Condé.

[25] Darstellung des präexistentiellen Logos, des Gottessohnes, der an der Weltschöpfung beteiligt ist (vgl. Joh 1,1–18).

[26] Gott, zwischen Adam und Eva stehend, reicht Adam eine Garbe und Eva ein Schaf. Sog. Dogmatischer Sarkophag, um 315; Rom, Vatikan, Museo Pio Christiano.

2. Apfel und Apfelbaum (S. 48–53)

[1] H.J. Rose, Griechische Mythologie, München 1969, S. 99.

[2] Irenäus von Lyon, Erweis der apostolischen Verkündigung 11–14, Texte der Kirchenväter, hg. von A. Heilmann, München 1963, Bd. 1, S. 300.

[3] Die Schlange bietet Eva den Apfel dar. Diese hat bereits zwei Früchte in Händen. Einen davon reicht sie an Adam weiter, der seinerseits schon einen Apfel in der Rechten hält. Bernwardstür, Bronzerelief, 1008–1015; alttestamentlicher Türflügel, Hildesheim, Dom.

[4] Eva hat ihren Apfel bereits angebissen. Sie pflückt eben einen zweiten vom Baum, nach dem Adam seine Hand ausstreckt. Die Schlange mit dem Mädchenkopf beobachtet das Tun der beiden. Wie andere Künstler auch, verlieh Hugo van der Goes der Schlange menschliche Züge. Mehr noch, Eva kann in diesem Gesicht ihr Spiegelbild erkennen. Diese Vorstellung beruht auf einer Überlieferung, die der hl. Beda Venerabilis (um 672/73–735) dem Mittelalter tradierte. In einem Kommentar von Petrus Comestor († 1173) zur Genesis steht geschrieben: »Luzifer wählte eine bestimmte Art von Schlange, wie Beda sagt, mit einem Jungfrauengesicht, weil gleiche Dinge sich anziehen« (Lukasbücherei, S. Esche, Adam und Eva, S. 28/2). Adam wiederum erlebt die Gefährtin als reizvolles Doppelbild. Der Sündenfall, Tafelbild, Hugo van der Goes, 1470; Wien, Kunsthistorisches Museum. Das gleiche Motiv 100 Jahre später: Apfel- und Feigenbaum stehen einander gegenüber. Aus dem mächtigen Apfelbaum, der reichlich Früchte trägt, reicht die Schlange – hier mit einem freundlichen kindlichen Gesicht und entsprechendem Oberkörper versehen – der Menschenfrau den Apfel. Während Eva ihn ergreift, faßt Adam nach ihrer Brust. Die Geste deutet wohl auf die erwachende Sexualität hin. Die primären Geschlechtsmerkmale des ersten Menschenpaares bedecken Feigen- bzw. Apfelblätter. Sündenfall, Tafelgemälde, Tizian, 1570; Madrid, Prado.

[5] Adam und Eva mit dem Apfel zwischen Aposteln und Heiligen. Steinskulptur, Detail im Gewände des Hauptportals,1355–1360; Nürnberg, St. Lorenz.

[6] Unter dem Rosenkranz, der die Heilsverkündigung des Engels an Maria umschließt, windet sich eine verknotete Schlange. Sie symbolisiert das Böse und hat die Sündenfrucht, den Apfel, im Maul. Englischer Gruß, Holzplastik, Veit Stoß, 1517/18; Nürnberg, St. Lorenz.

[7] Die Schlange, die den Apfel im Rachen trägt, durchwindet ein Gerippe. Es stellt das Abbild des Todes dar. Das Skelett kniet vor einem Mädchen und hält ihm das Sterbekreuz vor. Elfenbeingruppe,1530; München, Bayerisches Nationalmuseum.

[8] Eine sehr frühe Darstellung dieses Motivs ist die gekrönte Madonna mit dem Kind, die einen edelsteinbesetzten Apfel in der Hand hält. Goldene Madonna, Goldblech über Holzkant getrieben, vor 1000; Essen, Münsterschatz.

[9] Mutter und Kind sitzen vor einem Apfelbaum, der üppige Früchte trägt. Das

Jesuskind umfaßt einen Apfel mit seinem Händchen. Tafelbild, Lucas Cranach, 1525; Darmstadt, Hessisches Landesmuseum.

[10] Sog. Kostbares Evangeliar des Bischofs Bernward von Hildesheim, Nr. 18 fol. 17, ca. 1015; Hildesheim, Domschatz.

[11] Die Bernwardstür, Bronzerelief, 1015; alttestamentlicher und neutestamentlicher Flügel, Hildesheim, Dom.

[12] Auf einer Reise durchs Paradies sieht Dante die Urmutter zu Füßen der himmlischen Mutter gelagert. Diese Vorstellung wurde auch bildhaft umgesetzt. (vgl. Titelbild unten) Dante, Göttliche Komödie, Paradies 32, 4–6.

[13] Maria teilt in Gegenwart der Dreifaltigkeit Hostien an die Gläubigen aus, während Eva im Beisein der Schlange Äpfel an die Sünder abgibt. Wandmalerei, 1474; Klerant (Südtirol), Dorfkirche.

[14] Paulus Diaconus, (722–799), 2. Vers aus »Ave maris stella«, in: Naumann, Herrscher und Heilige, München o. J., S. 95.

[15] Maria nimmt die Botschaft des Engels entgegen. Auf dem Rundbild an der Wand des Gemaches bietet der gefallene Engel die Sündenfrucht an. Verkündigung an Maria, Tafelbild, Albrecht Bouts (ca. 1452–1459); München, Alte Pinakothek.

[16] Im Garten neben der Loggia, in der sich die Verkündigung an Maria ereignet, ist die Vertreibung aus dem Paradies dargestellt. Auch hier ist die Typologie Eva–Maria thematisiert. Tafelbild, Fra Angelico (1387–1453); Cortona, Museo del Gesu.

[17] Aus Mariae Heimgang, Missale Gothicum, 547–700. Das Dankgebet der Kirche übersetzt von J. Strangfeld, Freiburg 1952, S. 25.

[18] Die Tugend der Liebe verkörpert eine weibliche Gestalt unter einem Apfelbaum. Eines der Kinder, die sie umgeben, hält eine Frucht in der Hand. Sitzende Caritas, Tafelbild, Lucas Cranach, nach 1537; Weimar, Kunstsammlung.

[19] Reichsapfel, Gold bzw. Silber vergoldet, mit Edelsteinen besetzt, 2. Hälfte des 15. Jh.; Wien, Hofburg, Weltliche Schatzkammer.

3. Efeu (S. 53–55)

[1] Durandus, Rationale divin. offic. 7, Kap. 35 (vgl. RDK, V, Sp. 862).

[2] Bis ins 5. Jh. v. Chr. zurück wird Dionysos, vor allem in der Vasenmalerei, mit Efeu bekränzt gezeigt. Dionysos und die Mänaden, Amphora des Amasis Malers, um 540er Jahre v. Chr.; Paris, Cabinet des Médailles.

[3] Der mit einem Efeukranz geschmückte Dionysos hält eine weitverzweigte Rebe in der Hand. Dionysos und sein Gefolge, Attische Spitzamphora, Kleophrades Maler, 500–490 v. Chr.; München, Antikensammlung (vgl. Pinie).

[4] Dem Siegeskreuz in der Mitte neigen sich zwei Lebensbäume zu. Der eine ist vom Weinstock mit seinen Trauben, der andere von Efeu mit Beeren umflochten. Sog. Harbaville, Elfenbein-Triptychon aus Byzanz, Mittelstück der Rückseite, spätes 10. Jahrhundert.; Paris, Louvre. An der Fassade der Kathedrale von Orvieto sind Szenen der Schöpfungsgeschichte dargestellt. Efeu, der im Paradies wurzelt, umrankt und rahmt sie ein. Die Passionsgeschichte am vierten Torpfeiler umwindet Weinlaub. Relief, erster und vierter Torpfeiler der Fassade, erste Hälfte des 14. Jahrhunderts; Orvieto, Kathedrale.

[5] Jesse-Wurzel, stilisierte Efeublätter ohne Früchte als Stammbaum. Von dem Geschlecht Jesu Christi, Holzschnittfolge, 15. Jh.; In: Geistliche Auslegung des Lebens Jesu Christ, Leipzig 1922, Abb. 3.

[6] Geburt Christi, Tafelbild, Wolf Huber, 1521; Annenaltar, Feldkirch.

[7] Hinter einem König windet sich Efeu, dessen Blätter glatt und ungelappt, d. h. im Reifestadium sind. Sie könnten demnach über die dargestellte Christgeburtsszene hinaus auf die Passion deuten. Vielleicht wollte der Künstler damit bereits ausdrücken, daß beide Ereignisse die unabdingbare Vorraussetzung für die Erlösung

der Menschen sind. Anbetung der Könige, Flügel des Oberrieder Altars, Hans Holbein d. J.,1520/21; Freiburg i. Br., Metropolitan-Kapitel.

4. Die Eiche (S. 55–58)

1 Prudentius, 348–402, Peristephanon 2, 532/6 (vgl. RAC).

2 Tertullian, 150–ca. 225 n. Chr., Über den Kranz, cor 13, 1 f, 14,4 (vgl. RAC).

3 Konrad von Megenberg, Das Buch der Natur, hg. von Franz Pfeiffer, Stuttgart 1861, S. 340.

4 Die drei Männer bei Abraham unter der Eiche sitzend. Mosaik des Presbyteriums, linke Wand, ca. 545; Ravenna, San Vitale. Abraham im Gespräch mit Gott unter der Eiche von Mamre. Miniatur aus dem Psalter des hl. Ludwig, 1253–1270; Paris, Bibliothèque Nationale.

5 Petrus und Paulus, über ihnen ein Eichenkranz, Goldglas, 4. Jh.; Rom, Bibliotheca Apostolica, Kunstsammlung.

6 Das Lamm mit Kreuzstab umgeben Eichenzweige und Eicheln. Tympanon, 13. Jh.; Kloster Kirchberg bei Horb/Neckar.

7 Eichenblätter mit Eicheln umranden den Seitenteil des Markusschreins. Silbergetrieben, vergoldet, 1309; Reichenau Mittelzell, Schatzkammer des Münsters.

8 Eichenblätter mit Früchten, Dienstkonsole, 14. Jh.; Doberan, Klosterkirche.

9 Drei Beispiele seien für dieses beliebte Motiv genannt: Der Hirte schlägt für seine Säue Eicheln zur Mast vom Baum. Medaillon des Oktobers in der Archivolte des Hauptportals, Autun, Saint Lazare. Das Thema Edelmast findet sich gleichfalls im Medaillon des Monats Oktober im Pantéon de los Reyes in der Colegiata San Isidoro in León, um 1130. Im Stundenbuch des Duc de Berry wirft der Hirte mit seinem Stock nach den Eicheln. Über die heruntergefallenen Früchte machen sich die Tiere bereits her. Jean Colombe, Stundenbuch des Herzogs von Berry, ca. 1490; Chantilly, Musée Condé.

10 Die im Altertum dem Baum zugeschriebenen Eigenschaften erfuhren ab dem 16. Jahrhundert eine Neubelebung und Erweiterung. Die Eiche wurde zum Synonym für Stärke, Beharrlichkeit, Treue, Standhaftigkeit in Bedrängnis, für Eintracht usw. Die im gleichen Jahrhundert aufkommende Emblematik benützte diese wiederentdeckten, der Eiche zugeschriebenen Wesensmerkmale in Wort und Bild. Ende des 18. Jahrhunderts wurde die Eiche zum Baum, der das Deutschtum symbolisierte. Als solcher erfuhr er in den Freiheitskriegen (1813–1815) eine neue nationale Bedeutung. Der Klopstock-Kreis nannte ihn »erb- und eigentümlich Deutschland zugehörig«. Für Körner bot er sich als »ein schönes Bild von alter deutscher Treue« an. Selbst Goethe sah in ihm den deutschen Baum (RDK IV, Sp. 918/19). Mit der Gründung des deutschen Kaiserreichs im Jahre 1871 trat er erneut ins Blickfeld. Nationale Embleme aller Art wurden mit Eichenlaub geschmückt.
Für die Künstler der Romantik hatte die Eiche dieselbe Bedeutung. In Caspar David Friedrichs Bildern trotzen starke Eichenbäume dem Sturm, der sie zwar verletzen, aber nicht vernichten kann. Moritz von Schwind läßt den Knaben, unter einer Eiche liegend, sein Wunderhorn blasen. Ein schönes, blondes Mädchen in einem Eichenwald sitzend, zeigt G. F. Kerstings Gemälde »Kranzwinderin« aus dem Jahr 1815. Das Mädchen bindet zwei Kränze aus Eichenlaub. Ein dritter wird folgen, denn in die Rinde von drei Bäumen ist jeweils der Name eines gefallenen Helden eingeschnitten: Hartmann, Körner, Frieser.

5. Feige, Feigenblatt und Feigenbaum (S. 58–61)

1 Der Feigenbaum als Baum der Erkenntnis. Adam und Eva, verhüllt mit Feigenblatt, zwischen ihnen steht der Feigenbaum. Um ihn ringelt sich die Schlange, die eine Frucht im Maul trägt. Sarkophag des Junius Bassus, um 359; Rom, Vatikan Museo Pio Christiano.

[2] Stellvertretend für viele andere sei hier nur ein Beispiel angeführt: Adam und Eva bedecken sich mit Feigenblättern. Steinplastik, Tilman Riemenschneider, 1491/93; Würzburg, Mainfränkisches Museum.
[3] Neben das überirdische Engelskonzert malte Grünewald einen ummauerten Paradiesgarten. In dem *Hortus conclusus* weilt die in den Anblick ihres Kindes versunkene Mutter Gottes. Aus dem Garten, zurück in die Erdenwelt, führt eine Pforte, deren Struktur ein Kreuz bildet. Darüber breitet ein großer Feigenbaum mit Blättern und Früchten seine Zweige aus: Durch Christi Geburt, durch das Kreuz, wird das Paradies wieder erschlossen. Isenheimer Altar, Weihnachtstafel, Matthias Grünewald, 1515; Colmar, Musée d' Unterlinden.
[4] Bibliothek der Kirchenväter, Syrische Dichter, Jacob von Sarug, Gedichte über die Allerseligste Jungfrau, S. 54.
[5] Barbarinischer Faun, Skulptur, um 220 v. Chr.; München, Glyptothek. Das Feigenblatt wurde der antiken Statue 1624/28 hinzugefügt.
[6] Ein Chorfenster zeigt Nathanaels Berufung unter dem Feigenbaum und gegenüber das erste Menschenpaar, das Feigenblätter pflückt. Chorfenster, um 1200; Canterbury, Kathedrale.

6. Granatapfel und Granatapfelbaum (S. 62–74)

[1] Herodot, Historien III, 5. Teil, Kap. 143, übertragen und eingeleitet von E. Richtsteig, München, 1961.
[2] Forstner, Symbole, S. 220.
[3] Leben der Erzbischöfe Ansgar und Rimbert, in: Geschichtsschreiber der deutschen Vorzeit, 2. Gesamtausgabe, Bd. 22, Leipzig 1939, S. 112.
[4] Alanus ab Insulis über das Hohelied 4,13, zitiert nach Behling, Tafelmalerei, S. 152.
[5] Ebda S. 952.
[6] Aus einer Vase wächst, zusammen mit einem traubenbehangenen Weinstock, in der Mitte ein Granatapfel. Steinrelief, ravennatisch, 6. Jh.; Venedig, San Giovanni.
[7] Das Kind, von der Mutter gehalten, faßt mit seiner Rechten einen geöffneten Granatapfel. Um die Rasenbank zu beider Füßen blühen Marienblumen. Dahinter rankt ein Rebstock, und ein kleiner Feigenbaum streckt seine Zweige empor. Madonna im Garten, Tafelgemälde, Hans Burgkmair, 1509; Nürnberg, Germanisches Nationalmuseum.
[8] Kaiser Maximilian, Albrecht Dürer, Gemälde, 1519; Wien, Kunsthistorisches Museum.
[9] Pflanzenrelief, Lorenzo Ghiberti, 1403–1424; Florenz, Nördliche Baptisteriumstür, Rahmenleiste.

7. Holunder (S. 74–76)

[1] Eine junge Dame pfropft ein Holunderbäumchen. Verschränkte Hände – ein Treuesymbol – im Baum und der Strohmantel um seinen Stamm unterstützen ihr Bemühen. Ihr Spruchband verheißt: »ich inpfe hie in holder truwe.« Der gegenüberstehende Verehrer antwortet: »ich hof es suille üch nüt beruwen.« Baumgarten der Liebe,Teppich, zweites Viertel 15. Jh.; Basel, Historisches Museum.
[2] Ein Holunderbaum bestimmt die Mittelachse des Bildes. Zwei Enttäuschte schneiden die Blüten ab, die Figuren sind spiegelbildlich angeordnet. Ihr Spruchband sagt: »ich trag an minem hertzen grose schertze (Schmerzen).« Für das männliche Pendant gilt: »es sol nut hine bluigen das dz hertz moeg muiegen.« (Nichts mehr soll hier blühen, was das Herz bekümmern mag.) Enttäuschte Liebespaare unterm Holunderbaum, Wandbehang, Basel um 1480; Paris, Musée de Cluny.
[3] Die Auffindung des Schleiers, Rueland Frueauf der Jüngere, Tafelbild,1507. Die Erbauung von Klosterneuburg, Rueland Frueauf der Jüngere, Tafelbild, 1507; jeweils Klosterneuburg, Stiftsmuseum.

8. Olive, Ölbaumblatt, Ölbaumzweig, Ölbaum (S. 76–78)

[1] Zuerst waren die immergrünen Laubkränze den Göttern vorbehalten. Später erhielten auch die Sieger in den großen Wettkämpfen Ehrenkränze aus Öl-, Lorbeer-, Palm- und Pinienzweigen. Vor allem siegreiche Wettkämpfer wurden mit Öl- oder Palmzweigen bekränzt (vgl. Palme und Pinie).

[2] Danaos sagte zu seinen fünfzig Töchtern, die mit ihm als Schutzsuchende in Argos gelandet waren: »Auf, scharet schnell euch, faßt den umwundenen Ölzweig, den ehrfurchtheiligen Schmuck des hehren Zeus.« Aischylos, Die Tragödien, Frankfurt a. M. / Hamburg 1961, S. 88.

[3] Tertullian, »Über die Taufe«, Abschnitt 8, Bibliothek der Kirchenväter, S. 284.

[4] Dante, Göttliche Komödie, Fegefeuer, 30. Gesang, S. 340.

[5] Betender Orans, von einem Ölzweig umgeben. Rechts und links: Brotvermehrung und Auferweckung des Lazarus mit je einem Ölzweig. Wandmalerei, Rom, Petrus- und Marcellinus-Katakombe.

[6] Taube mit Ölzweig, Reliefkonsole, 13. Jh.; Kloster Neustift (bei Wien), Kreuzgang.

[7] Eingetiefte Zeichnung auf einer Grabplatte, die eine Taube mit Ölzweig und das Handwerkszeug des Verstorbenen zeigt. Rom, Vatikan, Museo Pio Christiano.

[8] Über den Männern im Feuerofen ist eine Taube mit Ölzweig dargestellt. Wandmalerei, 3. Jh.; Rom, Priscilla-Katakombe, Kammer des Velatio.

[9] Engel mit Olivenzweigen umschweben die Geburtsstätte des Heilands. Anbetung des Christkindes, Sandro Botticelli, 1501; London, National Gallery.

[10] Pax, der Friede, im Lateinischen feminin, wird auch im Bild als Frau personifiziert. Ihr Haar schmückt ein Ölzweig, einen weiteren trägt sie in der Hand. Allegorie der guten Herrschaft. Fresko, Ambrogio Lorenzetti, 1335/40; Siena, Palazzo Publico.

[11] Minerva züchtigt den Kentauren. Ihr Haar und Kleid sind mit Ölzweigen besteckt. Gemälde, Sandro Botticelli, 1485; Florenz, Uffizien.

9. Palme (S. 78–84)

[1] dtv Lexikon der Antike, Kulturgeschichte, Bd. 2, München 1971, S. 77. M. Beuchert, Symbolik der Pflanzen, Frankfurt a. M./Leipzig 1995, S. 254.

[2] H. Baumann, Die griechische Pflanzenwelt, München [2]1986, S. 59.

[3] Auf den Türflügeln sind 24 Reliefs angebracht, auf denen die Palme recht oft erscheint. Eines davon zeigt die Auferweckung des Lazarus durch Jesus, die sich unter einer Palme zuträgt. Propheten, die zum Teil mit Spruchbändern auf den kommenden Messias hinweisen, neigen sich unter Palmen, die zwischen jeder einzelnen Figur aufragen, einander zu. Den Taufakt im Jordan umgeben auf einer Seite Engel, auf der anderen biegt sich ein kräftiger Palmbaum Jesus entgegen. Bronzerelief, Bonanus, Mitte 12. Jh.; Pisa, Dom, Porta San Ranieri.

[4] Das Volk mit Palmzweigen in den Händen, Kleider ausbreitend vor dem einziehenden Messias. Buchmalerei, Codex Rossanenis, 3. Viertel 6. Jh.; Rossano, Erzbischöfliches Museum. Der Einzug Jesu in Jerusalem, Buchmalerei, Echternacher Codex, 1020–1030; Fol. 110v, Nürnberg, Germanisches Nationalmuseum.

[5] Eine Märtyrerin mit Palmzweigen, die heilige Barbara, vor einem Turm, ihrem Attribut, sitzend. Zeichnung auf Holz, Jan van Eyck, 1434; Antwerpen, Museum.

[6] Die Apostel und Märtyrer haben siegreich ihr Erdenleben bestanden und nähern sich ihrem himmlischen Ziel. Palmen scheiden die einzelnen Figuren voneinander und schaffen gleichzeitig die geistige Verbindung. Zug der Apostel zum bereiteten Thron, Kuppelmosaik, um 500; Ravenna, Baptisterium der Arianer.

[7] Der Engel übereicht kniend der Muttergottes den von einer Sternengloriole umgebenen Palmzweig. Beim Sterben und Tod Mariens, beim Gang zum Grab und bei der Grablegung trägt Johannes den leuchtenden Zweig. La Maestà, Tafelbild,

Duccio di Buoninsegna, 1308–1311; Siena, Dommuseum. Wie in der Legenda aurea berichtet, überreicht der Engel Maria bei der Ankündigung ihres Todes einen Palmzweig, einen Gruß aus paradiesischen Gefilden. Altarbild, Lübecker Meister, 1520; Lübeck, St. Jacobi.

[8] Legenda aurea, S. 584.

[9] Hinter der asketischen Gestalt des Eremiten Antonius erhebt sich eine grünende Palme, während im Rücken des wohlgepflegten Paulus von Theben ein toter Baum seine dürren Äste reckt. Begegnung der Einsiedler, Isenheimer Altar, Matthias Grünewald, 1513/15; Colmar, Musée d'Unterlinden.

[10] Liber Floridus, Kanonikus Lambert von Saint-Omer, 12. Jh.; Wolfenbüttel, Herzog-August-Bibliothek, fol. 32 r.

[11] Als »Palmier« wird im Ostabschluß der Jakobinerkirche in Toulouse der schlanke Rundpfeiler mit dem Schirm- oder Palmengewölbe aus der 2. Hälfte des 13. Jh. bezeichnet.

[12] Wandpfeilerkapitelle, 1220–42; Naumburg, Dom, südliches Seitenschiff.

[13] Westliches Kapitell, 2. Viertel 12. Jh.; Vézelay, Sainte Madeleine. Kapitelle über den Pfeilern im Seiten-und Mittelschiff und im Chorumgang, Ende 12. Jh.; Paris, Notre-Dame.

10. Pinienzapfen und Pinie (S. 84–86)

[1] Der efeubekränzte Dionysos schwingt einen Rebenzweig. Die Mänaden seines Gefolges haben Thyrsosstäbe geschultert, deren Abschluß ein Pinienzapfen bildet. Seine Schuppen könnte man freilich für Efeublätter halten, die, ebenfalls zu Sträußen gebunden, das Pflanzenzepter krönen können (vgl. Efeu und Wein). Attische Spitzamphora des Kleophrades Maler, 500–490 v. Chr.; München, Antikensammlung.

[2] Ein bärtiger, geflügelter Genius hat die rechte Hand im Befruchtungsgestus erhoben und hält einen Pinienzapfen. Links trägt er einen kleinen Eimer mit der Befruchtungsflüssigkeit. Kalksteinrelief aus dem Palast Assernassirpals II., 883–859 v. Chr. in Kalach; München, Staatliche Sammlung altägyptischer Kunst.

[3] Auf der Engelsburg, vormals Hadriansmausoleum, ca. 135 n. Chr.; befand sich einst ein Pinienzapfen.

[4] Pinienzapfen aus Stein, Augsburg, Römisches Museum.

[5] Zirbelnuß als steinernes Wappensymbol. Augsburg, Zeughausgiebel und Rathausgiebel.

[6] Der 3,56 Meter hohe Pinienzapfen, der vormals als Wasserspender des Brunnens im Atrium der alten Peterskirche diente, ist heute im Vatikan in Rom zu sehen.

[7] Detail des Paradiesbrunnens. Im Atrium des Aachener Doms stand seit karolingischer Zeit ein Brunnen. Davon ist heute noch der krönende Pinienzapfen aus Bronze, 5.–6. Jh. erhalten. Vermutlich ist er spätrömisch. Aachen, Dom, karolingische Vorhalle.

[8] Aus zwei übereinander angeordneten Schalen eines Lebensbrunnens trinken oben zwei Pfauen, unten ein Hirsch. Die untere Schale empfängt ihr Wasser aus einem kleinen Pinienzapfen. Zierplatte aus Venedig, Teilstuck, 10.–11. Jh.; Berlin, Staatliches Museum.

11. Traube, Rebe und Weinstock (S. 86–95)

[1] Ambrosius, Texte der Kirchenväter, Bd. 4, S. 38.

[2] Ebda.

[3] Augustinus, Texte der Kirchenväter, Bd. 3, S. 106.

[4] Augustinus Srm CCLXXII, Pl. 38, 1248, zitiert nach Forstner, S. 245.

[5] Aus dem Rundgesang von des Herren Weingarten, Vers 8 und 9, in: Des Knaben Wunderhorn, Bd. 1, Berlin 1873, S. 174.

[6] Dionysos mit Trinkhorn in der einen und einem üppigen Rebzweig mit Trauben in der anderen Hand, umgeben von Satyr und Mänade. Schale, 520/510 v. Chr.; München, Antikenmuseum.

[7] Weintrinkender Noah, Kamee, 13. Jh.; Paris, Nationalbibliothek, Medaillensammlung. Die Söhne bedecken den betrunkenen Noah. Noahs Trunkenheit, Relief, Mitte 12. Jh.; Verona, San Zeno, rechter Türflügel.

[8] Zwischen den statuarisch dargestellten Hirten tummeln sich in bukolischen Idyllen Eroten bei der Weinernte. Sie pflücken und keltern Trauben. Es bleibt unklar, ob die Darstellung profan oder christlich ist. Sog. Drei-Hirten-Sarkophag, Ende 3. Jh.; Rom, Vatikan, Museo Pio Christiano.

[9] Eroten ernten die Trauben, fahren sie auf Ochsengespannen heim und keltern sie stampfend ein. Deckenmosaik, 4. Jh.; Rom, Mausoleum der Santa Constanza, Chorumgang.

[10] Tympanon, ausgefüllt von Weinstock mit Trauben, 2. Viertel 12. Jh.; Kilpeck, Herfordshire, Südportal der Kirche.

[11] Im umzäunten Weinberg weist ein Prediger auf den von Weinlaub und Trauben umwundenen Kruzifixus hin. Daneben hackt Gottvater die unfruchtbaren Weinstöcke aus. Engel zerkleinern und verbrennen sie. Der Papst und die Mönche hingegen versuchen vergeblich, die dürren Pflanzen wiederzubeleben. Flugblatt, Holzschnitt Eberhard Schön, 1532; Berlin, Staatliches Museum, Kupferstichkabinett.

[12] Die beiden Triforien werden von Weinranken überwölbt, die ein Kreuz krönt. Tauben sitzen in den Reben und laben sich an den Beeren. Mosaik, etwa 6. Jh.; Ravenna, San Vitale, Presbyterium, rechte und linke Wand.

[13] Aus einem Kreuz sprießen Reben und Trauben. Triumphkreuz, Holzskulptur, Ende 14. Jh.; Nürnberg, St. Lorenz.

[14] Ein Rebenzweig mit Traube und Kornhalme mit Ähren wachsen aus Christi Wunden empor. Darunter steht ein Kelch mit einer Hostie. Der eucharistische Schmerzensmann, Tafelmalerei, Epitaph, 1469, Nördlingen; Städtisches Museum.

[15] Präfiguration, der Kreuzigung zugeordnet. Emailarbeit, Nikolaus von Verdun, 1181; Klosterneuburg (bei Wien), Verduner Altar.

[16] Der gekreuzigte Christus, umgeben von Maria, Johannes, Longinus und Stephaton. Die untere Szene des gleichen Bildes zeigt einen Burschen, der in einer Wanne Trauben tritt. Buchmalerei, sogenanntes Stammheimer Missale, 1160–1180; Schloß Stammheim, Bibliothek des Freiherrn von Fürstenberg-Brabecke.

[17] Christus, bekleidet mit einem Mantel, steht aufrecht unter dem Preßbalken der Kelter. Eine Nonne hält einen Kelch unter das ausfließende Blut. Seidenstickerei, nürnbergisch, um 1390; Nürnberg, Germanisches Nationalmuseum, GEW 2464.

[18] Maria mit dem Jesuskind auf dem Arm pflückt von einer Traube Beeren ab. Joseph trägt eine Garbe herbei. Noch ist die Heilige Familie im Stall, doch der Wanderstab wartet bereits im Traubenkorb. Die Heilige Familie, Tafelbild, Martin Schongauer, 15. Jh.; Wien, Kunsthistorisches Museum.

[19] Maria mit dem Kind hält einen Weinstrauch in der Hand, dessen Stamm ein Kruzifix bildet. Engel fangen das Blut Christi auf. Darüber erweckt ein Pelikan – Symbol für Christi Sühnetod – mit seinem Blut seine Jungen zum Leben. Mainzer Weinstrauch-Madonna, Steinguß, 1405; Darmstadt, Hessisches Landesmuseum.

[20] Ein Engelknabe bietet der Madonna und dem Kind eine Schale mit Trauben und Ähren an. Madonna der Eucharistie, Tafelbild, Sandro Botticelli, 2. Hälfte des 15. Jh.; Boston, Isabella-Steward-Gardner-Museum.

[21] Das Jesuskind auf dem Mutterschoß hält eine Traube in der Rechten und pflückt mit der anderen Hand die Beeren ab. Ruhe auf der Flucht,Tafelgemälde, Gerard David, ca. 1510; Washington, National Gallery.

[22] Eine Frau mit Hacke und Schaufel trägt einen Rebzweig mit Früchten. Allegorie des Herbstes, Francesco del Cossa, um 1435–1477; Berlin, Staatliche Museen, Gemäldesammlung.
[23] In der reichen Bilderwelt des Fußbodens mit Gestalten aus der Bibel, der Historie und Sage haben Medaillons mit den Monatsarbeiten und ihren Tierkreiszeichen viel Raum erhalten. Mosaikfußboden, 1163/65; Otranto (Apulien), Kathedrale.
[24] Vier, die Zahl der Welt, liegt der Bildauswahl der Fensterrose zugrunde. Unter Himmelsrichtungen, Winden, Elementen, Jahreszeiten, Paradiesflüssen u. a. werden auch die 3×4 Monatsarbeiten und Tierkreiszeichen aufgeführt. Fensterrose; 1235, Lausanne, Kathedrale.
[25] Der Weltenrichter, der das Jüngste Gericht vollzieht, ist umgeben von drei Archivolten. Der äußere Bogen thematisiert Jahreszeiten, Tierkreiszeichen und Monatsbilder. Tympanon des Westportals, Gislebertus, Meister von Autun, 12. Jh.; Autun, Saint-Lazare.
[26] Weinernte, Miniatur, Stundenbuch von Rohan, 15. Jh.; Paris, Bibliothéque Nationale.
[27] Der Jessebaum als traubenreicher Weinstock, Evangeliar aus Helmarshausen, Codex, Ende 12. Jh.; Trier, Domschatz.
[28] Auf der Grabplatte liegt der tote Christus, Engel und trauernde Frauen umstehen ihn. Seine Liegestatt ist von Weinlaub und Trauben umrankt. Heiliges Grab, Steinplastik, 1330, Freiburg, Münster. Thronende Muttergottes mit Kind und Heiligen, umgeben von Reben und Trauben. Tympanon, 1228–1230; Gelnhausen, Marienkirche, südliches Querschiffportal.
[29] Reich mit Trauben verzierte Kasel, spätgotisch; Salzburg, Stift St. Peter.
[30] Ein fetter Bacchus, auf einem Fäßchen sitzend, leert seinen Weinkrug und läßt sich musikalisch von einem Satyr unterhalten. Weinstock, Reben und Trauben bilden den Hintergrund. Federzeichnung aus dem Gebetbuch Kaiser Maximilians, Albrecht Dürer, 1515; München, Staatsbibliothek.

12. Zitrone und Zitronenbaum (S. 96–97)

[1] Eine Reihe blühender Zitronenbäume sind in der Landschaft des Genter Altars zu finden. Die Anbetung des Lammes, Genter Altar, Jan van Eyck, 1432; Gent, St. Bavo. Dem Paradies ist der Zitronenbaum auch im Freskenzyklus des Alten Testaments in der Collegiata in San Gimignano zugeordnet: Eva wird vor der Kulisse einer üppigen Vegetation aus Apfelbaum, Palmen und einem Hain von Zitronenbäumen mit großen Früchten erschaffen. Erschaffung Evas, Fresko im südlichen Seitenschiff, Bartolo di Fredi, um 1367; San Gimignano, Collegiata Santa Maria Assunta.
[2] Laute spielender Engel vor einem Zitronenbaum, Gemälde, Melozzo da Forli (1438–1494); Madrid, Prado.
[3] Eva mit einer Zitrone in der Hand, Genter Altar, Jan van Eyck, 1432; Gent, St. Bavo.
[4] Thronende Madonna mit Kind, die eine Zitrone in der Hand hält. Schnitzaltar, Hans Klocker, Ende 15. Jh.; Pinzom (Südtirol), Pfarrkirche.
[5] Konrad von Würzburg, Goldene Schmiede, Zeile 446/7.
[6] Zitiert nach A. Schwammberger, Vom Brauchtum der Zitrone, Nürnberg 1965, S. 76.
[7] Bei der Auferweckung des Lazarus hält sich einer der Umstehenden eine Zitrone vor die Nase. Holzplastik, ca. 1510; Mainz, Dommuseum.
[8] Porträt des Kaufmanns Andreas Ligsalz, Tafelbild, Hans Muelich, 1540; München, Bayerische Staatsgemäldesammlung.

Das Blumenbild im Laufe der Jahrhunderte (S. 98–107)

[1] Blüten, Kassettendecke des inneren und äußeren Säulengangs der Tholos von Polyklet, 370–330 v. Chr.; Epidauros, Museum.
Ara Pacis Augustae, Altar des Augustusfriedens. Italia personfiziert als Terra. Rankendekoration mit Blüten, Relief, Carrara-Marmor, 13–9 v. Chr.; Rom.

[2] Pindar, zitiert nach H. Rose, Griechische Mythologie, München 1974, S. 73.

[3] Hans Preuß, Aus den Märtyrerakten der alten Kirche, Gladbach 1951, S. 13.

[4] Tertullian, Vom Kranz des Soldaten, 5.

[5] In einem Blütenkranz der Gute Hirte, neben ihm ein Rosenstock. Blumen und Vögel umgeben den Kranz. Wandbild, 4. Jh.; Rom, Priscilla-Katakombe, in der Nähe des Baptisteriums.

[6] Achtblättrige Blüten umgeben in einem architektonischen Bogengebilde den Gekreuzigten. Buchmalerei, Ende 8. Jh., Paulus-Brief; Würzburg, Universitäts-Bibliothek, M.p.th. fol. 69.

[7] Wiener Dioskurides, Veilchen, Wien; Österreichische Nationalbibliothek, Cod. med. fol. 148 v.

[8] Gewölbemosaik mit stilisierten Blumen, nach 350; Rom, Mausoleum der Santa Constantia.

[9] Drei Kreuzesbalken enden in großzügigen Phantasieblumen, Rankenwerk mit Blüten füllt die beiden unteren Enden des Bildes. Buchmalerei, 10. Jh.; Initiale »T« mit Kruzifixus, Sakramentar Fulda, München, Bayerische Staatsbibliothek, Clm. 10077, fol. 12 v.

[10] Hartmann von der Aue, Die Ernte, 8. Jh., Deutsche Lyrik, gesammelt und übertragen ins Neudeutsche von Will Vesper, Leipzig 1906, S. 13.

[11] Bernhard von Clairvaux, Heinrich von Freiberg, vgl. Rose und die Passion Christi.

[12] Meister Eckhart, zitiert nach Behling, Tafelmalerei, S. 16.

[13] Johannes von Tepl, Der Ackermann und der Tod, Stuttgart 1984, S. 44 f.

[14] Konrad von Würzburg, Goldene Schmiede, Zeile 60–67.

[15] Honorius von Autun, De hominibus sanctis, zitiert nach Behling, Tafelmalerei, S. 49.

[16] Heinrich von Laufenberg, zitiert nach Behling, Tafelmalerei, S. 29

[17] Honorius von Autun, Pl. CL XXII, zitiert nach Herder, Lexikon der christlichen Ikonographie, Bd. 3, Spalte 194.

[18] Madonna im Rosenhag, Stefan Lochner, Tafelbild, um 1448; Köln, Wallraf-Richartz-Museum.

[19] Erfurter Meister, Tafelbild, 1420; Erfurt, Dom.

[20] Gärtleinsmadonna im Ährenkleid. Maria kniet vor dem Jesuskind und spricht mit ihm. Aus dem Offizium Beata Mariae Virginis, Buchmalerei, lombardisch, 14. Jh.; Florenz, Nationalbibliothek.

[21] Auffahrt Marias, die von den zwölf Aposteln umgeben ist. Tafelbild, 1. Hälfte des 15. Jh.; Nürnberg, Germanisches Nationalmuseum.

[22] Krönung Mariens in der Glorie, Mitteltafel des Triptychons, Meister von Moulins, erst kürzlich als Jean Hay identifiziert, 1489–99; Moulins, Kathedrale, Sakristei.

[23] Die Offenbarung der hl. Birgitta von Schweden, Buch 3, Kap. 30, nach Behling, Tafelmalerei, Anm. 88, S. 38.

[24] Heinrich von Laufenberg, Geistliche Lieder, Vers 9, nach Behling, Tafelmalerei, S. 29.

[25] Konrad von Würzburg, Goldene Schmiede, Zeile 1329–1331.

[26] Ders., Zeile 466 f.

[27] Gottfried von Straßburg, ca. 1300, zitiert nach Behling, Tafelmalerei, S. 24.

[28] Konrad von Würzburg, Goldene Schmiede, Zeile 1334 f.

[29] Ders., Zeile 776 f.

[30] Maria mit dem Kind steht auf einem thronähnlichen Podest, umgeben von Heiligen. Ringsherum sind blühende Pflanzen gemalt und in der Mitte steht eine Vase mit Lilien und Schwertlilien. Darunter aufgereiht Wappen, wobei das mittlere die abgewandelte stilisierte Florentiner Wappenlilie zeigt. Rogier van der Weyden, Medici-Madonna, Tafelbild, um 1450; Frankfurt a. M., Städelsches Kunstinstitut.

[31] Gott zeigt Adam und Eva den Baum der Erkenntnis, Tafelbild, Grabower Altar, Meister Bertram, 1379; Hamburg, Kunsthalle.

[32] Die Hausbücher, auch die medizinischen, enthalten wirtschaftliche und gesundheitliche Ratschläge. Die Pflanzen- und Kräuterbücher mit ihren Abbildungen sind zu pharmagnostischen und medizinischen Zwecken verfaßt worden. Bedeutende Pharmakologen und Verfasser von Kräuterbüchern sind: Otto Braunfels, Theologe und Botaniker contra Fayt, Kreuterbuch, 1532; Hieronymus Bock, Neues Kreuterbuch, 1539.

[33] Isenheimer Altar, Matthias Grünewald, ehemaliger Altar der Antoniterkirche in Isenheim, vollendet 1515; Colmar, Musée d' Unterlinden.

[34] Sternförmige und stilisierte Akeleien umgeben den thronenden Christus und die vier Evangelistensymbole. Paris, Missale der Sainte-Chapelle, um 1400; Brüssel, Schriftenkabinett der Königlichen Belgischen Bibliothek, Ms. 9125, fol. 178.

[35] Das kleine Bild der Herbergssuche ist von großen Streublumen umgeben. Lilie, Nelke, Stiefmütterchen, Akelei, Immergrün, Vergißmeinnicht, eine Wicke und ein Veilchen umranden es. Ein Schmetterling schaukelt auf einer Nelke. Ein Mädchen – in der Proportion den Herbergsuchenden angepaßt – windet einen Kranz. Herbergssuche, S. Marion, 15. Jh.; München, Bayerische Staatsbibliothek, Lat. 28345, fol. 36r.

[36] Schöllkraut auf Pergament, Deckfarbenmalerei, Albrecht Dürer, 1482; Wien, Albertina.

[37] Sumpfdotterblume und Buschwindröschen, Federzeichnung auf grauem, leicht rot getönten Papier, Leonardo da Vinci (1452–1519); Windsor, Bibliothek Reale, M. 12423.

[38] Rosen und verschiedene Gänseblümchen blühen um Maria und das Kind. Madonna dell' Roseto, Fayence, Lucca della Robbia (1399–1482); Florenz, Museo Nationale del Borgello.

[39] Blumen, Früchte und Vögel, Türrahmen des Paradieses, Lorenzo Ghiberti (1378–1455); Florenz, Baptisterium.

[40] Folge der neun Helden, gewirkter Bildteppich, 15. Jh.; Basel, Historisches Museum.

[41] Akelei, Lilien und Schwertlilien in einer Vase mit dem Jesusmonogramm des Bernhardin von Siena. Bild, Hans Memling (1430/40–1490); Madrid, Museum Thyssen-Bornemisza.

[42] Ludger van Thomring d.J., Blumenvasen, Rückseite eines Porträts, Ölbilder, 1562; Münster, Landesmuseum. Von den drei Bildern sind nur noch zwei vorhanden.

1. Akelei (S. 107–109)

[1] Zu den zwölf Blumen, die der Dichter zum Vergleich mit der Madonna heranzieht, gehört auch die Akelei. Niederländisches Gedicht, Rosarium,14. Jh., (Deutsche Übersetzung der Autoren),Text nach Behling, Tafelmalerei, S. 27.

[2] Ebda. S. 36.

[3] Rolf Fritz, Aquilegia, Symbolische Bedeutung der Akelei, Wallraf-Richartz-Jahrbuch Bd. 14, Köln 1952, S. 101 f.

[4] Auf den verschiedenen Fliesen des Bodens ist das Christuslamm mit der Sieges-

fahne zu erkennen, außerdem das Jesusmonogramm, das Wort AGLA und stilisierte Blüten und Blätter der Akelei. Tafel der musizierenden Engel, Gebrüder van Eyck, vollendet 1432; Genter Altar, Gent, St. Bavo.

[5] Fritz, Aquilegia, a.a. O.

[6] Die Nürnberger Goldschmiedezunft verlangte seit 1531 als Meisterstück den Akeleibecher. Dieser Typ des Deckelpokals hat eine getriebene Kelchschale, die einer Akeleiblüte nachempfunden ist. Akeleibecher aus Weißsilber, vermutlich von Martin Rehlein, um 1580, wahrscheinlich eines der Muster, die als Vorlage für das Meisterstück dienten. Nürnberg, Germanisches Nationalmuseum.

[7] Lilien und Rosen, Maiglöckchen und Akelei zieren Marias kostbare, goldene Krone. Altartafel des geöffneten Genter Altars.

[8] Allegorie der Verkündigung an Maria. Einhornjagd, Tafelbild, Erfurter Meister, um 1420; Erfurt, Dom.

[9] Hinter Mutter und Kind steht ein Akeleistock mit sieben geöffneten Blüten. Zwei Tauben daneben erinnern an den volkstümlichen Namen der Blume. Anbetung der Könige, Mitteltafel eines Triptychons, Westdeutscher Meister, 15. Jh.; Köln, Wallraf-Richartz-Museum.

[10] Anbetung der Könige, Monforte-Altar, Mitteltafel, Hugo van der Goes, um 1470–1472; Berlin, Staatliche Museen, Gemäldegalerie.

[11] Die Madonna vor der Rosenhecke hat das Knäblein auf ihrem Schoß. Daneben steht ein Topf mit einer Akelei, nach der das Kind greift. Gemälde, Bernardino Luint (1475–1532); Mailand, Brera. Das Jesuskind auf Mariens Arm hält einen Akeleistengel mit drei Blüten in der Linken. Tafelbild, Mitteldeutscher Meister, um 1420; Nordhausen, Dom.

[12] Sterbende Muttergottes. Tafelbild, Wurzacher Altar, Hans Mutschler, 1437; Berlin, Staatliche Museen, Gemäldegalerie.

2. Erdbeere (S. 109–111)

[1] Ovid, Metamorphoses/Verwandlungen, zweisprachig, München [8]1956, Die vier Weltalter, S. 5.

[2] Brüder Grimm, Kinder- und Hausmärchen, Stuttgart/Darmstadt, o. J., S. 514. Die Ausgabe basiert auf der Originalausgabe der Cottaschen Verlagsbuchhandlung.

[3] H. Seuse, Deutsche Schriften (Selbstbiographie), ediert von Karl Bihlmeyer, Stuttgart 1907, S. 30ff.

[4] Grimm, Dt. Wörterbuch, Stichwort Erdbeere

[5] Grabower Altar, Meister Bertram, 1383; Hamburg, Kunsthalle.

[6] Die Heiligen Drei Könige bringen ihre Gaben. In der vorderen linken Bildecke und zu Füßen von Maria und dem Kind blühen und reifen Erdbeeren. Anbetung der Könige, Heisterbacher Altar, 15. Jh.; München, Alte Pinakothek. – In einer offenen Landschaft begegnen sich Maria und Elisabeth. Auf dem Wiesenstück links ist eine prächtige Schwertlilie mit Blüte und Knospen und rechts sind Päonien zu sehen. Im Mittelteil befindet sich ein Erdbeerstock mit typischer Dreiblattzeichnung und Blüten und Früchten. Heimsuchung Mariens, Meister MS, so genannt nach einem Monogramm MS auf einem Passionsaltar der Primatialgalerie Estergom mit dem Datum 1506, Tafelbild, Flügel eines Seitenaltars; Budapest, Museum der Schönen Künste.

[7] Madonna im Rosenhag, Tafelbild, Stefan Lochner, um 1448; Köln, Wallraf-Richartz-Museum.
Die Heilige Familie rastet unter einem Baum. Vor Maria, die das Kind auf ihrem Schoß herzt, steht eine Schale mit Erdbeeren und eine Staude reift und blüht vor ihrem Sitzplatz. Ruhe auf der Flucht, Hans Baldung genannt Grien, ca. 1484/85–1545; Nürnberg, Germanisches Nationalmuseum.

[8] Zeugungsakt, Buchmalerei, Traktat von Jean Mausel, Paris, letztes Viertel 15. Jh.; Paris, Pariser Bibliothèque de l'Arsenal, Ms. 55206 , fol. 174.

[9] Um die Szene »Jesus vor Pilatus« auf goldenem Grund reihen sich von Ranken mit Blüten umschlungene blaue Kreise; die kleine Gebinde enthalten, darunter mehrfach Erdbeeren mit Früchten und Blüten. Buchmalerei,15. Jh.; Paris, Bibliothèque Nationale, Lat. a. 1156 B, fol. 125.

3. Lilie – Madonnenlilie, Feuerlilie, Schwertlilie (S. 112–119)

[1] Larousse Encyclopedia of Mythology, London 1968, S. 202.

[2] Bibliothek der Kirchenväter, Lukaskommentar 7, Ambrosius 2, S. 394 f.

[3] Texte der Kirchenväter, Bd. 4, Cyprian von Karthago, Brief an die Verfolgten im Jahr 250, S. 75.

[4] Gregor der Große, Auslegung zum Hohenlied, zitiert nach Forstner, Symbole, S. 257 f.

[5] H. D. Stoffler, Der Hortulus des Walahfrid Strabo, Abt der Reichenau, Sigmaringen 1989, S.99.

[6] Bonaventura (1221 - 1274), Laus Beatae Virgines, zitiert nach Behling, S. 41.

[7] Adam von Saint-Victor, in: »Herrscher, Heilige, ernste Dichtung des lateinischen Mittelalter«, hg. v. Heinrich Naumann, München o. J., S. 79.

[8] Dritter Vers von »Meerstern, ich dich grüße«.

[9] Akathistos, Preislied auf Maria, in: Das Geheimnis der Gottesmutter, aus dem Griechischen übertragen von Eberhard Maria Gumbroich, Gailsdorf 1970.

[10] Weiße Lilie im Blumengarten, Fresko aus der Villa in Amnissos, mittelminoisch, um 1600 v. Chr.

[11] Am Paradiesberg, auf dem das Kreuz steht, wächst zwischen den Paradiesflüssen eine Lilie schlank und hoch empor. Sarkophag-Relief, ca. 6. Jh., linke Schmalseite, Ravenna, Sant' Apollinare in Classe.

[12] Langhaus-Mosaik, unterer Streifen, 6. Jh.; Ravenna, San Apollinare Nuovo.

[13] St.Apollinaris inmitten seiner Herde. Apsismosaik, 6. Jh., Ravenna, Sant' Apollinare in Classe.

[14] Das Bildnis Christi nach oben abgrenzend verzweigen sich Bäume mit Lilienblüten. Godescalc-Evangelistar, 781–783; Paris, Bibliotèque Nationale. – Ein Architekturrahmen der über den Evangelistensymbolen und der Hand Gottes einen Halbkreis bildet, ist mit weißen Lilienblüten besetzt (820). Bern, Burger-Bibliothek, Cod. 348, Fleury.

[15] Im 17. Jh. erhielten die geistlichen Eigenschaften, die der Madonnenlilie zugeschrieben wurden, durch einen päpstlichen Erlaß offizielle religiöse Anerkennung. Zohary, Michael, Die Pflanzen der Bibel, Stuttgart [2]1986, S. 177.

[16] Engel mit Lilie vor Maria kniend. Ein zweiter Engel, ebenfalls mit einer Lilie, steht im Hintergrund. Tafelbild, Fra Philippo Lippi, 15. Jh.; München, Alte Pinakothek.

[17] Thronende Madonna mit Kind, Engeln und Heiligen, im Vordergrund orientalische Goldvase mit Rosen und Lilien. Hausaltar, Holz, Ambrogio Lorenzetti, um 1340; Siena, Pinacoteca Nazionale.

[18] Verkündigung an Maria, Fresko, um 1150; Hocheppan, Burgkapelle.

[19] Initiale mit der Verkündigung Mariä, Köln (?), 1330–1340; Graduale aus Kloster Wettingen (Aarau), Kantonsbibliothek.

[20] Mariä Heimsuchung, Tafelbild, 1410; Utrecht, Aartsburger Museum.

[21] Gekrönte Madonna, Genter Altar, Mitteltafel, Hubert und Jan van Eyck, 1432; Gent, St. Bavo.

[22] Josefs Stab, aus dem eine Taube hervorkommt (vgl. Neutestamentliche Apokryphen), wandelt sich im Bild in einen Lilienstengel. Verlobung Mariens, Josef mit Lilienstengel in der Hand. Fresko, Giotto, 1305; Padua, Arenakapelle.

[23] Neben Johannes dem Täufer wächst eine Lilie. Flügelaltärchen, genannt »Perle von Brabant«, rechter Flügel: Johannes in der Wüste, Dieric Bouts d. J., 1448–91; München, Alte Pinakothek.

[24] Hl. Klara mit einer Lilie in der Hand. Fresko, Simone Martini, 13. Jh.; Assisi, San Francesco, Unterkirche.

[25] Susanna im Bade. Ihre Magd trägt eine Lilie in der Hand. Tafelbild, Albrecht Altdorfer, 1526; München, Alte Pinakothek.

[26] Der auferstandene Christus, Buchmalerei, Albani-Psalter, 12. Jh., Hildesheim, St. Godehard.

[27] Maria, dargestellt mit dem Lilienszepter in der Hand. Skulptur, 12. Jh.; Fulda, Petersberg.

[28] Erzengel Gabriel mit Lilienstab, Relief, 12. Jh.; Schloß Tirol, Palasportal.

[29] Armreliquar des hl. Sigismund, Silbertreibarbeit, 11. Jh.; Welfenschatz, Berlin, Staatliche Museen.

[30] Bourbonenlilie, Karlsbüste, Reliquiar, Silbertreibarbeit, 1349; Aachen, Domschatzkammer, Sockel mit Lilien.

[31] Der Sachsenspiegel, Abb. 25, (Ldr. II 66 § 1) in: Der Sachsenspiegel in Bildern. Aus der Heidelberger Bilderhandschrift, ausgewählt u. erläutert von W. Koschorreck, Frankfurt a. M. 1977, S. 50f.

[32] Lilienkreuz, Silber, um 1350; Basel, Münsterschatz.

[33] Christusnimbus mit Lilienkreuz. Taufe Christi, Martin Schongauer, 15. Jh.; Kupferstich, Albertina, Wien.

[34] Jesus als Weltenrichter mit einer Lilie und dem Schwert. Die sieben Todsünden und die letzten Dinge, Detail: Jüngstes Gericht, Medaillon, Tischplatte, Hieronymus Bosch (um 1450–1516); Madrid, Prado.
Christus thront auf einem Regenbogen, umgeben von den Aposteln und den Fürsprechern, Maria und Johannes dem Täufer. Engel tragen die Passionswerkzeuge herbei. Vom Mund des Weltenrichters geht ein blühender Lilienstengel aus und weist auf die Erlösten zur Rechten und ein feuriges Schwert zur Linken in Richtung der Verdammten. Unten auf der Erde steigen die Toten aus ihren Gräbern. Sie werden vom Erzengel Michael gewogen und daraufhin der himmlischen Stadt zugeführt oder in die Hölle gestoßen. Jüngstes Gericht, Tafelgemälde, Hans Memling, 1466/73; verschollen, früher Danzig, Pommersches Landesmuseum.

[35] Zwei Engel, der eine mit Lilienstengel, der andere mit Richtschwert, ziehen für den auferstandenen Christus einen Vorhang zur Seite. Die Wundmale sind deutlich zu sehen und ein kreuzförmiger Liliennimbus umgibt das Haupt. Christus als Schmerzensmann und Weltenrichter, Petrus Christus, Tafelbild, 1444–1452; Birmingham, Museum and Art Gallery.

[36] Ein Lilienfries mit einem Kreuz darüber. Romanisches Tympanon, Weinsberg, Westportal der Stadtkirche.
Lilienfries, Anfang 13. Jh.; Apsis der ehemaligen Benediktinerstiftskirche von Faurndau (Kreis Göppingen, Baden-Württemberg).

[37] Zwei lilienförmige Bäume, die sich durch das Kreuz in ihrer Mitte als Paradiesbäume ausweisen. Tympanon, Mittelfischbach bei Schwäbisch Hall, Pfarrkirche.

[38] Burgkmair, Die Madonna im Garten, Tafelbild, 1509; Nürnberg, Germanisches Nationalmuseum.

[39] S. Anm. 34.

[40] Die Offenbarung der hl. Birgitta von Schweden, Buch 3, Kap. 30, vgl. Behling, Tafelmalerei, Anm. 88, S. 38.

[41] Durch ein Fenster öffnet sich der Blick auf den Innenraum einer Kirche mit der Muttergottes im Mittelpunkt. Davor ist eine lesende Dame, vermutlich Maria von Burgund, zu sehen. Als Blume dominiert eine große Schwertlilie in einer Vase die rechte Bildseite. Daneben liegen noch zwei Nelken auf dem Fensterbrett. Stun-

denbuch der Maria von Burgund, Miniatur, 1477; Wien, Österreichische Nationalbibliothek, Cod. 1857, fol. 14v.

[42] Unter dem Apfelbaum stehen Adam und Eva sowie die in menschliche Gestalt verwandelte Schlange. Nur der Rücken und die unteren Extremitäten deuten auf das Reptil hin. Die Einzelheiten im Bild, wie Gräser, Blüten und Blattwerk sind detailliert gestaltet. Den Vordergrund bestimmt ein Schwertlilienstock. Eine Blüte weist genau auf Evas Schoß. Hier ist, im Gegensatz zu den Verkündigungsbildern, die blaue Lilie gewählt worden. Der Sündenfall, Tafelbild, Hugo van der Goes, vor 1470; Wien, Kunsthistorisches Museum.

4. Märzenbecher, Schneeglöckchen oder »Zeitenlose« (S. 119–130)

[1] Marzell, Volksbotanik, S. 19.

[2] Tauler, Johannes aus »Es kumpt ein schiff geladen«, in: Das deutsche Gedicht, Auswahl und Einleitung v. E. Hederer, Frankfurt am Main 1962, S. 33.

[3] Madonna mit Kind, Tafelbild, Hans Burgkmair, 1509; Nürnberg, Germanisches Nationalmuseum (vgl. Pfingstrose).
Heimsuchung Mariens, Lauterbacher Altar, unbekannter Meister, um 1480; Lauterbach, Museum.

5. Maiglöckchen (S. 130)

[1] Marzell, Volksbotanik, S. 36

[2] Honorius von Autun, zit. nach Behling, Tafelmalerei, S. 42.

[3] Naumann, Herrscher und Heilige, S. 99.

[4] Behling, Pflanzenwelt, S.110.

[5] Die Jungfrau mit dem Jesusknaben ist umringt von Engeln, zwei schweben über ihr und halten eine Krone über ihrem Haupt. Vor ihr steht eine mit Maiglöckchen gefüllte Vase. Maria als Königin der Engel, Holzschnitt, Albrecht Dürer, 1518. Maria mit dem Kind als Modell für den Evangelisten, vor ihnen in der Vase ein dicker Strauß mit Maiglöckchen. Der hlg. Lukas malt die Madonna, Nürnberger Meister, Tafelbild, 1487; Teil eines Altarflügels vom sog. Augustineraltar, Nürnberg, Germanisches Nationalmuseum.

[6] Verkündigung an Maria, Tafelbild, Jan Pollack, um 1500; München, Burgkirche Blutenburg.

[7] Tafelbild des Genter Altars, Mittelteil, Jan van Eyck, 1432; Gent, St. Bavo

[8] Sterbende Muttergottes, Tafelbild, Wurzacher Altar, Hans Mutschler, 1437; Berlin, Staatliche Museen, Gemäldegalerie (vgl. Akelei).

[9] Neben Maßliebchen, Taubnessel und Taubenkropf, Nelke, Erdbeere, Schlüsselblume und Veilchen mischt sich in die vielfarbige Wiesenpracht das Maiglöckchen. Susanna im Bade, Albrecht Altdorfer, Tafelbild, 1526; München, Alte Pinakothek.

6. Maßliebchen oder Gänseblümchen (S. 131)

[1] Darmstädter Handschrift, 14. Jh., zitiert nach Behling, Tafelmalerei, S. 27.

[2] Gottfried von Straßburg, a.a.O.; S. 24.

[3] Neidhardt von Reuenthal, Lieder der Minnesänger des 12. u. 13. Jh., in: Der Musikant, hg. v. F. Jöde, Wolfenbüttel 1925, S. 33.

[4] Vgl. Blumenbild, Tafelbild, Grabower Altar, Meister Bertram, 1379; Hamburg, Kunsthalle.

[5] Auf dem Rasen des Golgathahügels stehen dicke Büschel mit Gänseblümchen. Kreuzigung, Wildunger Altar, Konrad von Soest, 1404 od. 1414; Bad Wildungen, Pfarrkirche. – Im Vordergrund der Taufszene sind detailgenaue Blumenstilleben zu sehen. Das Gänseblümchen fehlt auch hier nicht. Hinter der Christusgestalt

ist am Uferrand noch eine Iris zu erblicken. Tafelbild, Mitteltafel des »Taufe Christi« Triptychons, Gerard David, um 1505; Brügge, Groeningemuseum.

[6] Die Begegnung von Maria und Elisabeth, die gegenseitig den schwangeren Leib betasten, findet auf einem Weg, der mit viel Grün umsäumt ist, statt. Darin recken Gänseblümchen ihre Köpfe ans Licht. Heimsuchung Mariä, Tafelgemälde Roger van der Weyden, um 1435; Leipzig, Museum der bildenden Künste.
Zu Füßen der Gottesmutter im Gras blühen zwischen Erdbeerpflanzen auch die kleinen Gänseblümchen. Madonna im Rosenhag, Tafelbild, Stefan Lochner, um 1448, Köln, Wallraf-Richartz-Museum (vgl. Rose).
Maria mit dem Kind auf dem Arm. Die Erde vor ihr schmückt sich mit blühenden Symbolblumen, Veilchen, Maßliebchen und Erdbeeren. Deutscher (?) Meister, um 1460; Gemälde, Karlsruhe, Staatliche Kunsthalle.

7. Nelke (S. 131–133)

[1] Konrad von Würzburg, Goldene Schmiede, Zeile 838/39.

[2] Marzell, Volksbotanik, S. 76.

[3] Maria reicht dem Kind auf ihrem Schoß eine rote Nelke. Tafelbild, Elsässischer Meister, 1440; Straßburg, Kunstmuseum.

[4] Vor Maria mit dem Kind steht ein Engel. Er hält eine rote Nelke, nach der das Jesuskind das Händchen ausstreckt. Tafelbild, Anonymer flämischer Meister; Granada, Capella Real de Granada.

[5] Besuch der Engel mit den Leidenswerkzeugen bei Maria und dem Kind. Leidensvorausschau, Tafelmalerei, um 1410, Buxtehuder Altar; Hamburg, Kunsthalle.
Der jugendliche Christus betrachtet die Dornenkrone und hält die Kreuzesnägel in seinen Händen. Tafelmalerei, Sandro Botticelli, um 1480; Privatbesitz.

[6] Eine detaillierte Beschreibung und Auslegung, besonders auf die Inkarnations- und Passionsbedeutung bezogen, findet sich in den ersten beiden Kapiteln »Erklärende Beschreibung des Nelkensymbols« und »Von der offenen Darstellung zum verdeckten Symbol« einer kunstwissenschaftlichen Untersuchung aus Schweden. Ingvar Bergström, Den symboliska nejlikan, Malmö 1958.

[7] Maria hält eine Nelke in der Rechten und zeigt sie dem Kind, das auf ihrem Schoß sitzt. Sie hat sich auf einer Rasenbank niedergelassen. Ein blühender Nelkentopf steht daneben. Federzeichnung, Martin Schongauer, 15. Jh.; Berlin, Kupferstichkabinett.

[8] Das Goldene Zeitalter, Tafelbild, Lucas Cranach d. Ä., 1530; München, Alte Pinakothek.

[9] Bildnis einer Braut, Tafelbild, Hans Memling (um 1433–1494); New York, Metropolitan Museum.

[10] Ein kleines Gärtlein, nicht breiter als ein Beet, bietet nur für einen Nelkenstock Platz. Der hat allerdings die Ausmaße eines Strauchs. Außerhalb der Umzäunung unterhält sich ein Liebespaar. Sein Gesprächsthema ist den zugehörigen Spruchbändern zu entnehmen: Die Treue. Wandbehang, datiert 1490; Basel, Näfels, Freulerpalast.

[11] Der Mann mit den Nelken, Gemälde, Jan van Eyck, 1430/32; Berlin, Staatliche Museen, Gemäldegalerie.

[12] Bildnis eines Kaufmanns, Tafelbild, Hans Holbein d. Jüngere, 1532; Berlin, Staatliche Museen, Gemäldegalerie.

8. Pfingstrose (S. 134)

[1] Konrad von Würzburg, Die Goldene Schmiede, Zeile 423–425.

[2] Rosarium, 14. Jh., zit. nach Behling, Tafelmalerei, S. 28.

[3] Rechts von der Madonna mit dem Kind steht ein Pfingstrosenstock, im Rasen

blühen Märzenbecher. Tafelbild, Hans Burgkmair, 1509; Nürnberg, Germanisches Nationalmuseum. – Neben der Gottesmutter und dem Kind stehen Schwertlilie und Pfingstrose in voller Blüte. Aquarell, Albrecht Dürer, Maria mit den vielen Tieren, 1505; Wien, Albertina.

4 Pfingstrosen, Aquarell, Albrecht Dürer, 1503/5; Bremen, Kunsthalle.

9. Rose (S. 134–147)

1 Griechische Lyrik, übertragen von Eduard Mörike, Frankfurt a. M./Hamburg 1960, Lob der Rose, S. 73.

2 Gerhard Wirth, Griechische Lyrik von den Anfängen bis Pindar, Hamburg 1963, Pindar, Trauergesänge, Fragment, Bd. 6, S. 204.

3 Zitiert nach Behling, Tafelmalerei, S. 47.

4 Texte der Kirchenväter, Bd. 4, S. 75.

5 Hans Preuß, Aus den Märtyrerakten der alten Kirche, Gladbach 1951, S. 13.

6 Petrus Damiani, Von des Paradieses Glorie, Vers 5, in: H. Kusch, Einführung in das lateinische Mittelalter, Bd. 1, Dichtung, Berlin 1957, S. 246/47.

7 Sedulius, Carmen paschale (II 28 - 33), ca. 430 veröffentlicht, zitiert nach Forstner, Welt der Symbole, S. 261.

8 Walther von der Vogelweide, Lieder, Sangsprüche, Leich, Berlin 1996, S. 9.

9 Altdeutsche Textbibliothek, Kleinere deutsche Gedichte des 11. und 12.Jh., hg. von Albert Wang, Halle/Saale 1890, Melker Marienlied, S. 159 f.

10 »Rose der Geduld« nach Hugo von St. Victor, in: Naumann, Herrscher und Heilige, S. 99.

11 Das Geheimnis der Gottesmutter, aus dem Griechischen übertragen von Eberhard Maria Jumbroich, Gaildorf 1970, [15]1981.

12 Konrad von Würzburg, Lobgesang auf Maria, Zeile 16 und 26.

13 Dante Alighieri, Göttliche Komödie, S. 510.

14 Entstanden in Trier 1587/88, bekannt als das » Alt Catholisch Triersche Christliedlein«, Weise 1599 im Speierschen Gesangbuch, in: Volksliederbuch für die deutsche Jugend, hg. von G. Eberlein u. T. Knolle, Jena 1921, S. 268.

15 Nachwort des Heinrich von Freiberg, 1285, zu Gottfried von Straßburg, Tristan und Isolde (um 1210). Friedrich Ranke, Tristan und Isolde, München 1925, S. 252.

16 Alemannische Dichtung, 1555, Adolf Seifert, Lobsinget, Kassel 1931, S. 64.

17 B. G. Walker, Die geheimen Symbole der Frauen, München 1997, S. 579.

18 Volkslied, aufgeschrieben 1602, Der Zupfgeigenhansl, hg. von H. Breuer, Mainz 1914, S. 30.

19 Vagantenlied, Stetit puella, Carmina Burana, in: Frech und Fromm, Dichtungen des lateinischen Mittelalters, München 1960, S. 112 f.

20 Walther von der Vogelweide, Gedichte, ausgewählt und erklärt von Carl von Kraus, Insel-Bücherei Nr. 105, o. O., o. J., S. 63.

21 Deutscher Minnesang, König Wenzel von Böhmen, Nachdichtung von Kurt Erich Meuser, Stuttgart 1956, S. 167.

22 Courante aus einem Lautenbuch von 1619, Der Zupfgeigenhansl, S. 165.

23 Berthold Ringwaldt, Die lautere Wahrheit, 16. Jh., zit. nach J. u. W. Grimm, Deutsches Wörterbuch, Leipzig 1837.

24 Wandmalerei, 3. Jh.; Rom, Priscillakatakombe.

25 Apsismosaik, 6. Jh.; Rom, Santa Prassede.

26 Engel pflücken Rosen und tragen Girlanden zur Madonna. Wandmalerei, Benozzo Gozzoli (1420–1497); Florenz, Palazzo Medici/Ricardi, Kapelle.

27 Von einem Rosenstrauch brechen Engel Blüten ab. Sie haben Kränze gewunden. Zwei davon schmücken die Gottesmutter. Maria im Rosenhag, Kalksteinrelief, um 1470; Berlin, Staatliche Museen, Skulpturensammlung.

28 Alle Engel, die Maria und das Kind umgeben, tragen Rosenkränze im Haar und

der Boden ist mit Rosenblüten bestreut. Tafelbild, Französische Schule, anonym, Wilton-Diptychon, 1395; London, National-Gallery.

[29] Die im Weltgericht begnadigten Seligen schreiten, begleitet von ihren Engeln, dem Himmel zu. Mit Rosen bekränzt ziehen sie im Reigen durch einen Garten und schweben in das leuchtende Tor des himmlischen Jerusalem ein. Engelreigen aus dem Jüngsten Gericht, Fra Angelico (1387–1455), Tafelbild, linker Ausschnitt; Florenz, Museo di San Marco.
Die Grabfigur des Grafen Heinrich von Sayn trägt einen Rosenkranz in der Gewißheit, daß sein jenseitiger Aufenthaltsort das Paradies sein wird. Eichenholzskulptur, nach 1247; Nürnberg, Germanisches Nationalmuseum.

[30] Pindar, Olympische Hymnen, übersetzt und erläutert von F. Dornseiff, Wiesbaden 1960, S. 20.

[31] Zwei Engel knien mit Vasen in den Händen, die mit Rosen und Lilien gefüllt sind, vor der thronenden Madonna. Von den sie umgebenden Heiligen trägt eine rote und weiße Rosen im gerafften Gewand vor sich. Tafelbild, Giotto di Bondone, um 1305–1310; Florenz, Uffizien.

[32] Vier Schalen mit roten und weißen Rosen stehen auf der Marmorbank, auf der Maria sich niedergelassen hat. Tafelbild, Sandro Botticelli, Maria mit Kind und den beiden Johannes, 1488; Berlin, Staatliche Museen, Gemäldegalerie.

[33] Maria im roten Gewand, das sich wie eine überdimensionale Rosenblüte entfaltet, hält das Jesuskind auf dem Arm. Es spielt mit einer Rosenkranzkette. Neben beiden blüht ein dornenloser Rosenstock. Er wächst vor einer Mauer, der die Szenerie in einen abgeschlossenen Garten verwandelt. Tafelbild, Ausschnitt, rechte Seite des Mittelteils vom Isenheimer Altar, Matthias Grünewald, 1512–1515; Colmar, Musée d' Unterlinden.

[34] Die Muttergottes in der Rosenlaube ist von musizierenden Kinderengeln, die ihr Früchte darreichen, umgeben. Die grüne Wiese zu ihren Füßen bedecken Gänseblümchen, fruchttragende Erdbeerstauden und Veilchen. Madonna im Rosenhag, Tafelbild, Stefan Lochner, 1448; Köln, Wallraf-Richartz-Museum.

[35] Hag = Gebüsch, Einfriedung, vgl. Hagebutte, der Name des Samenstandes der Rose.

[36] Ein dichter Rosenheckenzaun bildet den Hintergrund zu der Darstellung der Jungfrau mit Kind, begleitet von vier musizierenden Engeln. Linke Tafel des Triptychons, Hans Memling (1435–94); Madrid, Prado.

[37] Die Bildform Demutsmadonna oder *Umilta* entstand im 14. Jh. in Italien. Die Bezeichnung resultiert aus Marias demütiger Aussage bei der Verkündigung: »Siehe, ich bin des Herrn Magd« (Lk 1,38).

[38] Eine anmutig-poesievolle Variation der Jungfrau im abgeschlossenen Rosengarten, die durch die Gestaltung und in der Farbgebung die Tradition kunstvoller Goldschmiedearbeit in die Malerei einführt. Die marianische Symbolik vertiefen, neben dem üppig von Rosen überwucherten Zaun, Details wie der Brunnen mit dem Turmaufbau. Madonna im Rosenhag mit der hl. Katharina, Tafelbild, Stefano da Verona, um 1425; Verona, Museo di Castelvecchio.

[39] Die gekrönte Himmelskönigin mit dem Jesuskind hält einen Zweig mit Rosenblüten empor. Siegel des Zisterzienser-Klosters Eberbach, 14. Jh.

[40] Pfeilermadonna, Steinskulptur, 1280; Freiburg/Breisgau, Münster, am Hauptportal.

[41] Die ganze Menschheit als große Rosenkranzbruderschaft huldigt Maria und dem Kind. Im Vordergrund sind Papst und Kaiser zu sehen, die aus ihren Händen Rosenkränze empfangen. Gemälde, Rosenkranzfest, Albrecht Dürer, 1506; Prag, Nationalgalerie.

[42] Maria umgeben von Rosenkranzbetern, Titelbild des Rosenkranzbüchleins des Alanus de Rupe, Holzschnitt, Ende 15. Jh.

Ein weißer (freudenreicher), roter (schmerzensreicher) und ein goldener (glorienreicher) Rosenkranz enthalten je fünf Medaillons, welche die einzelnen Geheimnisse anzeigen. In der Mitte befinden sich Maria und das Kind. Wandmalerei, 1520; Weilheim/Teck, Pfarrkirche.

[43] Im Hallenchor der Kirche scheint die plastische Darstellung der Verkündigung frei zu schweben. Ein fast 4 m hoher Rosenkranz umgibt das Werk. Die Kranzmedaillons enthalten Reliefs der sieben Freuden Mariä. Englischer Gruß, Holzplastik, Veit Stoß, 1517/18; Nürnberg, St. Lorenz.
Am Chorgewölbe der Volkacher Wallfahrtskirche hängt ein Hauptwerk Riemenschneiders: Maria mit dem Kind, von Engeln umschwebt, umrahmt ein Kranz aus Rosenblüten mit fünf Reliefmedaillons aus dem Marienleben. Maria im Rosenkranz, Holzplastik, Tilman Riemenschneider, 1524; Volkach, Wallfahrtskirche.

[44] Schmerzensreicher Rosenkranz. In dem weißen Rosenkranz sind statt der roten Rosen, das Abbild der Hände, Füße, des Herzens und des dornengekrönten Hauptes Christi eingefügt. Der Kranz umgibt den Kruzifixus, um den sich Heilige scharen. Gott der Weltenherrscher, die Geisttaube, Maria und Michael überhöhen ihn. Rosenkranzaltar, 1470; Wolframs-Eschenbach, Marienmünster.

[45] Jakob Sprenger, Prior des Dominikanerklosters in Köln, (1438–1495), gab detaillierte Anweisungen in einem Büchlein der Kölner Rosenkranzbruderschaften, deutsch um 1475.

[46] Hans Süß von Kulmbach, Der große Rosenkranz, 1515, Holzschnitt, Rudolstadt.

[47] Goldene Tugendrose, Rosenzweig aus hell vergoldetem Silber, Mitte 15. Jh.; Andechs, Kloster.

[48] Die Religion in Geschichte und Gegenwart, Bd. 5, Tübingen 1913, S. 23.

[49] Ausstellungskatalog Martin Luther und die Reformation in Deutschland, Frankfurt a. M. 1983. Aus einem Brief Luthers an Lazarus Spengler in Nürnberg, S. 378.

[50] Caritas, eine der drei dargestellten theologischen Tugenden trägt einen Rosenkranz. In der rechten Hand hält sie eine mit Rosen gefüllte Schale. Wandmalerei, Giotto di Bondone, 1306; Padua, Arenakapelle.

[51] Keuschheit und Unkeuschheit kämpfen miteinander. Letztere trägt im Visier drei rote Rosen und einen Basilisk. Tugend- und Lasterteppich, Gobelin, um 1400; Regensburg, Museum der Stadt.

[52] Hl. Dorothea mit Rosenkorb, Meister des Nothelfer-Altares, tätig um 1430–1445; Alte Pinakothek, München.

[53] Geburt der Venus, Gemälde, Sandro Botticelli, um 1485; Florenz, Uffizien.

[54] Die große Mannessische Liederhandschrift, Anfang 14. Jh.; Heidelberg, Universitätsbibliothek, Cod. pal. ger. 848, Faksimile, hg. von Ulrich Müller, Göppingen 1971, Herr Bern von Horheim, L II r.

[55] Ebda., Herr Chunrat von Altstetten, LXVIII r.

[56] Ebda., Herzog Heinrich von Tressle, V r.

[57] Ebda., Graf Kraft von Toggenberg, XI r.

[58] Sogenanntes Harbaville Diptychon, Elfenbein, Rückseite der Mitteltafel, 10. Jh.; Paris, Louvre.

[59] Als »Rose de France« ist das Rosenfenster in Chartres aus dem Jahr 1233 bekannt.

[60] Fensterrose, ca. 1360, Nürnberg, St. Lorenz, Westfassade.

10. Veilchen (S. 147–148)

[1] Bruder Hansen, niederländischer Dichter, Marienlieder aus dem 14. Jh., hg. von R. Wetzlof, Hannover 1863.

[2] Vgl. auch die Vorstellungen zum Tugendbaum.

[3] Zitiert nach Behling, Tafelmalerei, S. 42/43.

[4] Konrad von Würzburg, Die goldene Schmiede, Zeile 859.
[5] Marzell, Volksbotanik, S. 12.
[6] Die Muttergottes mit dem Veilchen, Tafelbild, Stephan Lochner, 1. Hälfte 15. Jh.; Köln, Diözesanmuseum.
[7] Die Szenerie auf diesem Teppich ist dreigeteilt und zeigt im linken Bildteil die Verkündigung an Maria, im Mittelteil beherrschend den Gekreuzigten auf dem Golgathahügel und rechts die Auferstehung mit Maria Magdalena in einem geschlossenen Garten. Botanisch erkennbar sind darüber hinaus Borretsch, Kornblumen, Apfel-, Birn- und Pflaumenbaum. Jahreszeitbehang, Basel, vor 1474; Zürich, Schweizerisches Landesmuseum, Inv. Dep. 2389

11. Flora ohne eindeutige Symbolik (S. 148–149)

[1] Maria Magdalena kniet vor Christus auf der Wiese. Viel Klee sprießt im Vordergrund. Noli me tangere, Tafelbild, Nachfolger Stefan Lochners, 1450–1460; Nürnberg, Germanisches Nationalmuseum.
Maria und Josef beten im Freien vor dem Stall das Jesuskind an. Der kniende Josef ist von Klee umgeben. Anbetung, Tafelbild, Oberrhein um 1460; Freiburg i. Br., Augustinermuseum.
[2] Unter einer dreigesichtigen Trinität wächst ein großer Kleestock. Marienteppich, Oberrhein um 1400; Freiburg i. Br., Augustinermuseum.
[3] Reclams Lexikon der Heiligen, Stuttgart 1968, S. 409
[4] Ein Ährenfeld wird abgeerntet. Im Kornfeld und zwischen den Garben blühen unverhältnismäßig große Kornblumen in strahlendem Blau. Das Bildthema, Christi Taufe, umgrenzen nochmals Kornblumen. Stundenbuch der Marguerite d'Orleans, Mitte 15. Jh. Eine große Kornblume rahmt neben Rosen, Nelken, Vergißmeinnicht und Phantasieblumen die Weihnachtsszene mit den Heiligen Drei Königen ein. Anbetung des Kindes, aus dem deutschen Gebetbuch von Stefan Lochner, 1451 in Köln geschrieben; Darmstadt, Hessische Landesbibliothek, Hs. 70.
[5] Vergleich mit dem Lapislazuli, dem Lasurstein, aus dem natürliches Ultramarin gewonnen werden kann, eine kostbare Farbe, die oftmals dem Gewand der Muttergottes vorbehalten war. Gedicht aus einer Darmstädter Handschrift des 14. Jh., nach Behling, Tafelmalerei, S. 28.
[6] Der Engel, der die in Blau gekleidete Gottesmutter begleitet, trägt einen Rosenzweig, und sein Haupt umkränzen Kornblumen. Tafelbild, Sano di Pietro (1406–1481); Siena, Pinacoteca.
[7] Die Heiligen Ägidius und Maurus an einem Bachlauf, an dem im Gras Klee, Maßliebchen, Erdbeeren und Osterglocken wachsen. Morel-Altar, Mittelbild, Hans Memling, 1484; Brügge, Groeningenmuseum.
[8] Kalvarienberg aus St. Andreas, Kölner Meister, Anfang 15. Jh.; Köln, Wallraff-Richartz-Museum.
[9] Konrad von Megenberg, nach Behling, Tafelmalerei, S. 120
[10] Inmitten einer baumbestandenen Frühlingslandschaft rastet die Heilige Familie auf ihrer Flucht nach Ägypten. Engelkinder dienen ihr auf ihrem Wiesenplatz, auf dem Erdbeeren, Akelei und Himmelsschlüssel blühen. Ruhe auf der Flucht, Lucas Cranach d. Ä., 1504; Berlin, Staatliche Museen.
[11] Unter dem Kreuz Christi stützen die umstehenden Frauen die Gottesmutter, die schmerzgebeugt zusammensinkt. Vor dem Totenkopf in der vorderen Bildmitte blühen die Marienblumen Maiglöckchen und Veilchen, daneben Hahnenfuß. Vielleicht entspricht der Himmelsschlüssel auf dem Bild als blumige Übersetzung der Erlösungstat. Kreuzigung, Tafelbild, Meister Wolgemuth (1434–1519); München, Alte Pinakothek.
[12] Auf dem Altarbild stehen in der Nähe der Märtyrer Löwenzahnpflanzen in voller

Blüte, andere bilden bereits weiße Kugeln mit ihrem Samenstand. Genter Altar, Jan van Eyck, 1432; Gent, St. Bavo.

13 Behling, Tafelmalerei S. 35 bezieht sich auf die Goldene Schmiede Vers V, 502ff: »Du bist des lewen muoter, der sinen toten welfelin mit der luten stimme sin lebende machet schone.« Auf dem Rasen bei Christus und Maria Magdalena finden sich die deutlich gezackten Blätter des Löwenzahns. Krakauer Marienaltar, Veit Stoß, 1477–1489; Krakau, Marienkirche.

14 Fraischen, vom althochdeutschen *fraisa*, bezeichnet eine plötzlich auftretende Krankheit, als Krampf bei Kindern bis in unser Jahrhundert bekannt.

15 Das nackte Jesuskind hält drei Stiefmütterchenblüten in der Hand. Die Jungfrau mit dem Kinde wird von Engeln gekrönt, Gerard David, um 1460–1523; Madrid, Prado. Die Großmutter hält dem Kind auf dem Mutterschoß einen Apfel entgegen. Zu Füßen der Gruppe leuchten Stiefmütterchen. Hl. Anna Selbdritt, Ambrosius Benson, 16. Jh.; Madrid, Prado.

16 Maria mit der Erbsenblüte, Meister der hl. Veronika, Köln, Anfang 15. Jh.; Nürnberg, Germanisches Nationalmuseum.

Der Garten (S. 150–157)

1 Eine Besonderheit ist aus dem altägyptischen Reich bekannt. Die Hausherrin verließ zum Gebären ihre Gemächer und bezog im Garten eine Wochenlaube. In diesem Gartenhaus verbrachte sie auch die Wochen nach der Geburt. Ausstellungskatalog »Nofret – die Schöne«, Die Frau im Alten Ägypten, Katalog-Handbuch, Kairo und Mainz 1984, S. 22.

2 Semiramis ist der griechische Name einer legendären assyrischen Königin. Zahllose Bauten des Orients werden ihr zugeschrieben, darunter auch die Hängenden Gärten in Babylon.

3 Xenophon beschrieb das »Paradies« von König Kyros dem Jüngeren. Er berichtet von einer regelmäßigen Gartenanlage mit schattenspendenden Bäumen, die durch einen weitläufigen Tierpark ergänzt wird (vgl. auch Stichwort Gartenkunst, Meyers Enzyklopädisches Lexikon in 25 Bänden, Bd. 9).

4 Alkinoos besaß einen schön angelegten großen Nutzgarten. Homer, Die Odysee, 7. Gesang, Übersetzung Wolfgang Schadewaldt, Hamburg 1965, S. 87.

5 Sträucher, Früchte, Blumen und Vögel sind in der Gartenlandschaft auszumachen. Sanfte Grüntöne vermischen sich mit dem Blau des Himmels und tauchen die ganze Szene in eine fast unwirkliche, verwunschene Atmosphäre. Wandfresko aus der Villa der Livia (58 v. Chr.–29 n. Chr.) in Porta Prima; Rom, Römisches National- und Thermenmuseum.

6 Walahfrid Strabo, *Liber de cultura hortorum*, genannt *Hortulus*.

7 Er wies Mitte des 13. Jh. auf die Bedeutung der Nutzpflanzen hin. Als Elemente des Lustgartens schlägt er Rasenbank, gefaßte Quelle, Grasgarten und blühende Pflanzen vor. Albertus Magnus, *De vegetabilius et plantis libri* VII. *Opera omnia* 10, hg. von A. Borgnet, 1891.

8 Zitiert nach Behling, Pflanzenwelt, S. 114, vgl. Hoffmann von Fallersleben, Geschichte des deutschen Kirchenliedes bis auf Luthers Zeit, Hannover, [2]1854.

9 Konrad von Würzburg, Goldene Schmiede, Zeile 188 f.

10 Heinrich von Laufenberg, zitiert nach Behling, Tafelmalerei, S. 29.

11 Zwischen wenigen, karg belaubten Bäumen erscheint der Himmel hoch und weit. Darunter ist viel Platz für die ersten Menschen. Diese alexandrinische Bildredaktion, nach der die im 18. Jh. vernichtete Cottonbibel angelegt war, übernahmen die karolingischen Bibeln. Adam und Eva Zyklus, Grandval-Bibel, 9. Jh.; London, Britisches Museum, Add. 10546 fol. 5 v.
Entsprechend der allgemeinen Entwicklung des Baumbildes kann der Garten

Eden durch wenige stilisierte Bäume vorgestellt werden. Sündenfall, Albanipsalter 12. Jh.; Hildesheim, St. Godehard, fol. 9 a.

[12] Das obere Feld des Triumphbogens der Apsiskuppel krönt ein Medaillon mit der Halbfigur des Erlösers. Von Palmen gesäumt ist der Bogen, auf dem der hl. Apollinaris auf einer baumbestandenen, blumenübersäten Wiese seine Herde weidet. Die Anordnung der Pflanzen, Bäume, Blumen, Sträucher, Felsen, Steine und Tiere geschieht in dichter Folge. Mosaik, 6. Jh.; Sant' Apollinare in Classe, Ravenna, Apsiskuppel.

[13] Gelbe Zitronen leuchten aus dem Laub und auch ein Apfelbaum ist unter dem reichen Baumbestand zu erkennen. Fresko, Bartolo di Fredi, ca. 1356; San Gimignano, San Collegiata (vgl. Zitrone).

[14] Der Bilderzyklus von der Erschaffung der Welt bis zum Sündenfall vermittelt den Eindruck eines Hains mit verschiedenen Baumarten, auch ein Rebstock ist zu erkennen. Mosaik der Genesiskuppel, 1220; Venedig, San Marco, Vorhalle.

[15] Unabhängig von der Jahreszeit blühen hier Blumen und reife Früchte in dichtgedrängter Vielfalt. Das Gärtlein ist mit vielen Personen bevölkert, deren wichtigste Maria ist. Entgegen zeitgleichen Darstellungen ist sie aber nicht als Zentralgestalt herausgehoben.

[16] Im Unterschied zum vorher angeführten Bild lenkt hier nichts von der in Blau gekleideten Madonna mit dem nackten Kind im Schoß ab, die auf einem Kissen im Gras sitzt. Ihre Einhornbrosche weist auf ihre Jungfräulichkeit hin. Im Rasen sind Lilien, Veilchen, Erdbeeren und Maßliebchen als Sinnbilder ihrer Tugenden auszumachen. Engel entfalten einen prunkvollen, goldenen Vorhang hinter der rosenberankten Pergola. Mit dem darüber thronenden Gottvater mit der Geisttaube hat der Künstler den Trinitätsgedanken sichtbar gemacht. Madonna im Rosenhag, Tafelbild, Stefan Lochner, 1448; Köln, Wallraf-Richartz-Museum.

[17] Umgeben vom dicht mit Rosen bewachsenen Zaun, sitzt Maria mit dem Kind auf dem Gartenboden. Engelscharen, prächtige Vögel und ein Brunnen vervollständigen das Bild. Maria im Rosenhag,Tafelbild, Stefano di Giovanni, auch bekannt als Stefano da Verona, 1425; Verona, Museo di Castelvecchio.

[18] Die Rosenhecke ist kaum mehr wahrnehmbar, so eng scharen sich die jungfräulichen Märtyrerinnen um die Gottesmutter und das Kind. Der Jesusknabe steckt der hl. Katharina den Verlobungsring an. Hinter der Gruppe öffnet sich eine Wiese, die halbkreisförmig von Bäumen umstanden ist. Ein steil aufragender Berggipfel zeichnet sich am Horizont ab, davor Seen und Auen. Tafelbild, Hans Memling, um 1475; Paris, Louvre.

[19] In einem winzigen Garten mit Flechtzaun, der von Büschen und einer weißblühenden Hecke umstanden ist, kniet Maria vor dem Kind auf dem Miniaturthron. Ein Pfau und Wachteln finden auch noch Platz. Mariae Virginis, Buchmalerei, Ende 14. Jh.; Florenz, Bibliothéque Nationale.

[20] Das Zentrum des Bildes bestimmt die kniende Christusgestalt, über der ein Engel mit dem Kreuz schwebt. Der Garten Gethsemane beeindruckt mit großer Blumenvielfalt und wird von Tieren belebt. Im Hintergrund sind Bäume und die Stadt zu sehen. Vor dem betenden Jesus liegen zwischen Farnen, Kräutern und Blumen die schlafenden Jünger. Christus am Ölberg, unbekannter Meister, um 1510; Passau, Diözesanmuseum.

[21] Auf dem Rasenteppich zu Füßen des Auferstandenen kniet Maria Magdalena. Den Garten umgibt ein Flechtzaun, weiße Rosen blühen und die Bäume tragen Frucht. Magdalena im Baumgarten, Noli me tangere,Tafelbild aus dem Hochaltar der Dominikanerkirche in Colmar, Martin Schongauer, 1475; Colmar, Musée d' Unterlinden.

[22] Die Bilder zu diesem Thema werden, basierend auf dem Jesus-Wort: »Rühr mich

nicht an!« (Joh 20,17), unter der Bezeichnung »Noli me tangere« zusammengefaßt.

[23] René von Anjou beobachtet Frauen, die in einem Garten ein Herz auf ein Kreuz schlagen. René von Anjou, Die Ertötung der eitlen Lust, 1455; Brüssel, Königlich-Belgische Bibliothek, Ms 10308 fol. 76.

[24] Händchenhaltend spaziert ein Liebespaar durch den Garten. Rechts im Vordergrund ist eine überdimensionale Rosenknospe zu sehen. Illustration zu dem Roman De la Rose, ca. 1485; London, British Library, MS, Harley 4425, fol. 12v.

[25] Liebespaare vergnügen sich vor Weinstockspalieren mit großen Trauben. Sie tafeln, üben sich in Brettspielen, schenken einander Obst und winden Kränze. Der geschlossene Liebesgarten, Wandbehang, Basel um 1470/80; Basel, Historisches Museum.

Exkurs: Mischwesen zwischen Pflanze, Mensch, Tier (S. 158–165)

[1] Aus den Mündern männlicher Gesichter schlingen sich kunstvolle Ranken, die herzförmige Muster bilden. Sie verbinden ein Anlitz mit dem anderen. Mosaik in einer römischen Villa in Hadrumentum (Tunesien), 3. Jh. n. Chr.; Sousse, Museum.

[2] Ovid, Metamorphoses/Verwandlungen, München 1996, S. 23, 43 und 101.

[3] Blattmaske, um 1200; Worms, Dom, Nordportal.

[4] Die Kapitelle der Kanontafeln schmücken Gesichter, deren Hals und Oberkörper vollständig aus Blättern bestehen. Sie sind sichtlich den steinernen Kapitellen der Kirchen nachempfunden. Goldenes Evangelienbuch von Echternach, Kanontafeln Bl. 13/14, Buchmalerei, 1020–1030; Nürnberg, Germanisches Nationalmuseum,

[5] Menschliche Blattmaske, die statt mit Haaren von Eichenlaub umgeben ist, zwischen 1310–1315; Schwäbisch-Gmünd, Heiligkreuzkirche, Langhausportal, Türsturzkonsole.

[6] Blattmasken, 1320; Köln, Dom, Chorgestühl.

[7] Die Frauenbüste trägt das Blattwerk als stolze Last auf dem Haupt. Es ist nicht direkt mit dem Kopf verwachsen, doch verbinden sich die Blätter mit den Locken. Weibliche Konsolenbüste mit dem Parlerzeichen, um 1390; Köln, Schnütgenmuseum.

[8] Kreuzigung mit Lukassymbol, Buchmalerei, um 1000; Hildesheim, Dombibliothek, Evangeliar des Bischofs Bernward.

[9] Der Mund eines männlichen Kopfes entläßt eine stilisierte Lilie und kunstvoll verschlungene Blätter. Kapitell, 12. Jh.; Oberstenfeld (Württemberg), Stiftskirche.

[10] Ein Doppellöwe mit einem Kopf spendet nicht, sondern würgt ein großes Blatt aus. Doppelkapitell, 1190–1220; Eisenach, Wartburg, Kapelle des Palas.

[11] Die äußere Wandung des Taufbeckens schmücken menschliche und tierische Gestalten. Manche dieser drachenähnlichen Ungetüme besitzen eine Blätterzunge und einen Schwanz, der gleichfalls in Blattwerk ausläuft. Romanische Reliefplastik, um 1100; Freudenstadt, Stadtkirche,Taufstein.

[12] Menschliche und tierische Köpfe erheben sich aus Farnen und knospen aus Zweigen hervor. Innenrelief, 1170–1180; Zürich, Großmünster.

[13] Frauengestalt, Unterkörper Blattwerk, Relief, 130/40 n. Chr.; Ephesos, Kleiner Hadrianstempel, Relief über dem zweiten Tor.

[14] Eine menschliche Gestalt entwächst einer Blüte. Bronzeguß, vergoldet, nach einem Entwurf des Nikolaus von Verdun, um 1183; Siegburg, Benediktinerabteikirche St. Michael, Firstkamm vom Schrein des hl. Anno.

[15] Aus einer purpurfarbenen Blüte sproßt als Krönung die Büste von Maria mit dem Kind im Arm. Madonna mit Kind, Seckauer Buchmalerei um 1500; Graz, Universitätsbibliothek, Hs. 17.
[16] Ausstellungskatalog der prähistorischen Staatssammlung, hg. von H. Dannheimer/R. Gebhard »Das keltische Jahrtausend«, Mainz 1993, S. 152.
[17] Brüder Grimm, Kinder- u. Hausmärchen, Der liebste Roland, S. 270.
[18] Ebda., Die Nelke, S. 348–352, Zitat S. 349.
[19] Ebda., Aschenputtel, S. 140–147.
[20] Ein belaubter Baum trägt an Stelle von Früchten tierische Köpfe und ein menschliches Haupt. Miniatur, anonym, 15. Jh.; Florenz, Biblioteca Mediceo Laurenziana.
[21] Knorrige, seltsam gebogene Äste enden in Tierköpfen oder haben menschliche Physiognomien. Manche der letzteren weisen sich durch ihre Kappen als Narren aus. Sie wachsen aus dürren Ästen. Katzen, Affen und anderes Getier kriecht aus Höhlen oder klettert durch die Zweige. Skulptur, 1506–1513; Zwickau, Marienkirche, Nordportal.
[21] Buchmalerei, 1430–35; Les Grandes Heures Rohan; Paris, Bibliothéque Nationale.

Literaturverzeichnis

Abel, O.: Paulus Diakonus und die übrigen Geschichtsschreiber der Langobarden, Leipzig 1939.

Aischylos: Die Tragödien, Frankfurt am Main 1961.

Albergo, V./Pistolessi, A.: San Galgano, Florenz 1990.

Albertus Magnus: De vegetabilius et plantis libri VII. Opera omnia 10, hg. von A. Borgnet, o. O. 1891.

Algermissen, K. : Bernward von Godehard von Hildesheim, Hildesheim 1960.

Altdeutsche Textbibliothek, Kleinere deutsche Gedichte des 11. u. 12. Jahrhunderts, hg. von M. Niemeyer, Tübingen 1972.

Ambrosius von Mailand, Exameron, übersetzt von I. Niederhuber, Bibliothek der Kirchenväter, Bd. 1, hg. von O. Bardenhewer/u. a., Kempten/München 1914.

Appuhn, H.: Heilsspiegel, Herrenberg 1981.

Arndt, A.: Die Heilige Schrift des Alten und Neuen Testaments mit den Urtexten der Vulgata, Regensburg/Rom 1914.

Arnim, A.v./Brentano, C.: Des Knaben Wunderhorn, Bd. I/II, Berlin 1873.

Ausstellungskatalog: 400 Jahre Bayerische Staatsbibliothek, München 1958.

Ausstellungskatalog: Bayerns Kirche im Mittelalter, Handschriften und Urkunden, München 1960.

Ausstellungskatalog: Karl der Große, Werk und Wirkung, hg. von W. Braunfels, Aachen 1965.

Ausstellungskatalog: Schöne Madonnen, Salzburg 1965.

Ausstellungskatalog: Die Zeit der Staufer, Stuttgart 1977.

Ausstellungskatalog: Götter und Pharaonen, hg. von D. Wildung/G. Grimm, Mainz 1978.

Ausstellungskatalog: Martin Luther und die Reformation in Deutschland, Frankfurt am Main 1983.

Ausstellungskatalog: Nofret die Schöne, Die Frau im Alten Ägypten, Kairo/Mainz 1984.

Ausstellungskatalog: Sennefer, Die Grabkammer des Bürgermeisters von Theben, Mainz 1988.

Ausstellungskatalog: Suche nach der Unsterblichkeit, Hildesheim 1990.

Ausstellungskatalog: Bernward von Hildesheim und das Zeitalter der Ottonen, hg. von M. Brandt, Hildesheim 1993.

Ausstellungskatalog: Das keltische Jahrtausend, hg. von H. Dannheimer/R. Gebhard, Mainz 1993.

Bächtold-Stäubli, H.: Handwörterbuch des deutschen Aberglaubens, Stuttgart 1927/1941.

Baldass, L. von: Conrad Laib und die beiden Frueauf, Wien 1946.

Bauerreis, R.: Arbor Vitae (Abhandlungen der Bayerischen Benediktinerakademie Bd. III), München 1938.

Bauerreis, R.: Fons Sacer (Abhandlungen der Bayerischen Benediktinerakademie Bd. IV), München 1949.
Baum, Julius: Martin Schongauer, Wien 1948.
Baumann, H.: Die griechische Pflanzenwelt in Mythos, Kunst und Literatur, München 1986.
Beer, E.: Die Rose der Kathedrale von Lausanne und der kosmologische Bilderkreis des Mittelalters, Bern 1952.
Behling, L.: Die Pflanze in der mittelalterlichen Tafelmalerei, Weimar 1957.
Behling, L.: Die Pflanzenwelt der mittelalterlichen Kathedralen, Köln 1964.
Beissel, S.: Die Geschichte der Verehrung Marias in Deutschland während des Mittelalters, Freiburg i. Br. 1909.
Bergström, I.: Den symboliska nejilikan, Malmö 1958.
Betz, O.: Hildegard von Bingen, München 1997.
Beuchert, M.: Symbolik der Pflanzen, Frankfurt am Main 1995.
Beyer, O.: Frühchristliche Sinnbilder und Inschriften, Kassel/Basel o. J.
Bibel in Wort und Bild, Bd. 1–10, Freiburg 1968.
Bibel: Die Lutherbibel, Standardausgabe mit Apokryphen, Stuttgart 1985.
Blankenburg, W. von: Heilige und dämonische Tiere, Köln 1975.
Bloch, P.: Nachwirkungen des Alten Bundes in der christlichen Kunst, Köln 1963.
Blume, C.: Unsere liturgischen Lieder, Regensburg 1932.
Bock, E.: Schwäbische Romanik, Baukunst und Plastik im württembergischen Raum, Stuttgart 1979.
Boeckler, A.: Deutsche Buchmalerei vorgotischer Zeit, München 1953.
Boor, H. de: Mariendichtungen (Geschichte der deutschen Literatur von 770–1170, Bd. I), München 1949.
Bourguet, P. du: Die frühchristliche Malerei (Epochen der Kunst, Bd. III), Gütersloh 1965.
Bovini, G.: Die Kirchen von Ravenna, München 1958.
Bovini, G.: Ravenna die kunstvolle Stadt, Ravenna 1969.
Braunfels, W.: Karl der Große, Hamburg 1972.
Braunfels, W.: Die Welt der Karolinger und ihre Kunst, München 1968.
Campenhausen, H.: Lateinische Kirchenväter, Stuttgart 1965.
Carroll-Spillecke, M./u. a.: Der Garten der Antike bis zum Mittelalter, Kulturgeschichte der antiken Welt, Bd. 57, Mainz 1998.
Chatelet, A./Faggin, G. I.: Das Gesamtwerk der Gebrüder van Eyck, Klassiker der Kunst, Mailand 1968.
Cowen, P.: Die Rosenfenster der gotischen Kathedralen, Freiburg 1979.
Dante, A.: Die Göttliche Komödie, Zürich 1940.
Delaissé, L. M. I./u. a.: Mittelalterliche Miniaturen (Von der Burgundischen Bibliothek zum Handschriftenkabinett der königlich-belgischen Bibliothek), Köln 1959.
Delius, W.: Die Geschichte der Marienverehrung, München/Basel 1963.
Deutscher Minnesang, Nachdichtung von K. E. Meuser, Stuttgart 1956.
Duden Bd. 7, Herkunftswörterbuch, hg. von Drosdowski, G./u. a., Mannheim 1963.

dtv Lexikon Antike, Geschichte Bd. 1–3, München 1978.
dtv Lexikon Antike, Kulturgeschichte Bd. 1 und 2, München 1971.
dtv Lexikon Antike, Kunst, Bd. 1 und 2, München 1978.
dtv Lexikon Antike, Literatur, Bd. 1–4, München 1978.
dtv Lexikon Antike, Religion, Bd. 1 und 2, München 1976.
Duby, G.: Die Frühzeit des Abendländischen Christentums, Genf 1967.
Eimerl, S.: Giotto und seine Zeit, o. O. 1973.
Ennen, E.: Frauen im Mittelalter, München 1987.
Eranos-Jahrbuch, Zürich 1935.
Esche, S.: Adam und Eva, Sündenfall und Erlösung, Düsseldorf 1957.
Evangelisches Kirchenlexikon in 4 Bänden, hg. von H. Brunotte/O. Weber, Göttingen 1956.
Felicetti-Liebenfels, W.: Geschichte der byzantinischen Ikonenmalerei, Olten/Lausanne 1956.
Fink, G.: Who's who in der antiken Mythologie, München 1997.
Fink, J./Asamer, B.: Die römischen Katakomben, Mainz 1997.
Forstner, D.: Die Welt der Symbole, München 1961.
Frisch, E.: Mittelalterliche Buchmalerei, Kleinodien aus Salzburg, Salzburg 1949.
Gering, H.: Die Edda, Leipzig 1892.
Gilgamesch, Eine Erzählung aus dem alten Orient, zu einem Ganzen gestaltet von G. Burckhardt, Wiesbaden 1955.
Goes, A.: Genesis, Hamburg 1956.
Gollwitzer, G.: Bäume, Bilder und Texte aus drei Jahrtausenden, Herrsching 1980.
Griechische Lyrik, übertragen von Eduard Mörike, Frankfurt am Main/Hamburg 1960.
Grimm, C./Eichen, J.: Lucas Cranach, Ein Maler-Unternehmer aus Franken, Regensburg 1994.
Grimm, J. u. W.: Kinder- und Hausmärchen, basierend auf der Cotta'schen Originalausgabe, Stuttgart o. J.
Grimm, J. u. W.: Deutsches Wörterbuch, Leipzig 1837.
Grimme, E. G.: Unsere liebe Frau. Das Bild Mariens in der Malerei des Mittelalters und der Frührenaissance, Köln 1968.
Grivot, D./Zarnecki, G.: Giselbertus, Meister von Autun, Paris 1960.
Grotz, U.: Der Schatz von St. Viktor. Mittelalterliche Kostbarkeiten aus dem Xantener Dom, Regensburg 1998.
Guldan, E.: Eva und Maria, Graz/Köln 1966.
Gurjewitsch, A. J.: Das Weltbild des mittelalterlichen Menschen, München [4]1989.
Hamann-MacLean, R.: Frühe Kunst im Westfränkischen Reich, Leipzig 1939.
Hattinger, Stundenbuch des Herzogs von Berry, Bern 1960.
Haug, S. W.: Das Mosaik von Otranto, Wiesbaden 1977.
Hausmann, H. u. U.: Griechische Blumen, Natur, Brauchtum, Dichtung, Tübingen 1958.
Hausmann,M./Eckener, L.: Propheten, Apostel, Evangelisten, Konstanz 1959.

Jumbroich, E. M.: Das Geheimnis der Gottesmutter, übertragen aus dem Griechischen, Gaildorf 1970.
Katzenellenbogen, A.: Allegories of the Virtues and Vices in Medieval Art, Reprint, Nendeln, Liechtenstein 1962.
Kemp, W.: Christliche Kunst, München 1998.
Kittel, G.: Theologisches Wörterbuch zum Neuen Testament, Stuttgart 1933–1973.
Knaurs Großer Bibelführer, hg. von M. Mehling, München 1999.
König, E.: Die Très Belles Heures von Jean de France Duc de Berry, München 1998.
Konrad von Megenberg: Das Buch der Natur, hg. von F. Pfeiffer, Stuttgart 1961.
Konrad von Würzburg: Die Goldene Schmiede in: Altdeutsche Wälder, hg. von den Brüdern Grimm, Reprint Darmstadt 1966.
Kusch, H.: Einführung in das lateinische Mittelalter, Bd. 1 Dichtung, Berlin 1957.
Lange, R.: Das Marienbild der frühen Jahrhunderte, Recklinghausen 1969.
Langosch, K.: Hymnen und Vagantenlieder, Lateinische Lyrik mit deutschen Versen, Basel 1954.
Langosch, K.: Lateinische Dramen mit deutschen Versen, Darmstadt 1957.
Lanz, H.: Gotische Bildteppiche, Bern o. J.
Larousse Encyclopedia of Mythology, London 1968.
Le Foll, J.: Blumenmalerei. Von der Antike bis zur Gegenwart, München 1997.
Lecaldano, P. /u. a.: Das Gesamtwerk von Memling (Klassiker der Kunst), Mailand 1969.
Lechner, O.: Andechs, der heilige Berg; Von der Frühzeit bis zur Gegenwart, München 1993.
Legenda Aurea des Jacobus Voragine, aus dem Lateinischen übersetzt von R. Benz, Köln 1969.
Lexikon der Antike (Der kleine Pauly), in 5 Bänden, hg. von K. Ziegler/W. Sontheimer, München 1979.
Lexikon der christlichen Kunst, hg. von E. Kirschbaum, Bd. I–IV und W. Braunfels, Bd. V–VIII, Rom/Freiburg 1968–1976.
Lexikon der Kunst in 4 Bänden, hg. von L. Alscher u. a., Leipzig 1975.
Lexikon für Theologie und Kirche, Bd. 8, Freiburg 1936.
Lognon, J./u. a.: Die »Très Riches Heures« des Jean Duc de Berry im Musée Condé Chantilly/München 1973.
Loose, H. N./Hellenkemper-Salies, G.: Am Anfang schuf Gott Himmel und Erde, Freiburg i. Br. 1986.
Lurker, M.: Der Baum in Glauben und Kunst, Studien zur deutschen Kunstgeschichte 328, Baden-Baden 1976.
Maria im Rosenhag, Madonnenbilder, Königstein/Taunus 1959.
Märki-Boehringer, J.: Frühchristliche Sarkophage in Bild und Wort, Olten 1966.

Marzell, H.: Die heimische Pflanzenwelt im Volksbrauch und Volksglauben, Leipzig 1922.
Marzell, H.: Volksbotanik, Die Pflanze im deutschen Brauchtum, Berlin 1935.
Meyer-Tasch, P. C.: Hinter Mauern ein Paradies. Der mittelalterliche Garten, Frankfurt am Main/Leipzig 1998.
Messerer, W.: Der Bamberger Domschatz, München 1952.
Metz, P.: Das Goldene Evangelienbuch von Echternach im Germanischen Nationalmuseum Nürnberg, München 1966.
Minzloff, R.: Bruder Hansens Marienlieder, Hannover 1863.
Möbius, F. und H.: Bauornament im Mittelalter, Symbol und Bedeutung, Berlin/Wien 1974.
Molsdorf, W.: Christliche Symbolik in der Mittelalterlichen Kunst, Leipzig 1926.
Monumente des Abendlandes, hg. von H. Busch u. B. Lohse: Vorromanische Kunst und ihre Wurzeln, Frankfurt am Main 1965.
– Baukunst der Romanik in Europa, Frankfurt am Main 1963.
– Romanische Plastik in Europa, Frankfurt am Main 1961.
– Baukunst der Gotik, Frankfurt am Main 1958.
– Gotische Plastik, Frankfurt am Main 1963.
– Europäische Plastik der Spätgotik und Renaissance, Frankfurt am Main 1963.
Mütherich, F.: Karolingische Buchmalerei (Die großen Handschriften der Welt), München 1976.
Naumann, H.: Frech und fromm, München 1960.
Naumann, H.: Herrscher und Heilige, Ernste Dichtung, München o. J.
Oertzen, A. von: Maria, Königin des Rosenkranzes, Augsburg 1925.
Osländer, F.: Eucharistie, Hamburg 1960.
Ovid: Metamorphosen, Frankfurt am Main 1992.
Pindar: Olympische Hymnen, Wiesbaden 1960.
Plutarch: Vermischte Schriften, hg. von H. Conrad, München 1911.
Pochat, G.: Das Fremde im Mittelalter, Würzburg 1997.
Preuß, H.: Aus den Märtyrerakten der alten Kirche, Gladbach 1951.
Quinones, A. M.: Pflanzensymbole in der Bildhauerkunst des Mittelalters, Würzburg 1998.
Ranke, F.: Tristan und Isolde, München 1925.
Rapp-Buri/Study-Schürer, Zahm und wild, Basler und Straßburger Bildteppiche des 15. Jahrhunderts, Mainz 1990.
Reallexikon für Antike und Christentum (RAC), hg. von Th. Klausner/A. Hirsemann, Stuttgart 1941/1950.
Reallexikon zur deutschen Kunstgeschichte (RDK), hg. von O. Schmitt, Stuttgart 1937.
Reallexikon des Germanischen Altertums (RGA), hg. von I. Hoops, Straßburg 1915.
Reclams Lexikon der Heiligen und der biblischen Gestalten, hg. von H. Keller, Stuttgart 1968.
Religion, Die, in Geschichte und Gegenwart, Bd. 5, Tübingen 1913.
Rietschel, Ch.: Sinnzeichen des Glaubens, Kassel 1965.

Röhrig, F.: Der Verduner Altar, Wien 1955.
Römische Quartalschrift für christliche Altertumskunde, Rom/Freiburg 1977.
Rose, H.J.: Griechische Mythologie, München 1969.
Rothe, E.: Buchmalerei aus 12 Jahrhunderten, Berlin 1966.
Ruhbach, G./Sudbrack, J.: Große Mystiker, Leben und Wirken, München 1984.
Sachs, H./Badstübner, E.: Christliche Ikonographie in Stichworten, München/Berlin 1998.
Sachsenspiegel, Der: Aus der Heidelberger Bilderhandschrift, ausgewählt und erläutert von W. Koschorrek, Frankfurt am Main 1977.
Salmi, M.: Italienische Buchmalerei, München o. J.
Schadendorf, W.: Die Bernwardstür in Hildesheim, München 1956.
Schauer, G. K.: Rosen, Tulipan, Lilien und Safran, Frankfurt am Main 1947.
Schiller, G.: Ikonographie der christlichen Kunst, Bd. I–IV, Gütersloh 1966–1976.
Schipperges, H.: Hildegard von Bingen, Geheimnis der Liebe, Olten 1957.
Schipperges, H.: Hildegard von Bingen, Mystische Texte der Gotteserfahrung, Olten 1978.
Schmidt, H. u. M.: Die vergessene Bildersprache christlicher Kunst, München [5]1995.
Schneider, R./Fauser, A.: Die Bamberger Apokalypse; Miniaturen aus der Bamberger Handschrift, Frankfurt am Main 1962.
Schramm, P. E.: Sphaera, Globus, Reichsapfel, Stuttgart 1958.
Schreiber, E.: Der Stuttgarter Bildpsalter (Faksimile), Bd. I und II, Stuttgart 1965/68.
Schreyer, L./Oslender, F.: Die Botschaft der Buchmalerei; Aus dem 1. Jahrtausend christlicher Kunst, Hamburg 1956.
Schreyer, L.: Evangelisten; Farbige Buchmalerei aus dem 8. und 9. Jahrhundert, Hamburg 1955.
Schröder, R. A.: Die Bibel in der Kunst, Das Alte Testament, London 1956.
Seidel, M.: Der Isenheimer Altar von Mathis Grünwald, Stuttgart/Zürich 1990.
Seifert, A.: Lobsinget, Kassel 1931.
Seuse, H.: Deutsche Schriften, hg. von K. Bihlmeyer, Stuttgart 1907.
Sommer, J.: Das Deckenbild der Michaelskirche von Hildesheim, Hildesheim 1966.
Stählin, W.: Ostern. Frühmittelalterliche Buchmalerei, Hamburg 1957.
Stammler, W.: Wort und Bild, Wechselbeziehung zwischen Schrifttum und Bildkunst im Mittelalter, Berlin 1962.
Stapert, A.: L'Ange Romain dans la pensée et dans l'art, Paris 1975.
Steinen, W. von dem: Tausendjährige Hymnen, Vormerveer 1943.
Steingräber, E.: Deutsche Plastik der Frühzeit, Königstein/Taunus 1961.
Stoffler, H.-D.: Der Hortulus des Walahfrid Strabo, Sigmaringen 1978.
Stolpe, S.: Die Offenbarungen der Hl. Birgitta von Schweden, Frankfurt am Main 1961.

Strangfeld, J.: Das Dankgebet der Kirche (Zeugen des Wortes, hg. von K. Schmidthües/R. Scherer), Freiburg 1952.
Straub, A./Keller, G.: Herade de Landsberg, Hortus Deliciarum, Bd. I und II, Straßburg 1899.
Tertullian Apologeticum, Verteidigung des Christentums, hg. und übersetzt von C. Becker, München 1972.
Texte der Kirchenväter, Bd. I bis IV, München 1963–1966.
Tieschowitz, B. von: Das Chorgestühl des Kölner Doms, Marburg 1930.
Vetter, E.: Maria im Rosenhag, Düsseldorf 1956.
Vinci Masini, L.: La Cattedrale di Wells, Florenz 1965.
Volksliederbuch für die deutsche Jugend, hg. von G. Eberlein/T. Knolle, Jena 1921.
Wackernagel, W.: Altdeutsche Predigten und Gebete aus Handschriften, Basel 1876.
Wallraf-Richartz-Jahrbuch, Bd. 14, Köln 1952.
Walter, A.J./Lessing, E.: Kleinodien aus der Wiener Schatzkammer, Bern 1964.
Walter, J.: Hortus Deliciarum von Herade de Landsberg, Straßburg/Paris 1952.
Walther von der Vogelweide: Gedichte (Inselbücherei), o. O. o. J.
Walther von der Vogelweide: Lieder, Sangsprüche, Leich, Berlin 1996.
Walther, I. F. (Hg.): Malerei der Welt, Bd. 1, Köln 1995.
Walzer, A.: Wallfahrtskirchen mit eingebautem Baum; In: Württembergisches Jahrbuch für Volkskunde, 1955.
Weinstein, K.: Leuchtendes Wort. Die Mittelalterliche Buchkunst, Augsburg 1998.
Weitzmann, K.: Spätantike und frühchristliche Buchmalerei (Die großen Handschriften der Welt), München 1977.
Wendland, H.: Deutsche Holzschnitte, Königstein/T. 1980.
Whittick, A.: Symbols, Signs and their Meaning and Uses in Design, Newton 1971.
Wilpert, J.: Die Malereien der Katakomben Roms, Bd. I und II, Freiburg i. Br. 1903.
Wilpert, J.: Die römischen Mosaiken und Malereien der kirchlichen Bauten vom 4. bis 13. Jahrhundert, Bd. I–IV, Freiburg i. Br. 1916.
Winterswyl, L. A.: Gebete der Urkirche (Zeugen des Wortes, hg. von K. Schmidt/R. Scherer), Freiburg i. Br. 1952.
Wirth, G.: Griechische Lyrik von den Anfängen bis Pindar, Hamburg 1963.
Wittstadt, K.: Sankt Kilian, Würzburg 1984.
Zohary, M.: Die Pflanzen der Bibel, Stuttgart 1983.
Zupfgeigenhansl, Der, hg. von H. Breuer, Mainz 1914.

Glossar

Im Glossar sind die zur Thematik des Buches wichtigen Begriffe erklärt bzw. ergänzt. Bereits im Text und in den Anmerkungen erläuterte Termini bleiben ausgespart.

Adonis (gr.): urspünglich ein orientalischer Vegetationsgott und in der griechischen Mythologie, der von einem Eber getötete Geliebte der Aphrodite.
Allegorie (gr.): Darstellung gedanklicher Begriffe in der bildenden Kunst und der Dichtung durch Personifikationen und Gleichnisbilder, z. B. Kirche als Weinberg, Gott als Weinbergsbesitzer.
Ambivalenz (lat.): Doppelwertigkeit, d.h. viel- oder mehrschichtige und häufig einander entgegengesetzte Bedeutung, z. B. Apfel sowohl als Sünden- als auch als Paradiesesfrucht.
Ambo (gr.): In altchristlichen und frühmittelalterlichen Kirchen erhöhtes Pult für die Lesung, Vorläufer der Kanzel.
Antithetisch (gr.): gegenständig, Gegenüberstellung zweier gleichgestaltiger Wesen, die einander spiegelbildlich zugeordnet sind.
Äonen (gr.): Lebenszeit, lange Zeit, Ewigkeit; wichtiger Begriff aus der griechischen Philosophie. Vorstellung von zwei sich ablösenden Weltperioden in der jüdischen Apokalyptik, modifiziert im Neuen Testament, wo der zukünftige Äon durch das Erscheinen Christi schon begonnen hat.
Aphrodite (röm. Venus): Griechische Göttin der Schönheit und der Liebe. Sie gilt als Tochter des Zeus und der Dione und wird verehrt als Schaumgeborene aus dem Meer .
Apokalypse (gr.): Offenbarung des Johannes. Letztes Buch des Neuen Testaments über das Ende der Welt.
Apokryphen (gr.): Nur teilweise in den biblischen Kanon aufgenommene Schriften, meist legendärer oder spekulativer Natur, aus dem Judentum und der frühen Christenheit. Die Verfasser geben sich oft den Namen oder die Autorität eines alttestamentarischen Glaubensvaters oder eines Apostels. So wurden einige der Schriften, z. B. die Weisheit Salomos, das Buch Jesus Sirach, die Geschichte von Susanna und Daniel, dem Alten Testament lose angefügt.
Apollo(n) (gr.): Gott des Lichtes, der musischen Künste und der Weissagung.
Apsis (gr.): Halbrunder oder polygonaler, mit einer Halbkuppel überwölbter Abschluß meist des Chors in der Achse des Altars.
Archetypus (gr.): Im Sprachgebrauch der Spätantike Urbild, Urform, Idee. In der Psychologie (C. G. Jung) werden damit Urbilder aus der Tiefe des Unbewußten bezeichnet, die kollektiver Menschheitserfahrung Gestalt geben.
Archivolte (lat.): Stirnseite eines Bogenlaufs, die profiliert oder mit Reliefs geschmückt sein kann.

Arkosol (lat.): Wandgrab unter einer Bogennische, u. a. in Katakomben.
Artemis (römisch Diana): Jungfräuliche Jagdgöttin der Griechen.
Asen: Das gewaltigste der Göttergeschlechter in der germanischen Mythologie.
Asphodelus/Affodill (gr.): Liliengewächse im Mittelmeerraum. In der Antike glaubten die Griechen, daß diese Blume in der Unterwelt blüht.
Athene (röm. Minerva): Griechische jungfräuliche Göttin des Kampfes, Schirmherrin der Städte (vor allem Athens), Patronin des Handwerks, der Weisheit, der Künste und der Wissenschaften.
Attis: Phrygisch-kleinasiatischer Gott, nach der Sage der Geliebte der Kybele und ursprünglich ebenso wie diese zweigeschlechtlich. Er wurde zusammen mit der Göttin vor allem in Kleinasien und auch im kaiserzeitlichen Rom als Vegetationsgott verehrt.
Attribut (lat.): In der bildenden Kunst Kennzeichen, das einem Gott, einem Heiligen, einem Märtyrer, einer biblischen Gestalt oder einem personifizierten Begriff beigegeben wird, z. B. der Apfel der Eva.
Baptisterium (gr.): Bezeichnet seit dem 3. Jh. die frühe Form des christlichen Taufbeckens bzw. die ganze Taufkapelle. Bevorzugt wurde das Baptisterium als kreisrunder oder oktogonaler Zentralbau errichtet, meist mit dem Taufbecken in der Raummitte.
Christusmonogramm, bildet sich dreifach aus:

1. **J**ESUS **C**HRISTUS (lat.)
   Ihcoyc **X**PICTOC (gr.)
   I (Jota) und **X** (Chi) werden verbunden und ergeben eine sechsstrahlige Figur Monogramm: ⚹
2. **CHR**ISTUS (lat.)
   XPICTOC (gr.) Die beiden Anfangsbuchstaben **X** (Chi) und **P** (Rho) ergeben das Monogramm: ☧, ⳨.
3. **JES**US (lat.)
   IHCOYC (gr.) ergeben das, aus dem Monogramm: **IHC**

Aus den ersten drei Buchstaben der griechisch geschriebenen Namen »Jesus«. Der Westen schrieb später das gr. C (Sigma) als lat. S und das gr. H (Eta) mißverstanden als H. Diese Buchstabenfolge erfuhr verschiedene Deutungen, beispielsweise *Jesus Hominum Salvator* = Jesus, der Menschen Retter. Die deutsche Version lautete **J**esus, **H**eiland, **S**eligmacher.
Chtonische Gottheiten: Erdgottheiten, die Fruchtbarkeit und Leben spenden, aber auch die personifizierten Herrscher der Unterwelt und des Totenreiches sind.
Consanguinität (lat.): Blutsverwandtschaft.
Codex (lat.): Pergamenthandschrift in viereckiger Buchform, die in der Spätantike aufkam und die Buchrolle ablöste.
Corona civica: Auszeichnung für die Errettung eines römischen Bürgers.
Demeter (röm. Ceres): Griechische Göttin des Ackerbaus und der Feldfrucht, Mutter von Persephone. Nachdem Hades die Tochter geraubt und in die Unterwelt entführt hatte, zog sich die trauernde Demeter zurück und ließ die Saaten der Erde absterben. Erst die zugesicherte Rückkehr der Tochter zum Olymp für zwei Drittel des Jahres versöhnte die Göttin. Der

Mythos vom Wechsel Persephones zwischen Ober- und Unterwelt bietet eine der mythischen Deutungen des Vegetationszyklus.

Dionysos, Bakchos (gr.) (röm. Bacchus): Der Gott des Weines und der Fruchtbarkeit und auch des Schauspiels, wurde erst in der nachhomerischen Zeit unter die olympischen Götter aufgenommen. Seine Anhängerinnen, die Bakchai (Bacchantinnen): schwärmten bei ihren Orgien in Ekstase durch die Wälder.

Diptychon (gr.): Schreibtäfelchen, bestehend aus zwei gleich großen Seiten, aus Elfenbein, Holz oder Metall. Die Innenseiten waren zum Einritzen der Schrift mit Wachs überzogen, die äußeren Seiten schmückten meist Reliefs.

Druiden (kelt.): Heidnische Priester der Kelten, die zugleich Seher, Richter und Heilkundige waren.

Ecclesia (gr.-lat.): Bedeutet in der Sprache der Theologie »Kirche«. Sehr oft ist sie personifiziert der Synagoge gegenübergestellt.

Eleusinische Mysterien: Die nur für die Eingeweihten (Mysten) zugänglichen Mysterienfeiern in Eleusis, die auf einen Fruchtbarkeitskult zurückgehen. Es gab eine stufenweise Einweihung der Gläubigen, die sich bestimmten Riten zu unterwerfen hatten. Das Ziel war die Erscheinung der Gottheit und die Wiedergeburt.

Elysium (gr.): In der griechischen Mythologie die Gefilde der Seligen.

Emblem: Sinnbild, Kennzeichen.

Eucharistie (gr.): Danksagung, seit dem 2. Jh. Bezeichnung für das Altarssakrament (Abendmahl, Kommunion).

Gaia (gr.) (röm. Tellus, später Terra mater): Erde, Muttergottheit.

Genien: Römische Schutzgeister, oft als geflügelte Knaben oder Jünglinge dargestellt.

Gilgamesch-Epos: Epos der Sumerer, der ältesten Bewohner Babyloniens, aus dem 3. Jahrtausend v. Chr. in akkadischer Schrift. Es berichtet über Leben, Taten und Kämpfe des »Zweidrittelgottes« Gilgamesch. Bekannt ist vor allem die Sintfluterzählung.

Hera (röm. Juno): Griechische Göttin, Schwester und Gemahlin des Zeus, galt als Beschützerin der Ehe.

Heraldik (frz.): Wappenkunde.

Hermes (röm. Merkur): Griechischer Gott der Händler, Hirten, Wanderer und auch der Diebe.

Heros (gr.): Bezeichnung für Held und Halbgott der griechischen Mythologie.

Hesperiden: Nymphen der griechischen Mythologie, die zusammen mit dem hundertköpfigen Drachen über die goldenen Äpfel ihres Gartens wachen.

Hieratisch (lat.): Priesterlich, heilige Gebräuche oder Heiligtümer betreffend.

Hortus conclusus (lat.): Der von einem Tor »verschlossene Garten«, den Mauer, Zaun oder Hecke umgeben und in dem die Jungfrau weilt. Er ist Symbol für die Unbefleckte Empfängnis Mariens. Darauf verweisen Turm, Brunnen und viele andere Sinnbilder, weniger die Pflanzen. Häufig ist auch die Einhornjagd dargestellt. Obgleich verschiedene dieser Einzelheiten auch auf andere Abbildungen der Madonnen im Garten zutreffen, kann nur die Anordnung in der aufgeführten Konstellation als hortus conclusus bezeichnet werden.

Hortus Deliciarum (lat.): »Garten der Wonnen« (Herrad v. Landsberg).

Initiale (lat.): Vergrößerter, oft kunstvoll verzierter und ausgestalteter Anfangsbuchstabe in Handschriften, später auch in Drucken.

Ischtar: Hauptgöttin der Babylonier, Göttin der Liebe und des Krieges, Königin des Himmels.

Isis: Ägyptische Göttin, Mutter des Horus, Schwester und Gemahlin des Totengottes Osiris, dessen zerstückelten Leichnam sie wiederbelebt. In der Spätzeit war ihr Kult weit verbreitet.

Kanon (gr.): Die Summe der von der Kirche als echt anerkannten (kanonischen) Schriften der Bibel.

Kanontafeln: Übersicht über gleiche Textstellen aus den vier Evangelien. In Kolumnen angeordnet, sind die Evangelistentexte meist durch Säulen getrennt, die ornamental und figürlich geschmückte Kanonbögen überspannen.

Kapitell (lat.): Ausladenes Kopfstück von Säulen, Pfeilern und Pilastern, das vielfach ausgestaltet wurde.

Kardinaltugenden: Die von Griechenland übernommenen vier Haupttugenden der antiken Sittenlehre: Klugheit als Tugend der Erkenntniskraft, Gerechtigkeit, Mäßigkeit, Tapferkeit ergänzte Ambrosius durch die drei theologischen Tugenden: Glaube, Liebe und Hoffnung.

Kentaur: Mischgestaltiges, aus Mensch und Pferd bestehendes Fabelwesen der griechischen Mythologie.

Kirchenlehrer: Bezeichnung der katholischen Kirche für bedeutende theologische Lehrer *Doctor ecclesiae* und heiliggesprochene Kirchenschriftsteller. Die bedeutendsten der abendländischen Kirche sind die vier lateinischen: Ambrosius, Augustinus, Gregor der Große und Hieronymus. Für den Osten sind es die vier griechischen: Basileios, Gregor von Nazianz, Athanasios, Chrysostomos. Sie sind auch als die vier großen »Kirchenväter« bekannt.

Konsekration (lat.): 1. liturgische Weihe einer Person oder Sache; 2. Verwandlung von Brot und Wein im Meßopfer.

Kybele: Kleinasiatische Mutter- und Vegetationsgöttin, Göttin der Fruchtbarkeit und Lebensspenderin, daher auch »Große Mutter« genannt.

Legenda aurea: Legendensammlung, s. Jacobus de Voragine.

Lettner (lat. *lectionarium* = Lesepult): Frontale halbhohe Trennungswand zwischen dem Raum der Kleriker und dem der Laien, meist in Dom-, Stifts- oder Klosterkirchen, oft mit einem Lesepult ausgestattet. Ersetzt seit dem 13. Jahrhundert die einfache, nur aus einer Wand bestehende Chorschranke.

Logos (gr.): Nach dem Neuen Testament »das Wort« , ist gemäß dem alttestamentlichen »Es werde« (1 Mose 1) des Schöpfers zu interpretieren. Der vielschichtige, philosophisch-spekulative Logosbegriff der Griechen darf hier unberücksichtigt bleiben. Christus ist der Logos außerhalb aller Zeit, der die Welt erschuf und menschliche Gestalt annahm (Offenbarung, Einleitung).

Mänaden (gr.): Rasende, Bacchantinnen, Begleiterinnen des Gottes Dionysos.
Mandorla (ital.): mandelförmiger Heiligenschein, der die gesamte Figur umgibt und fast ausschließlich Christus und Maria vorbehalten ist.
Midrasch (hebr.): Forschung, Auslegung; bezeichnet eine Gattung des rabbinatischen Schrifttums sowie eine Schriftauslegungsmethode der jüdischen Religion. Die Midrasch-Sammlungen entstanden zwischen dem 4. und 12. Jh. und enthalten lehrhafte, religionsgesetzliche Untersuchungen und erbauliche Gedanken.
Miniatur (vom lat. *minium* = Mennig, dem Zinnoberrot, mit dem Randleisten, Überschriften u.a. hervorgehoben wurden): Malerei bzw. Zeichnung in Handschriften und Büchern, die den Text schmückte oder illustrierte.
Mithras: Indo-iranischer Licht- und Siegesgott, der als Lebensspender angerufen wurde. Im Römischen Reich gewann er seit dem 1. Jh. n. Chr. Bedeutung und wurde als Erlösergott verehrt. Die frühen Christen sahen in ihm einen starken Rivalen.
Mysterien (gr.-lat.): Antike Geheimkulte.
Nimbus (lat.), Wolke, Heiligenschein, der das Haupt heiliger Gestalten umgibt. Dieses Sinnzeichen des göttlichen Lichtes kann als Reifen, Scheibe oder Strahlenkranz dargestellt sein. Handelt es sich um noch lebende Personen, etwa Stifter, hat der Nimbus die Form eines Vierecks.
Nut: Ägyptische Himmelsgöttin.
Odin: Nordische Form des Götternamens Wotan.
Pagan (lat.): Heidnisch.
Paradiesflüsse sind die vier Flüsse des Gartens Eden: Pischon, Gihon, Euphrat, Tigris. Das 5. Jh. machte sie zum Sinnbild der vier Evangelisten, die, mit ihnen vergleichbar, das lebenspendende Wasser des Evangeliums in alle Himmelsrichtungen tragen.
Persephone (röm. Prosperina): Tochter von Zeus und Demeter, die von Hades/Pluto als Braut geraubt und in sein Reich, die Unterwelt, entführt wurde. Dort muß sie ein Drittel des Jahres verweilen. In dieser Zeit bleibt die Erde unfruchtbar, weil ihre Mutter Demeter trauert.
Poseidon (röm. Neptun): Griechischer Meeresgott, Bruder des Zeus.
Präfiguration (lat.): »Vorausformung«. Vorzugsweise in Personen oder auch Ereignissen des Alten Testaments sieht man neutestamentliche Gestalten bzw. Geschehnisse bereits vorgebildet (Typologie).
Predella (ital.): Altarstaffel, seit dem 15. Jh als Sockel unter Flügelaltaren, oft mit gemaltem oder geschnitztem Bildwerk.
Pseudo-Evangelium des Matthäus: Sog. Ur-Evangelium des Matthäus (Apokryphen).
Purgatorium (lat.): Fegefeuer.
Phyrgische(r) Agdistis: Beiname der phyrgischen Gottesmutter Kybele, nach dem die Götter sie von einem hermaphroditischen Doppelwesen in eine Frau verwandelt hatten.
Satyr: Mischgestaltige männliche Fruchtbarkeitsdämonen mit Pferdeohren, -schwanz und -beinen. Werden auch als **Silenen** bezeichnet und gehören zum Gefolge des Dionysos.

Stundenbuch (Horarium, Livres d'heures): Privates Andachtsbuch für den Laien, nach Vorbild des Breviers, dem Gebetbuch des Klerus, mit Texten für die einzelnen Horen (Stunden). Oftmals war es reich illustriert.
Tempeljungfrau: Ein der Gottheit gelobtes junges Mädchen, das für eine begrenzte Zeit den heiligen Tempeldienst ausübte. Nach dem apokryphen Jakobusevangelium wird das Marienkind dem Tempel gelobt und übergeben. Dort wächst es als Tempeljungfrau in Frömmigkeit und Gebet auf und spinnt die purpurrote Wolle für den Tempelvorhang. Ein Engel speist es mit Engelsbrot bis es dem Witwer Joseph anvertraut wird.
Theotokos (gr.): Gottesgebärerin. Bei Hippolyt von Rom erstmals belegte theologische Bezeichnung für Maria, die seit dem 3. Jh. allgemein verbreitet war.
Thyrsosstab (gr.): Der mit Weinlaub und Efeu umwundene Stab des Dionysos und seines Gefolges endet oben meist in einem herzförmig geschuppten Pinienzapfen.
Triforium (lat.): Laufgang zwischen Arkaden und Fensterzone einer Basilika, der sich in Bogenstellungen öffnet.
Tympanon (gr.): Seit der Romanik Bogenfeld über dem Türsturz, ein bevorzugter Raum für bildnerische Darstellungen.
Typologie: Abgeleitet vom griechisch *typos* = Gepräge, Typus. Lehre von der Vorprägung bzw. Vorbedeutung. Die christliche Typologie lehrt, daß sich die Geschehnisse des Neuen Testaments bereits im Alten Testament vorgezeichnet finden, wenn auch mitunter nur andeutungsweise. Die betreffenden Texte wurden im Schrifttum und auch in der Kunst aufeinander bezogen und zusammengestellt. So haben z.B. die Apostel ihre Vorläufer in den Propheten des Alten Testaments.
Vegetationsgötter: Im Herbst sterbende und im Frühling wieder auferstehende Götter, die besonders im Alten Orient verehrt wurden.
Vulgata (lat.): Die »allgemein Verbreitete« (Bibelübersetzung) des Hieronymus.
Zagreus: Nach orphischem Mythos der Sohn von Zeus und Persephone, der von den Titanen zerrissen wird und aufs neue ersteht.
Zeus: Der höchste der griechischen Götter (röm. Jupiter). Sein Name bezeichnet ihn als Lichtgott. »Vater der Götter und der Menschen«. Er wurde als Wettergott und Weltenherrscher verehrt.
Zodiakus (gr.): Tierkreis.

Personenverzeichnis

Adam von Saint-Victor (12. Jh.): Chorherr des Augustinerordens Saint-Victor in Paris, einem Zentrum der Scholastik und der mystischen Theologie.

Albertus Magnus (1193–1280): Dominikaner, universell gebildeter Naturwissenschaftler, (*Doctor universalis*) Theologe und Philosoph. Insbesondere hat er die Werke des Aristoteles dem christlichen Abendland zugänglich gemacht. Albertus Magnus wirkte vor allem in Köln.

Ambrosius (340–397): Einer der vier großen lateinischen Kirchenlehrer und auch Hymnendichter, stammt aus Trier und wirkte als Bischof von Mailand auf die ganze Kirche ein.

Antiochus IV. Epiphanes: Syrischer Herrscher aus dem makedonischen Geschlecht der Seleukiden, König seit 175 v. Chr., verursachte als fanatischer Verfechter der hellenistischen Kultur durch sein Vorgehen gegen die jüdische Gottesverehrung in Jerusalem den Aufstand der Makkabäer.

Bernhard von Clairvaux (1091–1153): war Mönch in Citeaux, dann Gründer und Abt der Tochterabtei Clairvaux. Er brachte den Zisterzienserorden zu hoher Blüte, was auch in der Bezeichnung »Bernhardiner« deutlich wird. Als Berater von Päpsten und den Großen seiner Zeit stand er mit bedeutenden Theologen in Verbindung oder im Disput. In der Architektur, der figürlichen Ausgestaltung der Kirchen verwarf er alles Aufwendige, da es nach seinem Dafürhalten der Sammlung im Gebet abträglich war. Seine Mystik bestimmte das Mittelalter und er beeinflußte das geistliche Leben bis in die Neuzeit. Vor allem galt seine höchste Verehrung der Passion Christi und der Brautseelenmystik, die in eine gesteigerte Marienverehrung mündete.

Bernward von Hildesheim (960–1022): war in der Kanzlei Ottos II. tätig, Berater der Kaiserin Theophanu und Erzieher Ottos II. Zum Bischof von Hildesheim wurde er 993 berufen. Als Förderer kirchlicher Reformen und vor allem der Kunst machte er seinen Bischofssitz zu einem bedeutenden Kulturzentrum des Mittelalters. Die »bernwardinische Kunst«, von ihm angeregt und geprägt, zählt durch ihre Ausdruckskraft und Kostbarkeit zu den Höhepunkten des künstlerischen Schaffens der Ottonenzeit.

Birgitta von Schweden (1303–1373): Stifterin des Birgittenordens. Ihre Visionen beeinflußten die bildende Kunst nachhaltig.

Bonaventura (um 1221–1274): Kardinalbischof von Albano, war ein bedeutender Philosoph und Theologe der älteren Franziskanerschule. Seine mystischen Schriften wirkten bis in die Neuzeit. 1482 wurde Bonaventura heiliggesprochen.

Bonifatius (um 672/75–754): eigentlich Winfrid genannt, erhielt durch seine Missionstätigkeit den Beinamen »Apostel der Deutschen«.

Dante Alighieri (1265–1321): italienischer Dichter von weltliterarischem Rang, zugleich Dialektiker, Lehrer und Prediger. Mit seiner *Divina com-*

media (Göttliche Komödie) schuf er ein poetisches Werk, in dem er das Weltbild des Mittelalters zu einer einheitlichen Vision zusammenfügte.
Darius I (550–486 v. Chr.): Persischer König.
Hartmann von der Aue (1168 bis ca. 1210): Minnesänger und Epiker.
Herrad von Landsberg (Landsperg) (12. Jh., † 1196): Äbtissin des Chorfrauenstiftes Hohenberg (Elsaß). Ihr Ruhm begründet sich vor allem auf das von ihr verfaßte Werk *Hortus Deliciarum*. Mit diesem Buch vermittelte die Äbtissin ihren Nonnen das geschlossene scholastische Weltbild ihrer Zeit, das sie vor allem Honorius von Autun verdankte. Es handelt sich um eine Sammlung von Auszügen aus Schriften der Bibel, der Kirchenväter, Kirchenlehrer und Enzyklopädisten; die Illustration des nur noch in Kopien erhaltenen Unterrichtswerks ist eine reiche Quelle mittelalterlicher Symbolik. Die 324 Pergamentblätter der Handschrift verbrannten 1870 bei der Belagerung Straßburgs.
Herodot (ca. 490– ca. 425 v. Chr.): Ältester griechischer Geschichtsschreiber. Er interessierte sich nicht nur für die Auseinandersetzungen zwischen Griechenland und Persien, sondern auch für die Eigenart anderer Völker, ihre Kultur, Religion und ihre Landschaft.
Hieronymus (347–420): gehört zu den vier großen lateinischen (Kirchenlehrern. Sein Hauptwerk ist die Vulgata, eine lateinische Bibelübersetzung aus hebräischen, griechischen und lateinischen Vorlagen. Diese wurde noch auf dem Trienter Konzil (1545–1563) zum verbindlichen Bibeltext erklärt.
Hildegard von Bingen (1098–1179): Benediktinerin, gründete das Kloster Rupertsberg bei Bingen. Sie war nicht nur eine bekannte deutsche Mystikerin und Visionärin, sondern ebenso eine bedeutende Naturwissenschaftlerin und Seelsorgerin.
Hippolyt(us) von Rom (zwischen 170 und 175–235): Schüler von Irenäus, Presbyter der römischen Gemeinde, Kirchenvater und Gegner von Papst Callistus, nach Sardinien verbannt; in Rom als Märtyrer verehrt.
Homer (8. Jh. v. Chr.): Griechischer Dichter, vermutlich aus Ionien (Kleinasien), Schöpfer des abendländischen Epos *Ilias* und *Odyssee*.
Honorius von Autun/Honorius Augustodunensis (erste Hälfte 12. Jh.): Bedeutender Vertreter der Frühscholastiker; wahrscheinlich Mönch des Schottenklosters in Regensburg, dann in Canterbury. Wesentlich für seine Schriften, die entscheidenden Einfluß auf die mittelalterliche Kunst ausübten, ist das Streben nach Natur- und Welterkenntnis und allgemein das Bemühen um Rationalität.
Hrabanus Maurus (776–856): Benediktinerabt in Fulda, später Erzbischof von Mainz, großer Gelehrter und Lehrer, reiches literarisches Schaffen.
Hugo von Saint-Victor (ca. Ende des 11. Jh.–1141): Augustiner-Chorherr in Paris. Als bedeutendster Lehrer der Schule von Saint-Victor schrieb er Werke über fast alle Wissensgebiete der damaligen Zeit und übte einen großen Einfluß auf die Theologie der Scholastik und die Mystik aus.
Irenäus von Lyon (2. Jh.): stammte aus Kleinasien, lebte später in Lyon und übernahm den Bischofssitz in dieser Stadt. Er spielte als Bekämpfer von Häresien und Vermittler im Osterstreit zwischen Rom und Kleinasien eine bedeutende Rolle.

Jacobus de Voragine (1230–1298): Dominikaner, Erzbischof von Genua. Sein Werk, die *Legenda Aurea* ist eine Sammlung von Heiligenlegenden in verschiedenen Versionen, die er den kirchlichen Gedenktagen zuordnete. Die biblischen Geschichten, die den Festtagen zugrunde liegen, ergänzte er durch apokryphe Einschübe und geschichtliche Exkursionen und erweiterte sie mit Kommentaren alter und neuer Kirchenschriftsteller. Das weitverbreitete Buch gibt darüber hinaus fundierte Einblicke in die Theologie und die geistigen Zeitströmungen und lieferte den spätmittelalterlichen Künstlern viele Motive.
Jakob von Batnae (Sarug) (um 451–521): syrischer Kirchenschriftsteller.
Konrad von Würzburg (1220–1287): Letzter großer Dichter des höfischen Mittelalters. Sein Lobpreis auf die heilige Jungfrau, die »Goldene Schmiede« (1275–1277), ist reich an Metaphern aus allen erdenklichen Bereichen, die sich auf Maria beziehen. Neben den bekannten findet er neue und überträgt zudem Christussymbole auf die Mutter Jesu. Dadurch bietet sich sein Werk als ein Füllhorn marianischer Sinnbilder an.
Konrad von Megenburg (um 1309–1374): Theologe und Naturforscher, verfaßte moraltheologische und naturwissenschaftliche Schriften, z. B. *Liber de natura rerum* (Buch von den natürlichen Dingen), das im Spätmittelalter einen überwältigenden Erfolg erlebte.
Meister Eckhart (um 1260–1328): Dominikaner, der in verschiedenen Klöstern seines Ordens als Lehrer und Oberer wirkte. Seine Handschriften und Predigten nahmen starken Einfluß auf das geistliche Leben des Spätmittelalters.
Pantaleon (um 305): Christlicher Märtyrer; nach der Legende war er kaiserlicher Leibarzt und besonders wohltätig. Das Mittelalter zählte ihn zu den 14 Nothelfern, er galt als Patron der Ärzte und Hebammen.
Plutarch (um 46–125 n. Chr.): Vielseitiger griechischer Schriftsteller, Apollon-Priester in Delphi.
Seuse, Heinrich (1295–1366): Dominikaner, Schüler Meister Eckharts in Köln, deutscher Mystiker. Seuse befleißigte sich einer bildhaften lyrischen Sprache, die mystische Vorstellungen und höfische Poesie verbindet, was sich im Ideal der »geistlichen Ritterschaft« niederschlägt.
Tacitus, Publius (?) Cornelius, (um 55– ca. 115): Bedeutendster römischer Geschichtsschreiber, der die Kaisergeschichte vom Tod des Augustus an darstellte. Er hinterließ meisterhafte Charakteristiken in gehobener Kunstprosa und polemisierte gegen den Despotismus und den moralischen Verfallsprozeß seiner Zeit.
Tauler, Johannes (um 1300–1361): Deutscher Mystiker und Prediger in Straßburg und Basel. Von der Wirkungsgeschichte her ist wichtig, daß er den Vorrang des »inneren Werkes« vor der Werkgerechtigkeit betonte und Anweisungen zu einem mit Gott vereinten Leben gab.
Tertullian (Karthago um 160–220): Lateinischer Kirchenschriftsteller. Tertullian war Rhetor in Rom, bekehrte sich 195 zum Christentum und kehrte nach Nordafrika zurück, schloß sich ca. 207 der montanistischen Sekte an. Trotzdem zählt Tertullian zu den bedeutendsten Lehrern der alten Kirche. Er gilt wegen seiner Formulierungskunst als Schöpfer der lateinischen Kirchensprache.

Theodulf von Orleans (750–821): Westgote, war Theologe am Hof Karls des Großen und ein Dichter der karolingischen Renaissance.
Thomas von Aquin (1225–1274): trat in den Dominikanerorden ein und studierte bei Albertus Magnus in Paris. Sein Hauptwerk *Summa theologica* weist ihn als bedeutendsten Lehrer der Hochscholastik aus.
Venantius Fortunatus (um 530– ca. 600): Hofdichter der Merowinger, etwa seit 567 bei der hl. Radegunde in Poitiers, wo er auch Bischof wurde. Er war ein lateinisch-christlicher Dichter, dessen literarisches Werk formal der Antike verpflichtet ist.
Walther von der Vogelweide (ca. 1170–1230): Einer der bekanntesten und bedeutendsten mittelalterlichen Minnesänger. Er war äußerst vielseitig, und sein Werk erstreckt sich über den Minnesang hinaus auch auf religiöses Liedgut, politische Spruchdichtung und kulturkritische Schriften.

Register

Bildnachweis

Photo: AKG Berlin: S. 74, 111, 117, 121.
ars liturgica Kunstverlag Maria Laach (Nr. 5655): S. 153.
Arthothek, Peissenberg: S. 94/95, 122/123, 125, 154.
Badisches Landesmuseum, Karlsruhe: S. 114.
Bayerisches Nationalmuseum, München: S. 51, 141, 157.
Bayerische Staatsbibliothek München: S. 27, 61, 66.
Buch-Kunstverlag Ettal (Karte 7592): S.146.
Manfred Busch, St. Michael, Hildesheim: S. 68.
Diözesanmuseum Bamberg: S. 128.
Hirmer Fotoarchiv, Hirmer Verlag, München: S. 8, 13, 17.
Landschaftsverband Rheinland/ Rheinisches Landesmuseum Bonn: S. 143.
Fritz Lauterbach, Fürth: S. 71.
Kath. Pfarramt St. Brigida, Legden: S. 67.
Photo H. Maertens, Brügge: S. 124.
Bildarchiv Foto Marburg: S. 12, 22, 28, 50, 80, 100, 104, 115, 159, 160.
Gerhard Münderlein, Nürnberg: S. 92.
Mili Petersen, Hannover: S. 20.
Rheinisches Bildarchiv Köln: S. 32, 33.
Hans-Martin Schmidt: S. 40, 41.
Archiv Heinrich und Margarethe Schmidt: Titelbild (Autun), S. 25, 30, 35, 44, 57, 60, 69, 77, 81, 82, 83, 89, 97, 99, 133, 151, 162, 163, 164.
Schweizerisches Institut für Kunstwissenschaft, Zürich: S. 72.
Schweizerisches Landesmuseum, Zürich: S. 75.
The Society of Antiquaries of London: S. 65.
Staatsbibliothek Bamberg: S. 91.
Staatsgalerie Stuttgart: S. 126/127.
Kapellenpflege »Stuppacher Madonna«, Stuppach: S. 70.
Elke Walford, Hamburg: S. 47.
Universitätsbibliothek Würzburg: S. 90.
Foto: Kath. Propsteigemeinde St. Viktor, Xanten; Aufnahme: Michael Saint-Mont, Düsseldorf: S. 54.
Photo Zodiaque, La Pierre-qui-Vire: S. 15, 49.
Foto Zwicker-Berberich Atelierbetriebe (FZB), Gerchsheim: Titelbild (Cranach).